미국 대학
입시 가이드

자녀를 **하버드**와 **윌리엄스**에 보낸
교육 컨설턴트 제니의
완벽 로드맵

제니·젬마 지음

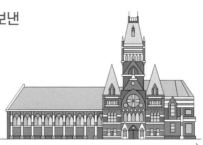

미국 대학 입시 가이드

북루덴스

> 시간은 유한하므로 다른 사람의 삶을 사느라 시간을
> 낭비하지 마십시오. 다른 사람의 생각에 따라 사는
> 도그마에 갇히지 마십시오.
>
> - 스티브 잡스(Steve Jobs)

"하버드 어떻게 보내셨어요?"

나의 아이들이 윌리엄스 칼리지, 그리고 하버드 대학교에 진학하고 나서 몇 년간 내가 가장 많이 받은 질문이다.

한참 망설이게 된다. 무엇이 정확한 대답이 될 수 있을까. 아이들 스스로가 잘해주었다는 일반적인 말이나 내 아이들이 원서에 썼던 일련의 스펙이 답변이 될지, 혹은 아이들을 키우며 내가 아이들과 함께한 일들로 대답해야 할지.

하버드라는, 누구나 한 번씩 꿈꾸어보는 그 이름은 내게도 얼마 전까지 멀리만 느껴졌었다. 더욱이 나는 특정 대학 또는 특정 액티비티를 목표로 하며 달려오지 않았다. 오히려 아이들이 스스로 동기 부여를 하도록 어떻게 이끌었는지가 더 중요한 답이 될 수 있다.

한국에서 학부까지 마친 나에게 미국 교육 체계는 낯설었다. 유학생으로 미국 생활에 적응해야 했다면 이젠 학부모로 미국 학제 K-12에 적응해야 했다. 때마다 학교 행사에 참여하기도 하고 핼러윈, 밸런타인 파티에 가기도 하면서 학부모들 사이에서 웃고 이야기하는 데 점점 익숙해졌다. 그러나 어딘가 불안한 마음이 늘 내 마음에 자리 잡고 있었다. 주변에서 "이런 것을 했더니 이런 결과가 있더라", "저런 것을 했더니 아이가 저렇게 나아졌더라" 하는 말들은 마음을 흔들리게 했다. 나와 아이들이 나침반 없이 무작정 어디론가 가고 있는 느낌이었다. 답을 찾기 위해 주변을 두리번거렸다. 미국과 한국의 지인들에게 묻고 인터넷에서 검색된 미국 교육 경험 글들을 읽었다. 하지만, 낯섦은 혼돈이 되었다. 어느 것이 맞는지 더욱 복잡해졌다.

결국 내가 찾은 답은 나만의 길을 찾는 것이었다. 우선 정확히 알아야겠다고 생각했다. 아이들을 학교로, 방과후 액티비티로 데려다주는 시간 틈틈이 도서관, 서점 그리고 차 안에서 시중에 나와 있는 미국 교육과 대입에 관한 전문가들— 입학 사정관, 미국 공인 컨설턴트 협회 (IECA, NACAC)의 회원들— 의 책을 읽기 시작했다. 그리고 필요한 내용들을 스크랩하고 정리하여 나만의 노트를 만들었다.

나는 1990년대 초반 남편과 같은 대학원의 유학생이 되어 미국 생활을 시작했다. 영어교육 석사를 통해 언어 학습이 형태의 정확성보다는 의미에 초점이 맞춰져야 한다는 신념이 시작되었고, 박사 과정을 밟으며 지식은 교사로부터 학생에게 단순히 전달되는 것이 아니라 실용적이고 기능적인 방식으로 사회적으로 구성되어야 한다는 확신을 갖게 되었다. 연이은 교육공학 석사 과정은 영어교육 이론의 실제적인 프로그램, 자료 개발 및 그 효과를 확인시켜주는 실용 학문으로서 큰 의미가 있었다. 이 지식들을 토대로 대학에서 교수 설계사(Instructional Designer)로서 일을 했다.

아이들이 어릴 적에는 초등학교에서 대학원 리서치를 했던 경험과 읽었던 책들이 큰 도움이 되었다. 그러나 아이들이 미들 스쿨에 들어가고 난 후에는 한국과 다른 미국 학교 체계와 용어들 때문에 답답함이 커졌다. 대학원에서 함께 수업을 들었던 영어 교사들의 미국 학교 문화 이야기를 되새기며 절대 엄마가 먼저 나서지 않겠다는 다짐도 했다. 특히 백인 교사들이 아시안 엄마들에게 당연하게 여기는 "타이거 맘", "헬리콥터 맘"이 될 수는 없었다.

성별도, 학교도, 액티비티도, 모두 다른 두 아이를 데리고 직장을 다니기는 쉽지 않았다. 당시 나는 주립대학의 교수 설계사로 재직 중이었다. "잠시 아이들이 조금 더 클 때까지만"이라는 단서를 걸고 난 아이들과 함께하기로 결정했다. 그러고는 도서관과 서점에서 이전보다 조금 더 실용적인 교육, 심리, 입시에 관한 책들을 시간 나는 대로 읽었다. 아이들은 조금 더 많은 액티비티를 여유롭게 할 수 있게 되었고, 나의 직업은 교수 설계사에서 책 읽는 운전기사가 되었다.

오랫동안 미국에서 교육 대학원을 다닌 경험이 직간접적으로 큰 도움이 되었다. 수업과 리서치를 통해 쌓은 미국 교육 K-12에 대한 기본 지식들은 인터넷에서 전문가들의 조언을 분별하는 능력을 갖추게 하기에 충분했다. 아이들의 하이 스쿨 카운슬러와 친하게 되는 계기를 쉽게 만들 수 있었고, 그곳에서 나는 외국에서 온 학생들에게 영어로 도움을 주면서 동시에 카운슬러 룸에서 공신력 있는 다양한 정보를 얻을 수 있었다. 또한 축적해온 학교 선생님들과의 네트워킹은 미국 현지 교육 시스템과 커리큘럼에 대한 좀 더 깊이 있는 이해와 응용을 가능케 했다. 그러나 실수도 많았다. 후회도 많았다. 그래도 나만의 가치관으로 주관 있게 가야 한다는 생각은 변하지 않았다. 아시안도 흔치 않은 지역에서 코리안으로 살았기에, 맞는 길인지 아닌지를 다른 사람이 아닌 나 스스로에게 계속 되물었다. 현재 아이들은 윌리엄스와 하버드를 졸업하고 각자 자기의 길에서 예전처럼 열심히 앞으로 나아가고 있다.

나는 예전의 대학에서 하던 일로 돌아가는 대신 교육 컨설턴트로서의 삶을 선택했다. 이제껏 쌓아왔던 경험과 지식을 바탕으로 이 분야에서 전문적인 역량을 개발하기 위해 대학 상담 자격증(UCLA Certificate in College Counseling with Distinction)을 취득했다. 또한 미국 교육 컨설턴트 협회(IECA)와 미국 대학 입학 상담 협회(NACAC)의 회원으로서 미국 현지 카운슬러들과의 교류, 웨비나, 세미나 등을 통해 정확한 자료들을 공유하면서 새로운 정보를 지속적으로 업데이트하고 있으며, 워크숍 및 전문 컨설턴트 협회를 통한 입학 사정관들과의 만남, 학회 참가, 대학 방문 등을 통해 전문성을 유지하고 있다. 내 아이들을 지도한 경험, 다년간의 컨설팅을 통한 노하우, 그리고 미국 현지의 전문적 지식과 네트워킹은 정확하고 체계적인 미국 대학 입시를 말할 수 있게 해주었다. 현재 미국에서 활동하고 있는 대학 입시 컨설턴트로서 블로그를 통해 더 많은 사람과 소통하면서 유튜브로 플랫폼을 확대해가고 있다. 미국 현지 교실 안팎에서의 살아 있는 지식을 통한 나만의 독특한 시각이 학생들을 상위권 대학 진학으로 이끌었다.

이 책은 내 아이들을 키우며 정리한 나만의 노트를 바탕으로 쓴 책이다. 나의 지식과 경험을 바탕으로 썼지만, 그 경험의 주요 부분인 내 아이들의 이야기도 포함했다. 전문 컨설턴트로서 얻은 지식과 정보는 나의 경험을 객관화시키고 내용의 신뢰성과 차별성을 높여주었다고 확신한다. 이 책은 미국 입시 과정에 어떻게 접근해야 하는지에 대해 차근차근 이야기를 나누며 행복한 결과를 위해 정확한 정보를 공유하고자 하는 마음에서 태어났다. 나의 목표는 제대로 된 정보가 부재한 상황에 종합적이고 체계적인 단계별 지침서를 제공하는 것이다.

대학 입시 과정은 힘들고 지칠 수 있지만, 반드시 그렇지만은 않다. 이 책은 부모와 현직 미국 대학 컨설턴트로서의 나의 경험과 교육관으로 시작하여, 학생에게 맞는 학교를 찾고 최종 결정을 내릴 때까지 모든 과정을 단계별로 안내한다. 하이 스쿨 생활에서부터 합격에 이르기까지 입시 과정을 성공적으로 탐색하는 데 필요한 정보와 팁을 담아놓았다. 이 책은 학생과 부모들에게 대학 입시를 삶의 과정의 일부로 보고 '내가 진작 알았더라면' 하는 후회를 최소화할 수 있는 필수적인 통찰력을 제공할 것이다.

내가 믿는 바른 페어런팅(parenting)은 학생에게 스스로 나아갈 수 있는 공간(room)을 마련해주는 것이다. 학부모의 역할은 자녀가 지치고 힘들어할 때 그 옆에서 잘하고 있다, 잘할 수 있다고 격려하고, 또 길을 찾을 수 있도록 안내해주는 것이다. 하지만 모든 대학 입시의 주체는 학생이라는 것을 학생도, 학부모도 잊어서는 안 된다.

실제로 아이들을 대학에 보낸 학부모이자 정보를 찾고 공유하는 것에 많은 시간을 쏟는 현직 교육 컨설턴트이지만 미국 대학 입시는 단

하나의 정답으로 귀결될 수 없다. 그러나 최선의 방법은 있다. 부모로서, 학생이 스스로 찾아갈 수 있는 공간을 남겨두면서 자신감을 갖고 깊이 있게 채울 수 있도록 지켜보고 지원하는 것이다.

그러니 심호흡을 크게 하고 대학으로 가는 여정을 함께 시작해보자. 이 책을 통해 나는 내가 쌓아온 지식, 경험, 그리고 정확한 정보를 담아 하버드를 비롯한 미국 대학으로 가는 올바른 길을 제시해보고자 한다. 이 책이 부모님들께 대학 입시 여정에 도움이 되는 신뢰할 수 있는 로드맵이 되기를 바란다. 또한 각자 다른 배경을 가진 학생들에게 전문적인 조언을 제공할 수 있기를 바란다.

과거는 이미 지나갔고 바꿀 수 없다. 부모는 마음속에 과거에 못한 일들을 후회하며 아이들을 나무라거나 부모 스스로 자책해서는 안 된다. 아이들의 자존감을 떨어뜨리는 결과를 초래할 뿐이다. 오히려 부모는 아이의 잠재력을 최대한 끌어낼 수 있는 길을 찾고 아이에게 가장 좋은 조력자가 되려고 노력해야 한다.

그러기 위해선 미국 교육, 입시에 대해 정확히 알아야 한다. 현재에 집중해서 지금부터 시작해나가자.

- 제니

차례

PART 4

성공적인
학교 선정

PART 5

차별화된
원서 작성

PART 6

마지막 결승점

PART

1

대학으로 가는
큰 그림

★★★★★

"그 어느 때보다 사람들이 자신이 다니는 대학의 순위나 명성을 엄청나게 중요하다고 믿는다. 교육이 예전보다 훨씬 더 상품처럼 여겨지고 있다. 크고 근본적인 문제는 우리가 모든 것을 점점 더 게임처럼 보게 될 위험에 처해 있다는 것이다. 교육보다 브랜드를 더 크게 생각한다는 것은 문제이다."[1]

— 리 볼린저 Lee Bollinger
컬럼비아 대학교 총장
President of Columbia University

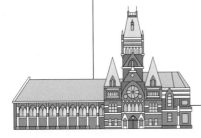

Chapter 1

미국 대학의 입학 조건

올해도 어김없이 뛰어난 스펙을 가진 학생이 '불합격'을, 오히려 그에 훨씬 못 미친 학생은 '합격'을 받았다는, 학생들과 학부모들의 흥분된 이야기들을 듣는다. 과연 미국 입시는 늘 이처럼 불공정(unfair)하고, 행운(luck)에 달려 있다고 할 수 있을까. 만약 그렇다고 한다면, 학생들의 노력과 시간은 무엇으로 설명할 수 있을까. 지금까지 읽었던 수많은 책들, 직접 만나보았던 입학 사정관, 고교 카운슬러, 컨설턴트들을 통해 살펴보면 미국 대학 입시는 이렇다 할 비밀을 갖고 있지 않다. 반면, 예측하기 힘든 대학의 결정들 속에서도 그들이 무작위로 학생을 선발하지 않는다는 것 또한 알 수 있다.

미국의 입시 절차는 합리적이지만 예측할 수 없는 것으로 알려져 있다. 그 이유는 크게 두 가지로 설명된다. 첫째, 대학은 신입생을 위한 자리가 제한되어 있고, 학업 성취도를 비롯해 과외 활동, 추천서와 같은 다양한 요소를 기반으로 어떤 지원자를 받아들일지 결정한다. 따라서 지원자가 모든 입학 기준을 충족하더라도 같은 자리를 놓고 경쟁하는, 자격을 갖춘 다른 지원자가 너무 많으면 합격 티켓을 받을 수 없다. 다음으로, 지원자를 평가하는 과정이 간단한 것은 아니며 대학마다 중요하다고 생각하는 기준이 다를 수 있다. 이 점이 지원자가 특정 학교에 입학할 가능성을 예측하기 어렵게 만든다.

따라서 합격의 티켓을 쥐기 위해서는 대학이 무엇을 원하는지 정확하게 이해하는 것이 선행되어야 한다. 일반적이지만 가장 신뢰할 수 있는 정보를 얻을 수 있는 곳은 학생이 가고자 하는 대학의 웹사이트이다. 특히 명문 대학으로 일컬어지는 대학들의 입학처 홈페이지(admission office)는 입학에 요구/추천되는 사항을 상세하게 설명하고 있다.

미국 대학들이 하이 스쿨 학생들에게서 찾는 것

전 세계의 2000여 명 이상의 회원을 갖고 있는 미국 교육 컨설턴트 협회(Independent Educational Consultants Association, IECA)는 그 협회에 속해 있는 미국 전 지역의 교육 컨설턴트를 대상으로 한 설문조사를 바탕으로 "미국 대학들이 하이 스쿨 학생들에게서 찾는 것(What Colleges Look for in High School Students)"을 발표했다.[2] 이 순위는 각 대학이 홈페이지에 제시한 사항들을 종합화한 가이드 라인이라 볼 수 있다. COVID-19 이후로 더욱 혼란이 가중된 상황 속에서 객관적이고 체계적인 지침이 될 이 리스트를 하나하나 분석해볼 필요가 있다.

1. 도전적인 고등학교 교과과정(A rigorous high school curriculum)

학생들은 자신들이 다니는 학교에서 제공되는 가장 도전적인 (rigorous) 수업을 듣는 것이 요구된다. AP 교육과정 혹은 IB Diploma 가 있는 학교를 다닐 경우, AP, IB 수업들이 여기에 포함된다. 쉽다고 알려져 있는 과목을 선택하는 것은 학생이 충분한 도전을 하지 않은 것으로 입학 사정관에게 보여질 수 있다.

2. 높은 평균 점수(High grade point average, GPA)

고등학교 성적(GPA)을 높게 유지해야 한다. 입학 사정관들은 하이스쿨의 성적이 대학에서의 학업 성취도를 가장 잘 예측할 수 있는 지표라고 일관되게 말한다. 또한 성적은 학업뿐만 아니라 학생의 인내심과 자제력에 대한 통찰력을 제공한다는 측면도 있다.

3. 높은 테스트 점수(ACT, SAT)

많은 대학이 입학 요건으로 SAT, ACT, AP, IB 등 표준화된 시험 (standardized tests)을 요구(require) 또는 권유(recommend)하고 있다. 이외에도 인터내셔널 학생들에게 요구되는 테스트로 TOEFL, 또는 IELTS가 있다. 테스트 옵셔널(test optional) 정책을 비롯해서 대학들의 테스트와 연관된 입학 요강은 COVID-19 이후 계속 변화되고 있으므로 정확한 사항은 각 대학의 홈페이지에서 확인하는 것이 필요하다.

4. 열정적으로 참여한 액티비티

대학은 학생들이 학교 안팎에서 참여한 액티비티를 유심히 본다. 미국 컨설턴트들은 여기서 "열정적인" 그리고 "몇 가지"라는 점을 강조하고 있다. 많은 액티비티를 나열하는 것이 아닌, 학생이 열정을 가지고 임한 몇 가지, 그것에 집중하는 것이다.

5. 잘 작성된 에세이

자신의 개성을 표현할 수 있는 에세이를 준비해야 한다. 학생이 해온 액티비티나 상을 리스트로 나열하는 레쥬메 식의 에세이는 자신이 누구인지를 충분히 나타낼 수 없다. 대학은 에세이에서 원서에서 보지 못한 학생의 다른 면모, 즉 인성, 개성, 그리고 성격을 보려 한다. 입학 사정관에게 자신의 개성과 강점을 드러낼 수 있는 좋은 기회를 충분히 활용해야 한다.

6. 학교 안팎에서 나타나는 리더십

리더십은 상위 대학들이 크게 중시하는 보이지 않는 요소들 중에서 큰 비중을 차지한다. 리더십을 발휘하는 방법에는 여러 가지가 있다. 꼭 학교의 클럽 프레지던트(president)만이 리더십을 대표하는 것은 아니다.

7. 다양성

대학들은 인종에서만 다양성을 추구하지 않는다. 경험과 능력이 다양한 학생들을 원한다. 다양한 경험, 배경, 인종의 학생들이 더 풍요로운 대학 커뮤니티를 형성하고, 그 사이에서 학생들은 다양한 관점에 노출되고 배울 수 있기 때문이다.

8. 강력한 추천서

대학은 학생에 관해 강력하게 쓰인 카운슬러와 교사 추천서를 기대한다. 미국 교육 컨설턴트 협회의 원문에 나와 있는 것처럼 일반적인 칭찬만을 늘어놓는 것이 아닌 대학이 학생에 대해 자세히 알 수 있는 영향력 있는 추천서를 받아야 한다.

9. 대학에 기여할 수 있는 특별한 재능

일반적으로 이야기하는 여러 분야에서의 다재다능(well-rounded)과 상충하는 의미로 받아들여질 수도 있지만, 오히려 대학은 자신의 관심 분야에 대한 열정이 경험과 기술로 계속 성장하는 학생을 찾고 있다는 것을 말한다. 특히 최근 일류대학에서는 활동이 많은 학생보다 한두 분야에서 독창성과 재능을 갖춘 학생을 선호하는 경향이 나타나고 있다. 그 이유는 특별한 탤런트를 가진 지원서가 기억에 남고, 그런 지원자가 대학에 진학하여 전문 분야에서 성공할 가능성이 높아 학교를 더 빛낼 수 있다는 것을 학교가 알고 있기 때문이다. 눈에 띄는 특별한 재능이 없더라도 해당 분야에 대한 적극적이고 지속적인 관심과 노력을 보이면 대학 지원의 "스파이크"를 날카롭게 할 수 있다.

10. 지적 호기심

학생은 스스로 좋은 대학을 가거나 혹은 좋은 점수를 얻기 위해서가 아닌 배움에 대한 지적 호기심과 열정을 가지고 있어야 한다. 이 영역은 점수나 학점처럼 쉽게 눈에 보이지는 않지만 중시되고 있다. 따라서 학생들은 대학 원서의 액티비티 등을 통해 '지적 호기심이 많다'는 것을 나타내는 사례를 강화해야 한다.

11. 좋은 인성과 가치

대학은 훌륭한 인격과 가치관을 가진 학생들로 커뮤니티를 구성하기 원한다. 단순히 공부만을 잘하는 학생, 똑똑한 학생만을 원치 않는다. 더 나은 커뮤니티를 구성하기 위해, 똑똑하고, 동시에 좋은 인성을 가진, 그리고 지적 호기심이 많은 학생을 원한다. 이 부분은 요즘 들어 미국과 아시아에서 일어난 부정 입학 이후 많은 이슈가 되고 있다. 그렇기 때문에 지역사회 봉사와 같이 타인에 대한 진정한 관심과 배려를 마음과 행동으로 나타내는 것이 매우 중요하다. 그러나 봉사 시간을 늘리는 것이 최선의 방법은 아니다. 지적 호기심을 드러내는 것과 마찬가지로, 좋은 인성을 가졌다는 것을 진정성 있게 보여주도록 한다.

12. 입증된 관심

대학들은 다양한 방식으로 대학에 대한 관심과 열정을 표현하는 학생들에게 반응한다. 합격률(acceptance rate)이 10% 이하인 상위 학교들은 별 차이가 없으나 10% 이상부터는 약간의 반응을 보이며, 특히 합격률이 20%에서 60% 사이인 학교들은 입증된 관심(demonstrated interest)에 더 큰 반응을 나타낸다. 그 이유는 학생이 대학에 진학할지 여부를 나타내는 좋은 지표인 입증된 관심이 등록률(yield rate)과 연관성이 높고, 이 학교들은 등록률을 높게 유지하는 데 실제로 관심을 갖기 때문이다.

- **합격률 (Acceptance Rate)**: 특정 학교에 지원한 후 해당 학교에 합격한 학생들의 비율
- **등록률 (Yield Rate)**: 특정 학교에 합격한 후 해당 학교에 등록한 학생들의 비율

Chapter 2

최신 입시 동향

매년 그해의 입시를 치르고 나면 그해가 가장 힘들었다고들 이야기한다. 하지만, 최근 현저한 합격률의 저하는 팬데믹 이후 얼마나 입시가 치열했는지를 잘 나타내고 있다. 대학 진학을 준비하는 학생들에게 최신 대학 입시의 동향을 파악하는 것은 매우 중요하며, 따라서 이에 맞추어 미래를 준비하는 것이 필요하다.

1. 대학 지원자 수가 지속적으로 증가하고 있다.

많은 학교들, 특히 상위권 대학에서 최근 몇 년간 기록적인 수의 지원서가 제출되었다. 2023년 3월, 커먼 앱(Common Application)은 2022-2023 입시 기간에 커먼 앱을 통해 지원한 대학 신입생 지원자들의 수는 2019-2020 지원자 수보다 21% 증가하여, 3월 기준 총 1,244,476명이라고 발표했다. 또한, 총 제출된 지원 원서도 30% 증

가했다. 이러한 추세는 앞으로 계속 이어질 것으로 예상된다.[3]

2. 많은 대학들에서 당분간 테스트 옵셔널이 유지되는 추세이다.

테스트 옵셔널(test optional), 테스트 블라인드(test blind), 테스트 플렉시블(test flexible)은 모두 다른 의미를 갖지만 핵심은 모두 한 가지를 의미한다. 학생들은 입학을 위해 공인시험인 SAT/ACT 점수를 대학에 꼭 제출할 필요가 없다는 것이다. 하지만, 이들 간의 차이점을 유의해서 보아야 한다. 먼저, 테스트 옵셔널을 선택한 대학은 공인 시험 점수를 필수 사항으로 요구하지 않지만, 학생이 대학에 높은 시험 점수를 제출한다면 제출하지 않은 다른 학생들보다 유리한 위치를 점할 수도 있다. 반면, 대학이 테스트 블라인드를 채택한다면 시험 점수를 받아들이지 않으며, 입학 결정에 영향을 미치는 데 사용하지 않는다. 일부 대학은 학생들이 SAT 또는 ACT 대신 AP 및 IB 시험 점수를 제공할 수 있는 테스트 플렉시블을 정책으로 삼고 있다.

3. 에세이의 역할이 계속적으로 중요시되고 있다.

에세이는 학생이 무엇에 열정을 갖고 있는지 알아낼 수 있는 방법이기 때문에 학생은 교실 안과 학교 밖에서 시간을 어떻게 보냈는지 자신의 목소리를 담아 진솔하게 써야 한다. 에세이를 통해 학생의 학업 성적, 시험 외에 원서의 다른 부분에서 보여줄 수 없는 인간적인 자신의 캐릭터를 나타내야 한다. 특히, SAT 에세이가 폐지된 이후 입학 사정관은 학생이 문법, 단어 선택, 흐름, 생각을 얼마나 잘 정리하고 효과적으로 표현할 수 있는지 등을 측정하기 어렵다. 지원 에세이는 대학에 학생의 배경과 능력에 대한 고유한 정보를 제공할 뿐만 아니라 학생의 작문 실력을 측정할 수 있는 기회를 제공한다. 따라서 에세이는 입학 허가 여부를 결정하는 결정적 요인 중 하나가 될 수 있다.

4. AP(Advanced Placement)의 역할이 더 커지고 있다.

SAT Subject 시험이 영구적으로 없어졌다. 이전에 난이도가 높은 수업을 듣고, 그 과정의 이해도와 대학 준비 정도를 평가하는 시험으로 SAT subject가 사용되었다. 이를 대신하여 더 깊이 있게 학생들의 학업 능력과 성취도를 판단하는 기준으로 AP 과정과 AP 시험에 중점을 둔다.

5. 웨이트리스트(Waitlists)가 길어지고 있다.

최근 몇 년 동안 더 많은 수의 대학에 지원하는 학생들이 늘어남에 따라 대학은 대기자 명단을 점점 더 사용하게 되었다. 합격 허가를 내준 학생들 중에서 얼마나 많은 학생들이 실제로 등록을 할 것인가에 관한 우려로 인해서 웨이트리스트에 학생들의 명단이 길어졌으며 앞으로도 유사한 추세가 이어질 가능성이 높다.

이외에도 갭이어(gap years)와 편입(transfer)이 여전히 예상된다. 또한 2022년 말 등장한 AI를 기반으로 하는 ChatGPT와 6월 29일 미대법원의 대학 입시에서의 소수 인종 우대 정책(affirmative action) 위헌 발표는 향후 대학 입시 트렌드의 변화를 예고하고 있다.

아이라는 그릇의 물을 한꺼번에 채울 수는 없다

"어떤 액티비티로 아이의 강점(spike)을 만들어야 할까요?"

11학년 학생들과 학부모들은 대학 원서에 대해 진지하게 생각하게 되는 11학년 2학기가 되면 액티비티와 여름 캠프에 관심이 높아지는 한편 지금까지 별다른 과외 활동을 한 것 같지 않다는 생각에 불안해한다.

"이 액티비티를 원서에 쓸 수 있을까요?"

한국에 알려져 있지 않아 유명해 보이지 않는 액티비티를 소개했을 때 듣게 되는 첫 반응이다. 혹은 학생의 외부 액티비티가 작고 대수롭지 않아 보여 대학에서 인정하지 않을 것이라고 짐작하는 학부모의 질문일 수도 있다.

"어떤 액티비티가 중요한가요?"

하이 스쿨을 들어간 지 얼마 안 되거나 고교 진학을 앞둔 학부모들이 액티비티의 필요성을 인식하고 조언을 청하는 질문이다. 여기에서 중요하다는 표현은 대학에서 중요하게 여기는 액티비티라고 해석할 수 있다.

위 세 가지 질문은 액티비티에 관련하여 내가 자주 받는 질문들이다. 요즘 들어, 특히 미국 대학 입시에서는 자신만의 한 가지, 스파이크(spike)가 있어야 한다는 이야기를 자주 한다. 내가 소속된 미국 교육 컨설턴트 협회(IECA)가 컨설턴트 회원들을 위해 정기적으로 개최하는 웨비나에서 여러 대학들의 입학 처장들(Dean of Admissions)이 밝히는 바로도 그렇다. 그렇다면 무엇이, 소위 말하는 강력한 한 가지, 스파이크가 될까? 어떻게 만들어야 할까? STEM 분야로 진학하려는 학생들에게 RSI(Research Science Institute)는 그런 강력한 액티비티로 인정받고 있다. 올림픽에서 금메달을 딸 수 있다면 그것 역시 학업 요건이 충족되었을 때 확신을 줄 수 있는 액티비티가 되기도 한다. 그럼 여기서 내가 직접 경험한 RSI에 관한 조금 더 자세한 이야기를 하겠다.

RSI는 하이 스쿨 학생들을 위한 가장 유명한 여름 프로그램 중 하나로 명성이 높다. 그만큼 원서의 요구 사항도 대학원서만큼 까다롭고 복잡하다. 추천서 2개, 여러 개의 에세이, 성적표와 SAT/ACT 점수(정해진 최소 점수)가 필요하다. 지원서 양식에는 STEM 관련 수업을 비롯하여 프로그래밍과 데이터 분석 등의 컴퓨터 관련 영역에서의 능력과 경험을 초급, 중급, 고급으로 기재해야 한다. 또한, 학교 밖에서 들은 모든 STEM 관련 수업과 과학/수학 경시대회, 과학 박람회와 올림피아드 입상, 리서치/인턴십 경험 등을 묻는다. 학생의 과학/수

RSI Summer Book

학 캠프 경험이나 과학 저널의 출판 이력도 기입할 수 있다.

　나의 아이가 참석했던 RSI는 수학과 과학 분야에서 이미 많은 것을 성취해온 학생들로 차 있었다. RSI 이후, 작은아이를 비롯한 많은 학생들이 MIT의 입학 허가를 받았다. 그중 얼리 액션에서 HYPSM(하버드, 예일, 프린스턴, 스탠퍼드, MIT) 중 원하는 학교에서 입학 허가를 받고 레귤러에서 더 이상 지원을 안 한 학생들도 있었고, 내 아이처럼 레귤러 디시전(Regular Decision)에서 원하던 곳을 하나 더 지원해서 합격 후 합격한 대학들을 비교한 학생들도 있었다.

　위의 입시 결과를 바탕으로 해서 보면, RSI 같은 액티비티는 대학입시에 영향을 미친다고 할 수 있다. 그러나 RSI가 없었으면 위의 학생들이 어떠했을까라는 가정 또한 해볼 수 있다. 나는 합격 결과가

RSI 하나의 결과라고 단정적으로 보기는 어렵다고 생각한다. 상위권 대학 합격보다 어렵다고 일컬어지는 RSI의 합격을 위해 노력하며 이루었던 모든 활동들이 학생들의 대학 합격을 이끌었기 때문이다. 나는 어떤 학생도 단 한 번에 눈에 띄는 커다란 활동으로 갈 수 없다고 감히 말한다. 그리고 그 활동이 단기간에 쌓일 수도 없다고 생각한다. 그렇기 때문에 자신이 관심을 가지고 있는 작게 보이는 액티비티부터 시작해 지속적으로 성장해야 한다. 옆에서 본 적은 없지만 아마 올림픽 금메달리스트도 지역의 작은 경기에서 출발했을 것이다.

나는 종종 아이를 그릇에 비유한다. 아이라는 그릇에 물을 채워야 한다. 그런데 그 물은 한 번에 채울 수는 없다. 조금씩 천천히 채워가야 한다. 그리고 아이의 그릇이 클수록 더 많은 물을 채울 수 있기에 물을 채워 넘치게 하다 보면 아이가 성장을 거듭하면서 그릇을 크게 만들 수 있다는 것도 잊어서는 안 된다.

어떤 액티비티가 그것만으로도 중요한가는 학생에 따라 다르다. 아이가 열정과 관심을 가진 분야라면 그것만으로도 해야 하는 이유가 충분하다. 아이가 커가는 것, 배워가는 과정도 중요하다. 물을 채우듯 한 단계씩 차곡차곡 경험치를 쌓아가야 한다. 그래야만 아이는 그것을 밟고 더 높은 곳으로 갈 수 있다. 입학 사정관이 지원서에서 어떤 액티비티를 중요하게 볼 것인지는 아이가 결정하는 것이다.

예전에 지도했던 유대인 학생은 종교적인 이유로 주말에 과외 활동을 하기 어려운 제약이 있었다. 그래서 자신에게 주어진 시간 안에 관심 있는 액티비티를 어떤 방법으로 할 수 있을까를 고민했다. 자기가 할 수 있는 액티비티를 어떻게 할 것인가에 중점을 두었다. 많은 학생이 연주하는 악기인 피아노였지만, 피아노 콩쿠르 수상과 협연 외에 작곡에 대한 자신의 재능을 드러내고자 이를 학교의 클럽과 유튜브 영상 공연을 통해 발표했다. 또한, 그 학생은 음악 캠프에서 클래식 레퍼토리뿐만 아니라 즉흥 연주(improvisation)에서도 지도 교수들에게 강한 인상을 남겼다. 그 학생은, 다섯 살 때 시작한 음악에 대한 열정과 헌신 그리고 창의력을 높은 수준으로 키워나간 것을 입증한 셈이었고, 결국 아이비리그에 입학했다.

원서에 쓸 수 있느냐 대신, 내 아이의 성장에, 배움의 깊이에 얼마나 도움이 될까를 고민해보는 것이 좋다. 학생이 앞으로 나아갈 수 있는 밑거름이 될 수 있다면 충분히 가치가 있는 액티비티이다. 그런 이유에서 다양한 경쟁력 있는 여름 캠프들과 프로그램들의 지원서들이 학생들에게 이제껏 해온 액티비티들에 대해 묻고 있다. 그 기반을 바탕으로 학생들은 더 수준 높은 자리로 올라설 수 있다.

대학원서에서 "왜 이 전공을 선택하는가"(why major)를 묻는 에세이에 답변을 쓸 때도 학생이 깊이 있게 배워왔는가가 배어져 나온다. 축적된 액티비티가 없다면, 경험과 지식이 없는 곳에서 어떤 이야깃거리도 나오지 않는다.

실제로 원서를 쓰다 보면 제대로 자신의 목소리가 담긴 글을 쓰지 못하고 인터넷만 뒤지는 학생들이 있다. 내재된 것이 없으면 나올 수 있는 것이 없다. 진실성이 없다는 것을 입학 사정관들은 너무나 잘 안다. 미국 교육 컨설턴트 협회(IECA)와 미국 대학 입학 상담 협회(NACAC)의 웨비나 참여, 학교 방문을 통해 입학처장과 입학 사정관을 만날수록 그리고 입학 사정 과정을 자세히 알수록, 모든 것을 꿰뚫고 있는 그들을 절대 만만하게 볼 수 없다는 것을 깨닫는다.

액티비티는 한 번이 아닌 열정을 꾸준히 이루어가는 과정이어야 한다. 그런 과정 속에서 나만의 것을 성취해낼 수 있다.

미국 교육 컨설턴트 협회(Independent Educational Consultants Association, IECA)

1976년에 설립된 전통 있는 미국 교육 전문기관인 IECA는 대학 진학과 관련되어 전 세계 30개국에 2,000명 이상의 컨설턴트 회원들 간의 상호 협력을 증진시키며, 학회, 세미나 등의 행사를 후원한다. 또한 심포지엄 및 워크숍과 대학 캠퍼스 투어를 조직하고, 대학 및 학교 선택에 관한 정보 공유를 도모, 회원의 전문성을 높이고 있다. IECA의 회원이 되기 위해서는 관련 분야의 석사 이상의 학위, 50개 이상의 캠퍼스 방문, 대학 입학 사정관을 비롯한 교육 전문가의 추천서, 그리고 5년간 35명 이상의 학생 컨설팅 경력 등 까다로운 심사 과정을 거쳐야 한다.

미국 대학 입학 상담 협회(National Association for College Admission Counseling, NACAC)

1937년에 설립된 단체로 전 세계 26,000명 이상의 전문가로 구성된 조직으로 대학의 입학 사정관, 하이 스쿨 카운슬러, 교육 상담가를 포함한다. 매년 대학 박람회, 웨비나와 학회를 개최하며, 미국 대학 지원과 관련한 광범위하고 공신력 있는 데이터를 제공한다.

Chapter 3

타임라인: 대학으로 가는 길

대학에 가는 길은 여러 가지가 있다. 그러나 모든 대학들은 준비를 요구하며, 특히 상위권 대학들은 더 오랫동안의 많은 준비를 요구한다. 다음은 미국 대학을 준비하는, 미국 학교 시스템을 따르는 학생에게 중요한 대학 준비의 필수 요소를 다루는 단계별 타임라인이다. 구체적인 사항은 학생의 상황과, 학생이 재학 중인 하이 스쿨의 프로그램에 따라 차이를 보일 수 있다. 이 타임라인을 미래를 계획하는 가이드로 사용하면서 각 항목의 자세한 내용은 책의 본문을 참조하기 바란다.

9학년

- 학문적으로 도전적인 수업 과정을 수강한다.

- 수강하는 모든 수업에서 최선을 다한다.
- 고등학교 대학 카운슬러(college counselor)와 친해지려고 노력하는 시간을 갖는다.
- 학교 내의 클럽, 스포츠, 봉사 활동을 탐색하고 관심 있는 활동에 참여한다.
- 학교 외에서 과외 활동을 탐색하여 흥미와 열정을 유발하는 활동을 찾고 적극적으로 참여한다.
- 대학 검색을 시작한다. 학생이 고려할 수 있는 대학의 종류를 광범위하게 조사한다.
- 할 수 있는 한 많은 책을 읽는다. 어휘력(vocabulary)을 쌓는 것도 중요하다.
- 10학년 수업 스케줄을 위해 학교 카운슬러와 미팅을 한다.
- 여름방학 계획을 수립한다: 여름 수업, 봉사 활동, 인턴십, 캠프, 가족 여행 등을 포함한다.
- 과외 활동 및 자원봉사 활동, 학업 수상 등에 대한 기록을 시작한다.
- 여름에 읽을 독서 목록을 준비한다.

여름방학

- 음악, 예술, 과학, 라이팅을 포함한 아카데믹 프로그램, 워크숍 및 학생이 관심 있는 분야에 중점을 둔 캠프 등에 참여한다.

10학년

가을

- 학생이 할 수 있는 도전적인 커리큘럼을 수강한다.
- 수강하는 모든 수업에서 최선을 다한다.
- 학생이 가고 싶어 하는 대학에서 요구하는 하이 스쿨 과정을 수강하고 있는지 학교 카운슬러와 상의한다.
- 재학 중인 하이 스쿨에서 PSAT 혹은 PLAN이 제공된다면 연습을 위해 치러본다.
- 과외 활동에 계속 참여한다. 아직 시작을 하지 않았다면 적어도 2개의 액티비티는 하도록 한다.
- 리더십 역할의 기회도 찾도록 한다.
- 자원봉사 활동 기회를 찾고 참여한다.
- 테스트(SAT, ACT) 계획을 작성하기 시작하고, 준비되면 시험을 치른다.
- 학업에 어려움이 있다면 선생님(튜터)의 도움을 고려한다.
- 웹사이트를 통한 대학 조사를 시작하여 관심이 있는 내용에 대한 아이디어를 얻는다.
- 성적, 상, 액티비티 등의 파일을 계속 업데이트하고 프로젝트 및 기타 활동을 계속 정리한다.
- 꾸준하게 여러 장르의 책을 읽는다. 어휘력을 계속 쌓아올려 나가는 것이 중요하다.
- PSAT 및 PLAN 결과는 4~6주 뒤에 통보된다. 학부모 및 학교 카

운슬러와 함께 시험 결과를 검토하고 취약 부분을 해결할 수 있는 방안을 논의한다.

봄

- ACT 또는 SAT 시험을 준비한다.
- AP 과목을 수강한 학생의 경우 AP 시험을 준비한다. 시험 신청이 되어 있는지를 확인하고 지정된 날짜와 시간에 시험을 치른다.
- 준비가 된 경우 SAT/ACT 시험에 등록하고 시험을 치른다.
- 카운슬러를 방문하여 11학년 과정 일정을 계획한다. 가능한 경우 학교에 개설되어 있는 도전적인 과정인 AP, IB 또는 아너(honor) 수업을 신청한다.
- 대학 검색 및 방문을 시작한다. 다양한 유형의 학교에 대해 알아보고 관심 있는 대학 목록을 작성한다.
- 여름방학 계획을 짠다. 캠프, 인턴십, 자원봉사, 스포츠, 여름 수업, 여행 또는 예비 대학 프로그램(pre-college program)을 찾아보고 참여를 고려한다. 캠프 지원 서류의 요구 사항과 마감일을 확인하도록 한다.
- 여름에 읽을 독서 목록을 준비한다.
- 과외 활동, 수상 기록 등의 주요한 기록을 업데이트한다.

여름방학

- 가족이 방학 동안 여행을 떠나는 경우 관심을 가질 만한 대학들을 방문한다.

- 음악, 예술, 과학, 라이팅을 포함한 아카데믹 프로그램, 워크숍 및 학생이 관심 있는 분야에 중점을 둔 캠프 등에 참여한다.

11학년

가을

- 모든 수업에 최선을 다해 좋은 학점을 유지한다.
- 학생이 가고 싶어 하는 대학에서 요구하는 하이 스쿨 과정을 수강하고 있는지 학교 카운슬러와 상의한다.
- PSAT/NMSQT 시험 날짜를 확인하고 시험을 보도록 한다.
- 테스트 계획을 다시 확인하고 제대로 진행되고 있는지 확인하고, 필요에 따라 수정한다.
- 과외 활동에 계속 참여한다. 리더십 포지션을 가질 수 있도록 노력한다.
- 관심과 열정을 가질 수 있는 활동이 있다면 11학년이라도 시작하도록 한다. 학교 클럽, 팀 스포츠, 리더십 역할 또는 커뮤니티 서비스 참여를 고려한다.
- 성취한 상, 활동 및 인턴십 등의 기록을 업데이트한다.
- 관심 있는 대학의 리서치를 온라인을 통해 지속해간다.

봄

- 카운슬러를 방문하여 12학년 과정 일정을 계획한다. 가능한 경우

학교에 개설되어 있는 도전적인 과정인 AP, IB 또는 아너 수업을 신청한다. 12학년까지 도전적인 수업을 듣는 것이 필요하다.

- 관심 있는 대학에 대학 관련 자료를 요청한다. 진지하게 자료들을 살펴본다.

- 예비 대학 목록(preliminary college list)을 만든다. 대략 20~25개 정도로 추려본다.

- 대학 카운슬러와 만나 예비 대학 목록에 대해 논의한다. 목록의 선택 범위와 대학 비용에 대해서도 함께 상의한다.

- 시험을 마치지 못했다면, SAT 또는 ACT를 등록하여 치르도록 한다.

- 적어도 하나의 대학 박람회(college fair)에 참석한다. 관심 있는 대학의 대표가 재학 중인 고등학교나 학생이 살고 있는 지역을 방문하면 가능하면 등록하여 참석한다.

- 대학 방문 계획을 수립한다.

- AP 과목을 수강한 학생의 경우 AP 시험을 준비한다. 시험 신청이 되어 있는지를 확인하고 지정된 날짜와 시간에 시험을 치른다.

- 성취한 상, 활동 및 인턴십 등을 기록한 레쥬메를 작성해본다.

- 추천서를 요청할 학교 선생님들 및 다른 분들의 리스트를 만든다.

- 온라인 검색을 통해 대학을 계속 조사한다. 이메일이 스팸 필터를 통과하도록 주소록에 관심 있는 대학의 이메일 주소를 주소록에 입력해둔다.

- 여름방학 계획을 세운다. 캠프, 인턴십, 자원봉사, 스포츠, 여름 수업, 여행 또는 예비 대학 프로그램을 찾아보고 참여를 고려한

다. 캠프 지원 서류의 요구 사항과 마감일을 확인하여 놓쳐버리는 일이 없도록 한다.

여름

- 관심 있는 대학을 방문한다. 온라인 투어도 좋은 옵션이 된다.
- 음악, 예술, 과학, 라이팅을 포함한 학업 심화 프로그램, 여름 워크숍 및 전문 분야에 중점을 둔 캠프에 참여한다.
- 방문, 시험 점수, 재정 및 기타 요인을 기반으로 예비 학교 목록을 좁힌다.
- 대학 조사를 계속하며 대학 리스트를 줄여나간다.
- 커먼 앱에 계정을 만들고 원서를 살펴본다. 일반적으로 8월 1일에 새로이 오픈된다.
- 일부 대학 지원서를 살펴본다. 학생에게 중요한 모든 정보를 기록해둔다.
- 대학 에세이에 대한 브레인스토밍을 시작하고, 에세이의 초안을 작성한다.

12학년

가을

- 학교 성적을 최선을 다해 꾸준히 유지한다.
- 대학에 대한 가능한 많은 정보를 조사한다. 대학 박람회, 학교 방

문, 홈페이지 등의 모든 정보 출처를 활용한다.

- 지원할 대학의 최종 리스트를 8~12개로 좁힌다. "세이프티 (safety)", "매치(match)", "리치(reach)"의 학교로 나누어서 구체적으로 고려한다.

- 지원 시기별 학교 리스트를 결정한다: 얼리 디시전 또는 얼리 액션 플랜에 따라 지원할 것인지 혹은 레귤러 디시전을 진행할 것인가를 결정한다.

- 지원하는 학교의 마감일, 에세이, 추가 요구 사항, 재정 지원 요건을 정리한다.

- 하이 스쿨에 제출해야 하는 서류들을 준비한다. 하이 스쿨에서 시니어에게 보내는 이메일을 잘 확인하고 지침을 따르도록 한다.

- 학교에 따라 학생이 자신에 대해 직접 쓰게 되는 브래그 시트 (brag sheet)를 제출하기도 한다. 이를 통해 카운슬러와 교사는 학생에 대해 자세히 알게 되고 추천서 작성에 도움을 받을 수 있다. 학교마다 종종 자체 템플릿을 가지고 있는 경우가 있다.

- 추천서를 요청하는 교사, 카운슬러, 그외의 추천인들에게 지원하는 대학 목록, 추천 마감일 및 필요한 양식을 제공한다.

- 리뷰 과정을 거친 뒤 대학 에세이를 완성한다.

- 필요한 경우 SAT 또는 ACT를 치른다.

- 재정 지원을 신청하는 경우 FAFSA와 CSS Profile을 작성한다.

- 학생의 SAT, ACT, 혹은 TOEFL 점수를 지원하는 대학으로 보낸다. 최근 들어 일부 대학은 학생이 원서에 테스트 점수를 기록할 수 있는 셀프 리포트(self-report)를 허용한다. 그러나 여전히

테스트를 주관하는 곳에서 직접 대학으로 보내는 공인시험 점수 (official test score report)만을 인정하는 대학이 있으므로 각 대학마다 확인하여 그 방침을 따르는 것이 필요하다.

- 지원서는 미리 준비하여 마지막 순간에 급히 작성하느라 실수가 생기는 일이 없도록 한다.
- 마감일이 가을인 모든 대학에 대한 지원서, 보충 자료 및 수수료 (fee)를 제출한다. 11월에 초에서 중순 사이에 마감일인 얼리 디시전과 얼리 액션 대학들의 원서 검토를 정확히 하도록 한다. 부모님 혹은 교사, 카운슬러가 제출 전 마지막 검토를 하는 것도 추천하는 방법이다.
- 대학이 요구 또는 추천하는 경우, 인터뷰(alumni interview)에 참여한다.

겨울

- 필요한 경우 SAT 또는 ACT를 치른다.
- 중간 학년 성적(mid-year report)이 대학으로 전송되는지 확인한다.
- 얼리 디시전으로 합격되면 다른 지원한 대학은 모두 지원을 철회한다.
- 레귤러 디시전의 원서 준비를 한다.
- 많은 레귤러 디시전 대학들의 마감일이 1월 1일에서 5일 사이라는 점을 명심하고 이에 맞추어 마무리를 정확히 한다.

봄

- 합격 통지서를 받는다.
- 재정 지원을 한 경우 재정 지원 패키지도 함께 받게 된다. 이때 얼리 디시전을 제외하고 입학 제안을 받은 대학들의 재정 지원을 비교하여 결정할 수 있다.
- 5월 1일까지 진학할 학교를 선택하여 통보한다. 진학하지 않기로 결정한 다른 모든 대학에도 철회 의사를 밝힌다.
- 진학하려는 대학으로 예치금(deposit)을 보낸다.
- 마지막 학기까지 학점 관리와 액티비티에 최선을 다한다.
- 해당되는 경우, AP 시험을 보도록 한다.
- 최종 성적표가 진학하려는 대학으로 보내졌는지 확인한다.
- 정말로 가고 싶은 대학의 웨이트리스트(waitlist)에 올랐다면, 지원서를 강화할 수 있는 방법을 찾아 노력한다.
- 여름 계획에 대해 생각한다.

여름

- 숙소, 오리엔테이션, 대학 과정 선택에 관하여 대학에서 보내오는 이메일과 우편물을 확인한다.
- 대학에서 지정한 책 외에 다양한 책을 읽는다.
- 기숙사에 들어갈 물건의 리스트를 만들어본다.
- 대학 기숙사 룸메이트, 혹은 다른 대학 커뮤니티의 학생들과 익숙해지는 시간을 갖는다.

아이의 한계를
부모가 정하지 말자

내 아이가 이걸 할 수 있을까, 저건 꼭 해야 한다는데….

매년 수업 신청 기간이 되면, 학부모들은 학점이 잘 안 나온다는 과목을 자녀가 등록하는 것에 우려를 표하기도 한다. 학생이 수업을 잘 따라가지 못해 나쁜 성적을 받으면 어쩌나 하는 노파심에 어렵다는 과목 대신 쉽다고 알려진 과목으로 대체해 내신을 잘 유지하는 것이 안전하다고 믿고 자녀를 설득하기도 한다.

사실 쉽지 않은 결정이다. 쉬운 수업을 듣는 것은 학생이 대학 입학의 주요 요소인 높은 GPA를 유지하는 데 도움이 될 수 있다. 그러나 입학 사정관은 학생의 성적뿐만 아니라 수강한 수업 리스트도 본다는 점에 유의해야 한다. 입학 사정관은 하이 스쿨 과목들의 난이도를 학부모 이상으로 잘 알고 있다. 쉬운 수업을 듣는 것은 대학 입학 사정관에게 학생이 학문적으로 도전하지 않는다는 인상을 줄 수 있다. 입학 사정관들은 엄격한 수업을 들을 의지가 있고 지적 호기심이 있는 학생들을 찾고 있다. 학생의 성적표가 쉬운 수업으로 채워져 있다면 입학 사정관에게 학생이 대학 수준의 교과과정에 도전할 준비가 되어 있지 않다는 신호가 될 수 있다.

결론적으로 쉬운 수업을 들어 학점을 올리는 것이 도움이 되는지의 여부는 학생 개개인의 상황, 즉 학생의 학업 배경, 능력, 진로 목표에 따라 다르다. 그러나 일반적으로 학생들은 자신의 관심과 진로 목표에 부합하며 학문적으로 도전적인 수업을 듣는 것을 목표로 해야 한다. 그리고 이러한 도전은 학생의 주체적인 결정에 근거해야 한다.

이와 반대가 되는 경우도 있다. 언제부터인가 학부모들 사이에서 AMC 시리즈는 STEM 분야로 진학을 원하는 학생들의 기본 액티비티로 당연시되는 느낌을 받는다. "수학 경시대회를 준비해볼까요"보다는 "AMC를 언제 시작할까요"라는 질문이 일반적이 되었고, 수학 경시대회를 누구나 한 번쯤 고려해보는 경향이 생겼다. 여기에 맞춰서 어떤 수학 강의는 수학 경시대회 입상을 위해 꼭 들어가야 하는 통과의례로 여겨진다. 따라서 많은 학생들이 자신의 적성이나 관심과는 별개로 수학 경시대회 학원에 등록하는 경우가 종종 있다.

물론 AMC는 학생의 사고력을 개발하고 수학에 대한 흥미를 고취시킬 수 있는 액티비티이고, 학생이 AIME, USA(J)MO까지 볼 자격을 갖추게 된다면 대학 입시에도 영향력을 줄 수 있다. 그러나 이런 장점들이 주어진다고 해서 모든 학생들이 수학 경시대회에 참여해야 하는 것은 아니다. 우선 수학에 특별한 열정을 가지고 있으며, 주어진 시간에 문제를 풀고 경시대회형 수학 문제를 즐기는 학생에게 적합하다. 그렇지 않다면, 수학 경시대회의 실패가 오히려 수학에 대한 자신감 상실을 불러일으키고, 학생들이 수학 관련 진로를 추구하려는 의욕을 꺾을 수 있다는 점도 유의해야 한다. 대회라는 형식이 모든 학생의 학습 스타일에 적합하지 않을 수 있으므로 수학 경시대회에 참가하도록 강요하는 것은 개별 학습 스타일과 필요를 고려하지 않는 것이다. 또한, 수학 경시대회에 참가하는 것이 일부 학생들에게는 잘 해야 한다는 과도한 압박감이 되어 학습 경험과 전반적인 성과에 부정적인 영향을 미칠 수 있다. 또한, 수학에 어려움을 겪는 학생들의 경우, 경쟁으로 인한 가중된 스트레스가 불안을 더욱 증가시키고 발전하기 더욱 어렵게 만들 수 있다.

실제로 나의 개인적인 경험에서도 STEM 분야에 있는 두 아이를 두고 있지만, 한 아이는 AMC를 시작도 하지 않았고, 한 아이는 중학교 때 매스카운츠(MATHCOUNTS) 내셔널을, 8학년 때부터 USA(J)MO를 했었다. 그러나 나와 남편은 큰아이가 STEM 분야에서 작은아이보다 뒤처진다고 생각하지 않았다. 다만, 작은아이가 경시대회에 조금 더 관심이 있고 더 맞는 아이라고 생각했다. 그랬기에 거기에 맞게 뒷받침을 하려고 했다. 큰아이는 자신의 특성에 맞는 또 다른 것을 키워주어 지금 메디컬/헬스 분야에서 자리를 잡아가고 있다.

내 아이가 잘 자라기를 바라는 마음은 아마도 부모로서 갖는 기본적인 마음이라 생각된다. 자녀가 가진 잠재력을 발휘하는 것은 성공적인 성장임엔 틀림없다. 그리고 이것을 인식하고 있는 학부모들도 많이 있다. 그러나 이를 위해 무엇을 가르쳐야 할지, 어떻게 지도해야 할지 실천하기는 쉽지 않다. 부모가 자신도 모르게 아이의 한계를 마음대로 정하고 있는 것은 아닌지 되돌아보았으면 한다. 일어나지 않은 미래를 정해두고 잘하지 못할까 봐 미리 걱정하며 아이의 한계를 낮추거나, 아이의 성향이나 능력보다 남들 눈높이에 맞춰 필요에 따라 아이의 한계를 더 높이는 경우도 간혹 있다. 자신이 아이의 목소리를 듣지 않는 부모가 되어가는 것은 아닌지, 부모가 원하는 방향으로 아이를 끌고 가고 있지는 않은지 자문해보아야 한다.

아이의 잠재력을 부모가 판단해서는 안 된다. 우선 기회를 주고, 아이에게 맡기고 믿어야 한다. 자신을 믿는 아이는 부모가 예상한 한계를 충분히 뛰어넘을 수 있는 힘을 가지고 있다.

PART

2

전략적인
대학 입학 준비

"좋은 태도와 협력 정신은 성공적인 학부모-교사 상
담의 열쇠다."[4]

― 도나 헨더슨 Donna Henderson

웨이크 포레스트 대학교 상담학 교수
Professor of Counseling at Wake Forest University

Chapter 4

미국 입시와 하이 스쿨 프로파일

어떤 하이 스쿨을 다니는가는 학생 앞에 펼쳐질 인생에 큰 영향을 미칠 수 있다. 학부모님들과 학생들은 하이 스쿨을 진학함에 따라 자신이 다니게 될 학교에 대한 충분한 정보를 알고 싶어 한다. 또한, 대학들도 입학 사정 시 정확한 판단을 위해 지원한 학생이 다니는 하이 스쿨에 대해 자세한 사항을 알아야만 한다. 이 모든 것을 위해 미국의 하이 스쿨은 프로파일(school profile)을 작성하고 이를 매년 업데이트한다. 하이 스쿨 프로파일의 이러한 중요한 역할들을 고려할 때 학생들과 학부모님들은 학교의 "공식" 프로파일에 대해 정확히 파악하고 있어야 한다.

그럼, 하이 스쿨 프로파일은 과연 무엇일까? 하이 스쿨은 학교의 프로파일에 포괄적이고 정확하게 학교에 대한 사항을 입력해놓아야만 한다. 프로파일에 포함되는 기본 정보는 다음과 같으나, 학교에 따라 약간의 차이가 있을 수 있다.

- 학교 기본 정보 : 학교 이름, 주소, 전화번호, 팩스번호, 웹사이트 URL
- 학교 재학생의 사회적·경제적 인구 분포 등 학교 정보
- 학교 역사/영예
- 학과 과정(트랙, 커리큘럼)
- AP 또는 IB 정보(예 : 학교의 학생 수, AP, IB 과정 및 시험 이수율)
- 졸업 요건
- 성적 증명서에 나타나는 컴퓨터 코드에 대한 설명
- 시험 점수 정보
- SAT 및 ACT에 대한 보고서 분포 및 범위
- 최근 대학 입학 결과
- 과외 활동 기회(학생들이 참여할 수 있는 스포츠, 클럽 등)

하이 스쿨 프로파일은 일반적으로 학생의 대학 지원 원서에서 학교 카운슬러가 학생의 성적표와 함께 전송하는 문서이다. 이 문서는 특정 학교를 다니는 모든 학생에게 동일하다.

교육 컨설턴트로서 많이 하게 되는 이야기가 "context", 다시 말해 학생에게 주어진 상황이다. 대학은 입학 사정 시 항상 학생이 놓여 있는 환경 속에서 원서를 읽는다. 학생의 학교에서의 상황을 알려주는 자료가 바로 스쿨 프로파일이다. 따라서 그 중요성은 엄청나다. 특히 COVID-19 이후에 테스트 옵셔널이 되고 SAT Subject 또한 사라진

지금, 대학은 학생이 어떤 환경과 상황 속에서 공부하고 생활해왔는지를 단적으로 보여주는 스쿨 프로파일을 더 유심히 볼 수밖에 없다.

학교 안의 경쟁이란 이야기를 많이 한다. 학생들은 또한 재학 중인 학교의 기록을 읽어야 한다. 대학이 입학 원서에서 해당 학교를 정확히 파악하기 위해 학교 프로파일을 학교 카운슬러에게 요구(require)하는 이유를 꼭 기억해야 한다.

Chapter 5

학부모 상담

학부모들에게 학교 선생님을 만나는 일은 긴장되는 일이다. 특히 미국의 학교 제도와 문화에 익숙하지 않은 학부모에게는 영어에 대한 부담감과 함께 미국 환경에 대한 사전 지식이 없어 위축되기도 하고 걱정이 앞선다. 그러나 이 기회를 잘 활용해 학생을 위해 한 팀으로 함께 협력할 수 있는 기회로 만들어보는 것이 좋다.

초등학교의 경우 학부모들은 각종 학교 행사나 스쿨 파티를 통해 학기 중에 담임 교사를 만날 기회를 가질 수 있다. 하지만, 중고등학교로 진학하면서 학부모 상담을 제외하면 학부모가 담당 과목 선생님들을 직접 만날 기회는 거의 없다. 물론 이메일을 통해 학부모가 선생님들과 직접 연락할 수 있지만, 꼭 부모님이 관여하여야 하는 경우가 아니라면 학생이 직접 선생님께 이메일을 작성해서 학생이 부모님께 의존적이라는 인상을 심어주지 않도록 해야 한다.

연구 결과는 학부모의 참여가 자녀의 학업 성취도, 행동 및 사회적 발달에 기여한다는 것을 보여준다. 학부모 상담은 학생들이 학교에서 경험하고 배우는 것을 이해하도록 돕고 학부모가 그들을 보다 효과적으로 지원하기 위한 방법을 모색하게끔 한다.

학부모 교사 상담(Parent-teacher Conference)의 장점

- 학부모 교사 상담에서 학부모는 학생의 학업 상황에 대해 질문하고 테스트 데이터, 평가, 포트폴리오, 과제를 직접 살펴봄으로써 학업 진행 및 성장을 공유한다.
- 학부모는 수업에서 학생들이 무엇을 공부하고 있는지 더 많이 알게 되고, 아이가 특별히 어떤 것에 어려움을 겪고 있는지 알 수 있게 된다.
- 만약 학생이 어려움을 겪고 있는 점이 있다면, 학부모는 상담을 통해 교사에게 학생을 잘 도울 수 있는 방법을 묻고 계획할 수 있다.
- 교사는 학부모 또는 보호자로부터 학생에 관한 이야기를 들음으로써 학생의 장점, 행동 및 학습 스타일, 학생이 필요로 하는 것에 대해 더 잘 알 수 있게 된다.
- 학생의 학습을 지원하기 위한 전략, 학생의 학습과 성장을 방해할 수 있는 문제에 대해 함께 토론한다.

청소년 자녀를 둔 많은 학부모들은 자녀가 학년이 올라갈수록 학교 생활에 대해 함께 이야기하는 것이 줄어든다고 느낀다. 이것은 또한 자녀와의 소통이 전반적으로 줄어든다는 것을 의미할 수도 있다. 학부모가 학교와 수업에 대해 더 많이 알수록, 자녀는 학교에서 일상적인 경험에 대해 부모에게 이야기할 가능성이 높아질 것이다. 자녀는 부모님의 관심과 참여가 감사할 것이고, 문제가 있을 때 부모에게 먼저 도움을 요청할 가능성이 더 높아진다.

미국의 교육에서는 학부모 교사 상담이라는 형식으로 공식적으로 일 년에 1~2회 유치원(kindergarten)부터 하이 스쿨까지 학부모와 교사가 만나서 자녀의 학교에서의 학업 성취도와 학교에서의 경험에 대해 이야기한다.

자녀와 가장 오랜 시간을 함께해온 학부모는 자녀의 성격, 습관, 장점, 약점을 알고 있다. 또한 교사는 교수법을 기초로 학생의 필요를 충족시키기 위해 심리적, 학습적으로 교육하며 학생과 함께 경험을 쌓아왔다. 따라서 학생에 관한 두 전문가가 함께 힘을 합한다면, 학생이 직면한 어려움을 가장 적절하고 유용한 방법으로 극복할 수 있게 될 것이다.

대부분의 학교는 학부모 교사 상담 미팅 날짜와 시간을 정하여 학부모에게 공지하고 여기에 따라 예약하도록 한다. 그러나 학교 일정이 가족의 일정과 상충되는 경우 서로 편리한 시간을 찾거나 전화 또는 화상 컨퍼런스 일정을 예약하는 경우도 있다.

학부모 교사 상담 활용 팁

학부모 교사 상담을 할 때 아무런 준비없이 가지 말고 약간의 준비를 하고 참여하면 10~30분 동안의 상담으로도 많은 도움이 된다. 다음은 상담을 최대한 활용하는 데 도움이 되는 몇 가지 팁이다.

학부모 교사 상담 전 준비 사항

1) 리포트 카드 혹은 프로그레스 리포트(progress report)를 통한 자녀의 학업 진행 상황 점검
2) 시험 점수 및 학교 계정 출석 검토
3) 학교 또는 학군에 관한 자료 리뷰
4) 자녀와의 대화
   - 자녀에게 가장 강하고, 가장 약한 과목이 무엇인지 파악
   - 가장 좋아하는, 가장 싫어하는 과목은 무엇인지 파악
   - 자녀의 강점 및 관심사 파악
   - 자녀가 도움을 필요로 하는 부분이 무엇인지 파악
5) 노트 목록 준비
   - 선생님과 상의하고 싶은 주제들의 목록
   - 질문 리스트 준비

학부모 교사 상담 과정 중 주의 사항

1) 상담 시간 엄수
2) 가장 중요한 문제를 우선순위로 질문

3) 자세하고 구체적인 설명 요청

4) 밝고 편안한 분위기 유지

Chapter 6

하이 스쿨 카운슬러

미국에서 중고등학교를 다니지 않았던 이들에게는 학교 카운슬러라는 말이 다소 낯설 것이다. 미들 스쿨에서 카운슬러를 만나기도 하지만, 하이 스쿨에 들어서면 본격적으로 하이 스쿨 카운슬러의 역할이 크게 차지한다. 특히 대학 입시에 여러 면에서 영향력을 미칠 수 있으므로 하이 스쿨 칼리지 카운슬러와 친밀한 관계를 유지해두는 것을 권한다.

하이 스쿨 카운슬러는 학교에 따라 여러 명칭으로 불린다.

- 스쿨 카운슬러(School counselor)
- 가이던스 카운슬러(Guidance counselor)
- 칼리지 어드바이저(College advisor)
- 칼리지 카운슬러(College counselor)

• 아카데믹 어드바이저(Academic advisor)

그럼 먼저, 하이 스쿨 카운슬러의 역할을 알아보도록 하겠다.

하이 스쿨에 들어가기 전에 먼저 미들 스쿨 혹은 주니어 하이 스쿨에서 해야 할 일은 하이 스쿨 수업을 짜는 것이다. 이때 하이 스쿨 카운슬러의 일이 시작된다. 하이 스쿨은 자체 졸업 요건이 있다. 학생들은 이에 따라 수업 일정을 만들어야 한다. 그것에 대해 논의할 사람은 하이 스쿨 카운슬러이다. 그래서 아카데믹 어드바이저로 불리는 이유이기도 하다. 학생이 어떤 수업을 선택해 가느냐는 학생의 4년간의 고교 생활에도 큰 의미가 있고, 대학 진학에도 상당히 중요하다. 대학에서 학생을 평가할 때 어떤 과목을 수강하느냐는 어떤 점수를 받았느냐와 함께 큰 비중을 차지한다. 따라서 이를 다루는 카운슬러의 역할은 중요하다.

미국 입학 요강에서 빠지지 않는 부분 중의 하나는 추천서이다. 일부 주립대학들이 추천서를 요구하지 않는 경우가 간혹 있지만, 대부분의 경우 입학 절차의 상당 부분을 차지한다. 추천서는 교사 추천서와 카운슬러 추천서로 나뉜다. 대학은 학생들이 직접 작성하는 원서의 다른 부분에 비해 추천서는 학생들에 관한 이야기를 객관적으로 들을 수 있는 창구이기 때문에 많은 관심을 기울인다.

추천서가 일반적이고 형식적인 내용만 담고 있는 것이 아니라, 학생에 대한 구체적이고 상세한 견해를 나타내고, 학생의 자질, 액티비티 등을 지지하고 격려한다면 입학 결정에 긍정적인 영향을 미칠 수 있다. 학생을 더 잘 알수록 학생을 위해 더 나은 추천서를 쓸 수 있다는 것을 기억하고 카운슬러와 가까워지도록 노력하는 것이 필요하다.

카운슬러의 다음 역할은 학생에게 대학 상담을 제공한다는 것이다. 학생의 요청 시 카운슬러는 대학 에세이, 대학 원서, 코스 및 활동에 대한 결정을 하는 데 조언과 도움을 줄 것이다. 물론, 한 학년에 수백 명의 학생이 있는 공립학교에서 카운슬러를 만나는 것은 쉽지 않다. 하지만, 대학 원서를 작성하기 전의 불필요한 문제를 만들지 않으려면, 학교 밖의 소문이나 불확실한 사항들은 칼리지 카운슬러의 명확하고 구체적인 설명을 들은 뒤 체크하는 것이 필요하다. 직접 만나기 힘들면 이메일 등의 방법으로 연락을 시도하고, 칼리지 카운슬링 오피스(college counselor office)에서 보낸 이메일은 꼭 확인해야 한다.

카운슬러는 커먼 앱에서 재정 지원 신청(financial aid)에 이르기까지 대학 입학에 관한 정보의 원천이다. 그뿐만 아니라, 다양한 학교 내외의 아카데믹, 장학금, 교내외 활동에 관해 알고 있다. 따라서 학생이 카운슬러와 가까워져서 관심 분야에 대해 이야기를 주고받다 보면 카운슬러는 학술 대회, 봉사, 외부 추천 프로그램과 같은 정보를 줄 수 있다.

Chapter 7

학업 성적

대학의 본질은 학문을 가르치고 연구하는 데 있다. 대학의 입학 사정관들은 학업 능력이 우수하고 대학에서 학문적으로 성취를 잘 해나갈 수 있다고 판단되는 학생들에게 입학 허가를 내주려고 한다. 따라서 학업 기록으로 나타나는 학생의 학업 능력은 수십 년 동안 신입생 입학 결정에서 가장 중요한 고려 사항이었다.

입학처에서 학생의 학업 성적(academic record)을 심사할 때, 학생의 학점(GPA)과 수강한 과목의 난이도(rigor of courses)를 기준으로 한다.

학교 성적(GPA)

고등학교 평균 학점(GPA, Grade Point Average)은 미국 교육에서 학업 성취도를 측정하는 표준화된 척도로, 대학 입학 측면에서 학생의 대학 준비 정도와 잠재적인 성공을 나타낼 수 있다. 특히 최근의 다양한 변화에도 불구하고 여전히 대입 준비의 기본 지표로 자리잡고 있다는 점에 유의해야 한다.

학교 성적의 중요성은 미국 대학 입학 상담 협회(NACAC)에서 발표한 대학 입학 현황에서도 확인할 수 있다. 참여한 대학의 75%는 모든 고등학교 과정의 성적이 상당히 중요하다고 평가했으며, 73%는 대학 준비 과정(college prep courses)의 성적이 상당히 중요하다는 평가를 발표했다.[5]

대학 준비 과정은 하이 스쿨의 핵심 필수과목으로 하이 스쿨의 졸업을 위해 요구되는 사항이다. 일반적으로 영어(English) 4년, 수학(mathematics) 3년, 과학(science) 3년, 사회과학(social science) 3년으로 진행하지만, 학교마다 다르다는 점을 유의해야 한다.

1. 웨이티드(Weighted) GPA/ 언웨이티드(Unweighted) GPA

대학들은 학생의 전체적인 하이 스쿨의 평점(GPA)을 고려한다. GPA를 산출하는 방식은 가중치를 적용(Weighted GPA)하는 경우와 그렇지 않은 경우(Unweighted GPA), 이 두 가지 유형으로 나누어볼 수 있다.

1) 언웨이티드(Unweighted) GPA

과목들의 가중치를 두지 않고 학업 평점을 측정하는 방식이며, 일반적으로 0에서 4.0 사이의 숫자로 기록되고 특정 수업의 난이도를 고려하지 않는다. 학교에 따라 기록 방식에 차이가 있다.

2) 웨이티드(Weighted) GPA

수업의 난이도에 따라 가중치를 부여하여 학업 평점을 측정하여 산출하는 방식이다. 기본 교과과정보다 어렵다고 판단되는 수업에 가산점을 부여하여 계산된다. 그 예로는 AP(Advanced Placement), Honors, IB SL(Standard Level), IB HL(Higher Level), Dual Enrollment 등이 포함될 수 있다. 일반적으로 0에서 5.0까지의 범위로 기록된다. 가중치를 부여하는 과목과 기록 방식은 학교에 따라 차이가 있다.

2. 대학들의 평가 방법

하이 스쿨들마다 GPA를 산출하는 방식이 다르다. 예를 들어 한 고등학교의 A는 93~100의 백분율 범위에 해당하는 반면 다른 학교에서는 A의 범위는 90~100이다. 일부 고등학교는 알파벳으로 된 GPA 외에 + 또는 −를 사용하지만 어떤 학교에서는 사용하지 않는다. 또한 한 학교에서 A는 다른 학교 A보다 상대적으로 받기가 더 어려울 수 있다. 그렇다면 대학은 어떻게 전국 및 전 세계 성적표의 GPA를 서로 비교하고 공정하게 평가할까?

일반적으로 대학은 Honor와 AP 과정을 몇 번 이수했는지에 상관없이 평점을 4.0 기준의 언웨이티드 GPA 방식(Unweighted GPA)으로 환산하는 것으로 알려져왔다. 다만, 이때 GPA와 함께 수강한 과목의 난이도를 신중하게 고려한다. 또한, 대학 자체의 방식으로 가중치를 부여하는 웨이티드 GPA를 채택하는 대학들도 여전히 있다. 다시 말해, 각 대학은 자체 규칙과 기준에 따라 GPA를 다시 계산한다. GPA 를 산정할 때, GPA 산정에 포함되는 과목과 학년, 가중치 부여 여부는 대학에 따라 다르다.

다음은 대학들이 사용하는 GPA 계산 방법의 예이다.

1) 코어(Core) GPA

성적을 평가할 때, 전반적인 GPA도 중요하지만 대학 입학 사정관들은 선택 과목은 고려하지 않고 주요 학업 과정에서 학생의 성적에 초점을 맞추기도 한다. 핵심 과목(core subject)은 영어, 역사/사회과학, 수학, 과학, 외국어를 포함한다. 이 과목들의 성적으로만 산정한 GPA를 코어 GPA라고 한다.

2) UC GPA

캘리포니아 대학교(University of California) 시스템에서 사용되는 방식으로 9학년을 마친 이후 여름부터 12학년 원서를 쓰기 전 여름까지 수강한 과목 중 영어(English), 역사(history), 외국어(language other than English), 수학(mathematics), 과학(science), 미술/음악(visual and performing arts), 선택 과목(college-preparatory elective)의 성적으로 GPA가 산정된다. 이때 AP, IB 수업은 가산점이 인정된다.

3. 학년별 학업 성취 동향과 유형(Trend)

학생들은 일반적으로 9학년 성적부터 입학 원서에 기입하거나 학교 카운슬러를 통해서 제출한다. (UC의 경우는 예외) 이때 학교 성적은 상향곡선을 그리는 것이 중요하다. 점점 어려운 과목을 수강하면서 성적이 향상되며 발전되어가는 모습을 보여준다면 학생에 대한 좋은 인상을 남길 수 있다.

대학은 11학년과 12학년 성적을 중시하는 경향을 보인다. 11학년 성적은 성적 증명서에 포함되며, 대학은 중간 보고서(mid-year report)에서 12학년 1학기 성적을 확인한다. 대학은 12학년 최종 성적표를 요구하며 성적이 크게 떨어지면 입학 제안을 철회하기도 한다. 또한 대학은 전공 분야와 연관된 특정 과목의 성적에 더 많은 관심을 기울일 것이다. 예를 들어 비즈니스 또는 엔지니어링 프로그램의 경우 수학 성적이 특히 중요하다.

4. GPA와 랭킹(School Rank)

최근 들어 하이 스쿨들이 학교 자체 내의 학교 성적 등수 또는 순위를 매기지 않는 경향이 늘고 있다. 그러나 학생당 지원하는 대학 수가 많아지는 경향을 보이면서 같은 하이 스쿨의 시니어들이 비슷한 대학에 지원할 가능성이 높아졌다. 이에 따라 학생들은 한 학교에서 여러 명의 지원서가 제출된 경우 대학이 같은 하이 스쿨 출신 지원 학생들을 어떻게 평가할지, 그리고 대학측이 각 하이 스쿨에서 매년 선발하는 학생 수가 일정하게 정해져 있는지에 대한 우려가 늘고 있다.

대부분의 상위 대학에는 고등학교에 대한 할당제가 없으며 대신 사회적, 경제적 다양성과 함께 지리적 다양성을 추구한다. 아이비리그는 특정 하이 스쿨에서 해당 대학에 입학할 수 있는 학생의 수를 미리 정하지 않는다. 예전 펜실베이니아 대학교(University of Pennsylvania)

의 입학 상담회(information session)에서 입학 사정관에게 이에 대해 직접 질문했었다. 대학 측은 학생의 강점을 기준으로 판단하고, 학생이 재학 중인 하이 스쿨을 고려하지만 이는 학업과 과외 활동에 대한 맥락을 판단하기 위해서라는 것을 확인했다.

따라서 대학에서 선발하는 특정 학교 출신의 입학생 수는 같은 학교에 다녔기 때문이 아니라 비슷한 사회적, 경제적, 지리적 배경을 가지고 있기 때문에 제한될 수 있다는 점에 유의해야 한다. 이를 극복하기 위해서는 학생들은 높은 성적을 받는 것도 중요하지만 성적 외에서 자신을 같은 학교 출신의 다른 학생들과 차별화할 수 있는 방법을 만들어가야 한다.

수업의 난이도(Rigor of Classes)

조금 더 상위권 대학을 원하는 학생들은 쉬운 과목에서 좋은 성적을 받는 데 만족하지 않고 좀 더 난이도 있는 과목에 도전하여 학생의 학업에 대한 의지를 보여야 한다. 대학 과정은 고등학교보다 더 어렵고 까다로울 것이므로 어려운 수업을 많이 듣고 좋은 성적을 받은 학생이라면 좋은 인상을 남길 수 있다. 특히 SAT subject가 없어진 상황에서 이 점은 더 강조된다.

AP 수업은 가장 잘 알려진 도전적인 커리큘럼이다. AP는 일반수업의 내용과 요구 사항을 몇 단계 끌어올려, 학생들이 더 많이 배우고, 더 깊이 읽고, 더 어려운 시험을 치르는 등의 학문적 도전을 경험하게 한다. 예를 들어, 성적표에 AP Physics의 과목 중에서 A를 받은 기록이 있다면 STEM 분야로 진학하려는 학생의 의지를 보여준다. 좋은 대학에 진학한 학생들에게 자주 묻는 질문들 중 고교 시절 들었던 AP 숫자가 포함되는 것도 이런 이유이다.

IB(International Baccalaureate) 수업 역시 학생들에게 자신의 열정을 탐구하고 학문적으로 도전하는 학생을 찾는 미국 대학에서 점점 인기를 얻고 있다. IB 커리큘럼으로 학교에 다니고 있는 학생들은 IB 디플로마를 통해 어려운 수업에서 잘하고 있음을 보여줄 수 있다.

또 다른 방법으로는 대학에서 수업을 듣고 학점을 받는 것(dual enrollment)도 추천된다.

ADVANCED COURSES
- Honors
- Advanced Placement(AP)
- International Baccalaureate(IB)
- Dual Enrollment
- Cambridge AICE

1. 학생들이 처한 상황(Context)

대학들은 하이 스쿨마다 학생들이 수강할 수 있는 다양한 고급 과정(advanced course)들이 다르게 제공된다는 것을 알고 있다. 각 대학들은 학생들이 다니는 고등학교의 카운슬러를 통해 받은 교과과정 및 성적 시스템에 대한 요약 정보인 스쿨 프로파일(school profile)을 토대로 학생의 성적표를 분석한다.

현재 학생이 재학하고 있는 고등학교에서 AP를 많이 제공하지 않거나 전혀 제공하지 않더라도 걱정하지 않아도 된다. 대학은 학생이 있는 상황을 참작하여 판단한다. 학생은 AP이든 혹은 IB이든, 학생이 있는 학교에서 가장 어려운 과정의 수업을 많이 듣는 것이 필요하다. 또한 학생이 할 수 있는 최선의 방법에서 어려운 수업을 들을 수 있는 방법을 찾아야 한다. 그 예로는 여름 수업(summer enrichment), 이중 등록(dual enrollment)을 들을 수 있다.

> • Summer Enrichment: 여름 동안 학교 밖의 수업을 들을 수 있는 기회를 갖는 것
> • Dual Enrollment: 하이 스쿨 학생들이 커뮤니티 칼리지 또는 대학에서 대학 과정을 수강하는 것

2. 균형 있고 엄격한 커리큘럼(Balance & Rigor)

학생들은 자신의 능력과 목표에 가장 적합한 과정을 선택하기 위해 자신이 다니고 있는 학교의 칼리지 카운슬러 혹은 어드바이저와 상의해야 한다. 이때 고려해야 할 점은 재학 중인 하이 스쿨을 졸업할 때 요구되는 필수 사항(graduation requirement courses)을 충족시켜야 한다는 점이다. 이와 함께 학생이 원하는 대학에 가기 위해서는 그 대학의 필수 요구 사항을 살펴보아야 한다.

예를 들면, 학생의 하이 스쿨의 외국어 필수 요구 사항은 2년이지

만, 지원하려는 대학은 3년을 요구할 수 있다. 또한, 많은 하이 스쿨에서 졸업을 위해 체육(physical education), 보건(health), 미술(art)과 같은 과목에 대한 학점을 요구하지만 대부분의 대학에서는 이러한 과목을 요구하지 않는다는 점도 주목할 가치가 있다. 따라서 학생들은 학교에서 졸업에 필요한 모든 과목을 이수하면서 엄격한 과목들도 들어서 대학의 기대치에 부응해야 한다.

하이 스쿨 커리큘럼 선택

하이 스쿨 4년 동안의 교과과정은 대학 지원 시 입학 사정관이 학생의 지원서를 보는 방식에 큰 영향을 미친다는 점에서 언제 어떤 수업을 선택하느냐는 쉽지 않은 결정이다. 선택의 폭이 넓고, 각각의 선택이 다른 기회로 이어질 가능성을 열어줄 수 있다는 사실이 결정을 더 어렵게 만든다. 특히 미국 교육에 익숙하지 않은 유학생이라면 더욱 힘든 일이 될 수 있다.

코어 과목(core classes)과 선택 과목(electives)은 학교마다 차이가 있을 수 있지만 고등학교에서 4년의 시간을 최대한 활용하기 위해 따라야 할 몇 가지 유용한 규칙이 있다.

1. 하이 스쿨의 교과과정을 확인한다.

먼저 하이 스쿨에 입학하게 되면, 학생이 재학하고 있는 하이 스쿨의 졸업을 위해 요구되는 사항이 무엇인지, 올바른 과정을 수강하고 있는지 하이 스쿨 교육과정 전반을 살펴보는 시간을 가져야 한다. 졸업 요건과 교과과정은 주, 지역, 그리고 학교에 따라 다소 차이를 보인다. 따라서 칼리지 카운슬러와 만나 학교에서 제공되는 과정과 미래의 전공을 위한 추천 과목에 대해 충분히 상의하는 것이 좋다.

학생들은 졸업을 위해 요구된 수업 외에 균형 잡힌 커리큘럼을 갖추기 위해 일반적으로 매년 영어, 과학, 수학, 사회 수업을 이수해야 한다. 외국어의 경우에도 일반적으로 2~3년을 요구한다. 이때, 함께 고려해야 할 사항이 특정 과목을 수강하기 전에 요구되는 선수과목(prerequisites)이다. 학교에 따라서 지정된 선수과목이 다를 수 있으므로 미리 확인해봐야 한다.

2. 대학의 입학 요건(Admission requirement)을 확인한다.

많은 대학들, 특히 상위권 대학들은 자신의 대학에 입학하기 위한 구체적인 입학 요건으로 하이 스쿨에서 듣는 수업 과정을 제시하고 있다. 학교에 따라 필수 요건으로 또는 추천 사항으로 명시되며, 학교별로 개별적으로 조사하는 것이 최선이다. 학생이 관심 있는 학교라면 미리 학생이 그 학교의 모든 요구 사항을 충족하는지 확인해야 한다. 특히 단일 학교 내에서도 특정 전공의 경우 별도로 필수 요건이 제시되는지 살펴본다. 엔지니어링 스쿨의 경우 종종 물리(physics) 수업을 요구한다.

3. 코스 난이도(Rigor of Course)를 고려한다.

대학이 지원자를 평가할 때 고려하는 가장 중요한 사항 중 하나는 하이 스쿨에서 이수한 수업의 난이도이다.

심화 과정은 학생이 어려운 수업으로 자신의 능력에 도전했는가를 나타내며, 학생들이 엄격한 대학 커리큘럼에 대비하여 대학에서 수업을 들을 준비가 되었는지 알려주는 지표가 된다. 학생들은 매년 난이도를 높이고, 고등학교에서 제공하는 도전적인 과정을 이수하면서 좋은 성적을 유지하기 위해 노력해야 한다.

하이 스쿨의 상위 난이도의 수업(advanced classes)은 다음과 같이 정의될 수 있으며, 이 모든 수업은 대학 지원에 도움이 된다.

1) 아너 레벨 수업(Honors-level Classes):

일반적으로 정규 수업과 동일한 교재를 사용하나, 더 빠른 속도로 수업 진도를 나가거나 내용을 더 깊이 있게 다룬다.

2) 대학 수준 수업(College-level Classes):

AP 또는 IB 프로그램이 이 범주에 속한다. 학생들은 아너 레벨 수업에 비해 더 많은 내용을 더 빠른 속도로 습득하며, 읽기, 쓰기, 문제 해결 능력 등 대학에서 요구되는 학습 능력을 개발하고, 수업 후에는 AP 시험과 IB 시험을 보게 된다.

3) 실제 대학 과정(Actual College Courses):

일부 고등학교에서는 학생들이 고등학교나 지역 대학 캠퍼스에서 대학 학점을 받는 수업을 들을 수 있다. 고등학교에 따라 학교 밖의 대학에서 취득한 학점도 학생의 성적표에 합산되기도 한다.

4. 균형을 맞춘다.

대학들은 학생들이 고등학교에서 어려운 수업을 이수한 것을 보고 싶어 한다. 그러나 수업을 선택할 때 균형도 중요하다. 학생들은 도전해야 하지만 그 과목 수업으로 과도한 스트레스를 받거나 성적에 부정적인 영향을 미쳐서는 안 된다.

학생의 능력과 시간에 적합한 과정을 선택하고 학업 성적을 최대로 끌어올리기 위해 매년 학과 선정을 신중하게 조정해야 한다.

기억해야 할 가장 중요한 것은 좋은 성적을 유지하면서 도전해야 한다는 것이다. 궁극적으로 학생 생활의 모든 측면에서 건강한 균형을 유지하는 것이 지속적인 성공의 열쇠이다.

5. 온라인 및 대학 수업의 옵션을 고려한다.

재학 중인 학교에서 학생이 원하는 수업이 개설되지 않는다면 근처의 커뮤니티 칼리지나 대학에서 수업을 들을 수 있다.

또한 최근의 흐름을 보면 학생들이 보다 활발한 온라인 수업을 활용하여 자신의 관심 분야에 도전하기 시작했음을 보여주고 있다. 특히 AP 온라인 수업은 학교에서 듣지 못하는 수업을 장소와 시간에 구애받지 않고 들을 수 있다는 장점을 갖고 있다.

6. 관심과 적성에 맞는 수업을 선택한다.

하이 스쿨에서 학생들이 자신의 관심과 학업 목표에 맞는 과정을 수강하는 것이 중요하다. 예를 들어 공학에 관심이 있는 학생은 특히 난이도 있는 수학과 과학 과정을 수강해야 한다. 학생이 앞으로 전공하려는 분야와 연관된다면 어려운 과목이라고 피하기보다는 Honor, AP 수업을 수강하여 자신이 추구하는 진로를 위해 적극적으로 도전하고 있음을 보여주는 것이 도움이 된다. 또한 해당 학문 분야에서 대학 수준을 준비할 수 있는 수업을 선택하는 것은 학생의 열정과 전문성을 입증하는 방법이다.

7. 전문가의 조언을 받는다.

학생이 재학하고 있는 학교의 칼리지 카운슬러는 학교에서 제공하는 수업에 대한 세부 정보를 포함하여 다양한 정보를 갖고 있다. 따라서 학년 초에 하이 스쿨의 칼리지 카운슬러에게 연락하여 대학 입시의 올바른 길을 가고 있는지 상의하는 것도 바람직한 방법이다.

어떤 과정을 수강할지, 학업과 과외 활동의 균형을 어떻게 맞출 것인지에 대해 어려운 결정도 내려야 한다.

또한 각 교과 담당 교사도 학생들에게 유용한 팁과 조언을 줄 수 있는 전문가이다.

기회는 만드는 것이다

내가 사는 지역의 아이들이 자기들끼리 자주 하는 이야기가 하나 있다. 우스갯소리로 "우리 주의 교육은 미국 전체에서 끝에서 두 번째(Education in our state is second to last in the nation)"라고 하는데, 지역의 교육 시설과 학교 지원의 부족함을 비꼬는 말이다. 나 역시 남편의 직장이 있는 중부의 소도시인 이곳으로 왔을 때 한국의 지인들에게 어디라고 설명해야 할지, 말하면 알 수 있을지 답답했다. 각종 정보와 학원들이 넘쳐나는 편리한 대도시에서 생활하던 내가 과연 이곳에서 아이들을 잘 키울 수 있을지, 동부와 서부에 있는 친구들에게서 연락을 받은 날이면 걱정은 더 커졌다.

그렇지만, 불평만 늘어놓고 있을 수는 없었다. 선택할 수 없다면 내가 찾을 수 있는 최선을 최상으로 만들면 된다. 나는 대학원에서 영어 교육을 하는 동안 책을 통한 쓰기, 읽기, 듣기, 말하기에 중점을 둔 홀 랭귀지(Whole Language) 교수법을 연구했다. 그런 영향인지 아이들의 장래 진로와 상관없이 책은 자신의 생각과 의견을 표현하고 이해와 공감 능력을 키우기 위한 기본 덕목이라는 믿음이 남보다 강하다. 이런 나의 교육 배경은 지역의 유일한 교육 시설인 시립 도서관 (public library)을 택하게 했다. 우선 어릴 적부터 아이들이 책과 친해지도록 기회를 주었다. 아이들이 하이 스쿨을 졸업할 때까지 일주일에 두세 번씩 도서관에 갔다. 아이들은 초등학생일 때는 책을 빌려서 읽고, 여름방학 때는 그곳에서 하는 연극, 레고 등의 액티비티를 즐겼다. 큰아이와 작은아이는 서로 어린이 도서관의 어떤 섹션을 정해두고 어디서부터 어디까지 책을 다 읽겠다고 내기를 하기도 했었다. 미들 스쿨 때부터는 책 정리, 워크숍 조교 봉사를 시작했다. 하이 스쿨 때는 내셔널 아너 소사이어티(National Honor Society)의 회장 (president)과 부회장(vice president)을 맡아 도서관에서 초등, 중등 학생들을 가르치는 프로그램을 만들고 관리하며 티칭을 주도했다.

많은 학생들이 도서관 자원봉사를 하지만, 하는 방식 또한 차이를 만든다. 초등학생을 위한 한 워크숍에서 보조 역할로 봉사한 작은아이는 그곳에서 사용되는 물건을 정리하는 일을 맡았다. 도서관 사서는 청소를 하고 정리함 통에 한꺼번에 넣을 것이라 생각했다. 아이는 예상 외로 청소하는 것 외에도 풀, 가위, 종이 등의 작은 문구류를 각각 별도로 함을 만들고 라벨을 달아 알아보기 쉽게 분리하는 작업까지 해놓았다. 후에 아이는 몇 가지 이와 유사한 일들로 자신을 차별화했고 사서들 사이에서 알려졌다. 그 결과, 추천서를 별도로 써주겠다는 이야기를 듣게 되었다.

큰아이는 장르를 가리지 않고 음악에 대한 전반적인 사랑이 깊다. 지금도 그 아이가 어떻게 나보다 한국 전통 가곡과 트로트를 더 많이 알고 있는지 미스터리다. 아이가 바이올린을 시작한 것은 다섯 살 때부터였다. 개인 레슨을 계속하며 오케스트라 연주를 꿈꾸던 아이였지만, 하이 스쿨에서도 우리가 사는 도시에서도 오케스트라는 열리지 않았다. 유일한 선택지는 한 시간 거리의 다른 도시로 가는 것이었다. 아이는 평일 하루의 4시간(왕복 2시간, 연주 시간 2시간)을 오케스트라 활동으로 보내는 것이 다른 활동 일정과 학교 수업에 지장을 줄 수 있다는 것을 알고 속상해했다. 결국 바이올린을 너무 좋아하는 아이는 소속 없이 올스테이트 오케스트라(All State Orchestra)에 참여하는 방법을 선택했다. 아이는 주와 시의 관계자에게 이메일을 보내고 자기와 같은 상황에서 악기를 연습하는 같은 학교 친구들을 모았다. 그리고 올스테이트 오케스트라에서 제1바이올린 수석을 차지하며 3일간 열리는 올스테이트 오케스트라 페스티벌에서 콘서트 마스터로 연주에 참여했다.

그 후 큰아이는 학교 오케스트라 대신 음악을 하는 친구들과 지역 사회에 직접 음악을 들려주는 클럽을 만들었다. 세 명의 친구들이 토요일마다 바이올린을 들고 파머스 마켓(farmer's market)에서 연주를 시작했다. 3월부터 11월까지, 아침 7시부터 오후 11시까지, 특히 추운 날엔 맨손으로 바이올린을 연주한다는 것이 쉽지 않았다. 2년을 계속하는 동안 멤버는 30명 가까이 늘었고, 버스킹으로 모금된 기금은 10대 암 환우들을 위해 쓰였다. 기타, 탬버린, 비올라, 첼로, 플루트, 작은 타악기 등 멤버들의 다양한 악기가 만들어내는 화음이 파머스 마켓에 울려 퍼졌다. 큰아이의 지원 원서를 쓰기 위해 학교에 갔을 때, 카운슬러가 한 말이 기억난다. "아마 우리 지역에서 너희 세 사람을 보지 못한 사람은 거의 없을 거야, 특히 우리 학교에서는 너희가 어떤 일을 했는지 다 알지."

큰아이의 강점이 음악이라면 작은아이는 수학이다. 지역의 수학 활동 역시 상황은 별반 다르지 않았다. 학교의 매스카운츠(MATHCOUNTS)는 명맥만 유지한 채 인원이 거의 없는 클럽이었다. 하지만, 수학을 좋아하는 아이에게는 무조건 하고 싶은 클럽이었다. 아이는 매스카운츠 클럽에 들어가서 수학에 관심이 있는 다른 학생들을 모아 자신이 알고 있는 문제들을 공유하고 가르쳐주고 배우기도 하며 토론의 시간을 가졌다. 그런 즐거운 시간은 팀의 지역 우승으로 연결되었고, 아이는 주 대표가 되어 내셔널 대회에 출전했다. 이듬해 그 클럽은 인기 없는 괴짜들(nerd)만의 클럽이 아닌, 학생들이 가입하고 싶어 하는 쿨(cool)한 클럽이 되었다. 아이 팀은 주대회의 우승을 차지하여 모든 멤버가 내셔널에 참석했고 미들 스쿨 교장까지도 시교육청의 지원을 받아왔다.

작은아이가 열정을 쏟은 또 다른 영역은 퀴즈볼(quiz bowl)이다. 6학년 때 시작한 이 클럽에서 7학년부터 팀 캡틴으로 팀을 이끌며 주에서 열린 챔피언십과 토너먼트에서 상을 탔다. 그러나 아이는 팀과 함께 더 큰 도전을 하길 원했다. 여름방학 어느 날, 방에서 무언가를 한참 찾더니 전국 대회를 참가하겠다고 말했다. 한 번도 내셔널 대회를 나가보지 않은 지도 교사들은 전국 대회 참가를 망설였다. 참가 자금 마련을 위해 아이는 지역 교육청과 학교에 제안서를 써서 보냈다. 그러나 결과는 영재 교육 예산 부족으로 도와줄 수 없다는 답변이었다. 들떠 있던 아이에게 그 답변은 큰 실망을 안겨주었다. 하지만, 팀원들은 함께 다시 일어서서 모금 행사를 기획하여 세차, 쿠키 판매를 통해 직접 대회 참가 자금을 마련했다. 결국, 시카고에서 열린 주니어 내셔널 아카데믹 챔피언십에서 아이의 팀은 주에서 최초로 전국대회에서 우승한 팀이 되었고, 아이는 내셔널 MVP(National Most Valuable Player)로 선정되었다. 퀴즈볼 팀의 수상 소식은 교육청과 학교 홈페이지를 통해 크게 발표되었다. 아이들의 대회 참가에 인색했던 그들이, 아이들이 수상을 하자 그제서야 떠들썩하게 나서는 것이 마음이 편하지는 않았지만, 아이들을 지도해주시고 대회마다 데리고 다니며 수고하신 선생님들의 노고를 치하하는 방법이란 생각이 들었다. 또한, 앞으로 이런 기회가 있다는 것을 더 많은 아이들에게 알리는 계기가 되었으면 하는 바람도 있었다.

아이들에게 주어진 여건과 상황은 모두 다르다. 그러나 주어진 상황에서 기회를 만들 수 있는 길은 누구에게나 열려 있다. 그 결과가 처음에 작게 보일지라도 현실에 안주하려 하지 않고 노력하며 그 기회를 만드는 아이가 자신의 삶을 변화시킬 수 있다.

Chapter 8

하이 스쿨의 또 다른 옵션, 온라인 하이 스쿨

미국에는 다양한 유형의 하이 스쿨들이 있다. 최근 들어 온라인 스쿨은 학교 선택의 폭을 넓혀 학부모에게 더 많은 선택권을 제공하고 있다. 온라인 하이 스쿨은 인터넷을 이용하여 원격 교육을 제공하는 교육 시스템으로, COVID-19 이후 인터넷을 통한 수업이 좀 더 보편화되면서 관심이 커지고 있다.

학생들은 학교 건물에서 수업을 듣는 대신, 컴퓨터를 사용하여 가상 학교(virtual school)를 통해 체계적인 교육을 받을 수 있다. 교사와의 동기식 학습(synchronous learning)으로 실시간으로 교사로부터 직접 배우거나, 비동기화식 옵션(asynchronous options)을 이용해 편리한 시간에 수업을 듣고 자신의 속도에 맞게 소화해나갈 수 있는 장점이 있다. 그러나 온라인 하이 스쿨에서 만족스러운 결과를 얻기 위해서는 학생 스스로의 동기부여와 평균 이상의 읽기 능력과 집중력이 요구된다.

학생들이 고등학교 학위를 받을 수 있는 온라인 하이 스쿨의 유형은 공립과 사립 온라인 하이 스쿨, 그리고 대학 부속 온라인 하이 스쿨로 크게 나누어볼 수 있다.

온라인 공립학교(public online high school)는 전통적인 정부가 운영하는 공립학교를 사이버상으로 확장한 것이다. 정부에서 자금을 지원하며 특정 주 또는 학군에서 제공되며, 일반적으로 학비가 저렴한 편이다. 특히 그 주에 거주하는 학생에게는 혜택을 주어 수강료의 할인 또는 무료인 경우가 많다. 일반적으로 지역에서 인증을 받거나 주에서 승인을 받기도 한다. 온라인 공립학교는 정부의 규칙과 규정을 준수하기에 엄격한 지침을 가지고 있다. 단점으로는 코스 선택의 제한이 있기도 하며, 종종 특정 자기 주 안의 주민만을 대상으로 하는 경우도 있다. 주에서 자금을 지원하는 온라인 하이 스쿨은 앨라배마, 알래스카, 애리조나, 아칸소, 캘리포니아, 콜로라도, 일리노이, 노스캐롤라이나, 펜실베이니아를 포함한 여러 주에서 찾을 수 있다.

온라인 사립 하이 스쿨(private online high school)은 온라인으로 고등학교 학위를 취득할 수 있는 사립기관이다. 일반 사립 고등학교와 유사하게 자체 예산으로 운영이 이루어지기 때문에 학생들은 등록금을 지불해야 한다. 온라인 사립학교는 정부 지원금을 받지 않으며 주의 교육과정 요건에 얽매이지 않는다. 따라서 정부의 감독이 제한적이기 때문에 커리큘럼과 수준, 인지도 및 비용 측면에서 학교마다 다양성을 보인다. 온라인 사립학교는 학생들의 다양한 학습 스타일을 충족시키며 좀 더 전문적인 프로그램을 제공할 수 있는 장점을 갖고 있다. 또한, 특정 지역에 거주하지 않아도 입학을 할 수 있다. 단점으로는 비용이 많이 들 수 있다는 점이다. 또한 공립 하이 스쿨과는 달리 주에서 인정한 프로그램이 아니므로 등록 전에는 적절한 인증(accreditation)을 받았는지 꼭 확인해야 한다.

대학 부속 온라인 하이 스쿨(college & university sponsored online high school)은 미국의 메이저 리서치 대학과 제휴하여 운영되는 온라인 하이 스쿨들로, AP 수업, 영재 교육 프로그램 등을 포함한 수준 높은 커리큘럼을 갖고 있다. 또한 이 중 학점 프로그램을 제공하여 학생들이 일반 하이 스쿨을 다니면서 대학에서 학점을 이수할 기회를 주고 있다. 이런 프로그램들은 대부분 지역에서 인증을 받았다. 대학 부속 온라인 하이 스쿨의 단점으로는 교사와의 상호작용이 적은 경우가 많고 비용이 많이 들 수 있다는 것이다. 또한 온라인 스쿨에 따라서 까다로운 입학 기준을 적용하여 지원 시 입학 에세이, 시험 점수, 또는 추천서와 같은 여러 단계를 필요로 할 수 있다. 하지만, 프로그램은 경쟁력을 갖고 있으며, 재정적인 도움과 장학금을 주는 옵션의 장점도 함께 갖고 있다. 학생 스스로가 자신의 진행 상황을 모니터링하고 독립적으로 공부해나갈 수 있는 학생들에게 효율적인 프로그램이다. 스탠퍼드 온라인 하이 스쿨(Stanford Online High School)은 대표적인 예로 도전적인 대학 준비 프로그램을 제공하는 사립학교이다. 7~12학년의 학생들에게 수업을 온라인으로 제공하며, 학생들은 테스트 점수를 포함한 지원서를 제출함으로써 프로그램에 들어가기 위해 경쟁을 한다.

온라인 하이 스쿨은 학생들을 끌어들이는 충분한 장점을 갖고 있다. 공간과 시간적 제약에서 벗어나 자신이 원하는 교사의 수업을 원하는 시간에 들을 수 있다는 이점은 학생들에게 멋진 제안이 될 수 있다. 또한, 앞으로 더욱 보편화될 원격 시스템에 익숙해지고 독립적으로 학습하고 일할 수 있도록 준비하는 것 또한 미래를 위한 준비가 될 수 있다.

그러나 이러한 온라인 환경 속에서 부족할 수 있는 것이 있다. 학문적 지식과 기술적인 측면 이상으로 요구되는 학생의 성격 형성을 위한 인성 교육(character education)이다. 전통적인 학교생활에서 학생들은 친구, 선생님을 직접 만나 다양한 활동을 함께하고 서로 돕고 대화를 나누며 윤리적 가치관을 배우고 성장하게 된다. 반면 컴퓨터 영상과 글로 한정된 온라인 환경은 대화와 상호 교류가 적어 고립감과 함께 사회성 부족을 낳을 수 있다. 또한 여러 학생들과 함께 하는 교내 액티비티가 전통적인 학교보다 다양하거나 용이하지 않다는 점도 학생들의 균형 있는 성장을 방해할 수 있다는 점을 유의하여야 한다.

이를 인지하고 온라인 하이 스쿨에서 학생에게 기대되는 성과를 거두기 위해서는 조금 더 적극적일 필요가 있다. 많은 온라인 스쿨들이 원격 토론과 채팅 포럼을 통해 학생들의 참여와 교류의 장소를 늘려가고 있다. 학생은 자신이 등록한 수업 외에도 온라인 스쿨에서 제공하는 토론과 클럽에 적극적으로 참여하여 자신의 의견을 내고 친구들과 교류를 늘리고 함께하는 공동 프로젝트에도 열정을 보여야 한다. 대학도 학생이 온라인 학업 환경 속에서 학업 외적으로 지역사회에 어떻게 통합되었는지, 어떤 영향을 미쳤는지, 그 과정에서 무엇을 배우고 어떻게 성장했는지에 대해 모든 것을 알고 싶어 한다.

Chapter 9

시험

오랫동안 표준화된 입학 시험(standardized tests)은 꾸준히 제기되어 온 문제점에도 불구하고 학생들의 전체적인 것을 보여줄 수 있는 하나의 객관적인 기준으로서 인정받아왔다. 최근 많은 학교들이 대학 입학 요건을 테스트 옵셔널(test optional)로 변경했다. 테스트 옵셔널은 요구 사항이 아니기 때문에 시험 점수를 제출하지 않아도 된다는 의미이다. 이는 테스트 점수를 제출한다 하더라도 입시 사정에서 고려하지 않겠다는 테스트 블라인드(test blind) 정책과는 결이 다르다. 따라서 테스트 옵셔널인 학교에 지원한다면 제출된 테스트 점수는 여전히 검토 대상이 되므로, 우수한 SAT/ACT 점수는 지원서 검토 과정에서 학생의 프로파일을 강화하는 데 도움이 될 수 있다.

또한 많은 대학들이 잠정적으로 테스트 옵셔널을 선택하고 있다는 사실도 인지해야 한다. 하버드의 경우 2023-2026년도 입시 기간

(Application Cycles) 사이의 지원자들로 잠정적으로 한정해서 발표했다. MIT는 2022년도에 이미 2023년 가을 입시부터 테스트 옵셔널을 없애고 다시 표준화된 시험을 요구했다. 퍼듀 대학교(Purdue University)도 2024년 가을 입학을 지원하는 학생들을 시작으로 입학 지원 시 SAT나 ACT 시험 점수 요구를 재개할 것이라고 발표했다.

"Harvard College will allow students to apply for admission without requiring SAT or ACT scores for the upcoming Harvard College Classes of '27, '28, '29, and '30."

— Harvard Admission[6]

최근 들어 SAT Subject Test가 사라진 것도 주목할 만하다. SAT Subject Test는 이미 2020년에 접어들면서 감소세에 있었고, COVID가 이를 가속화시켰다. 실제로 대부분의 대학은 AP 시험이 더 많은 과목을 테스트하고 더 심층적인 답변을 요구하기 때문에, AP 시험이 SAT Subject Test보다 학생의 대학 학업 성취도를 예측하는 데 더 유용하다고 여긴다. 이 중 긴 에세이에서부터 데이터의 시각적 표시와 어려운 주관식 문제까지 다양한 형식을 가진 자유 응답(free response) 문제들은 AP 테스트에서 큰 비중을 차지하며 점수에 따라 학생들 사이의 변별력을 가지게 한다.

대부분의 학생들은 AP 시험을 보기 전에 학교에서 AP 수업을 듣지만, 일부 학생들은 고등학교에서 관련 수업을 듣지 않고 AP 시험을 치른다. 2019–2020학년도에는 22,000개 이상의 학교에서 이 과정이 제공되고 있고, 이는 20년 전에 비해 두 배에 다다른다. 미국 전역에서 제공되는 AP 과정 수가 증가되고 SAT Subject Test가 폐지됨에 따라 AP 시험은 대학 준비 및 입학 과정에서 훨씬 더 중요한 부분이 될 것이다. 또한 IB 프로그램은 학생들이 수학, 과학, 영어 등과 같은 특정 학업 영역에서 전문성을 입증하는 데 도움이 된다.

PSAT

많은 학생들은 미국 대학 입시를 준비하게 되면서 SAT에 쉽게 익숙해진다. 그러나 PSAT는 어떤 중요도를 갖는지, 어디에 활용되는지, 또 점수는 어떻게 해석해야 하는지 모르는 채 학생들은 학교에서 정해준 날짜에 시험을 보게 경우가 흔하다.

PSAT는 Preliminary Scholastic Aptitude Test의 약자이다. 이름에서 나타나듯이 PSAT 점수는 SAT에 앞서서 보는 예습 "Preliminary" 시험의 의미를 갖고 있고 1년에 한 번만 볼 수 있다. 이 시험은 칼리지 보드(College Board)에서 관할하고 있으며, 총 세 가지 형식의 PSAT를 하이 스쿨 학생들에게 제공한다. 많은 학교에서 PSAT/NMSQT®(National Merit Scholarship Qualifying Test)를 실시하고 있지만, 학교에 따라서는 다른 두 가지 형식으로도 제공한다.

1. 종류

1) PSAT/NMSQT®

PSAT/NMSQT®는 일반적으로 PSAT라고 일컬어지는 시험이다. 10학년과 11학년 학생들이 볼 수 있는 시험으로 National Merit Scholars를 식별하여 우수 장학금을 수여하는 데 활용된다. 따라서 일명 내셔널 메리트 스칼라십 자격 시험(National Merit Scholarship Qualifying Test)으로 알려져 있다.

2) PSAT 10

10학년 학생들을 대상으로 하는 테스트로 PSAT/NMSQT와 동일한 형태를 갖고 있는 시험이지만 연중 다른 시기인 봄 학기에 시행된다. 또한 시험 과목, 점수 범위 및 난이도는 PSAT와 동일하지만 내셔널 메리트 스칼라십 지원 자격을 주지는 않는다.

3) PSAT 8/9

8학년과 9학년 학생들에게 학교에서 실시하는 테스트이다. 이 시험 역시 내셔널 메리트 스칼라십 지원 자격을 주지 않는다.

2. 중요성

1) 내셔널 메리트(National Merit)의 기본 자격 요건

PSAT/NMSQT는 '내셔널 메리트 스칼라십'이라는 장학금을 받을 수 있는 자격을 심사할 수 있는 시험이다. 11학년 때 이 시험에서 일정 점수 이상의 높은 점수를 받으면 내셔널 메리트 스칼라십의 세미

National Merit Finalist Letter

파이널리스트(semifinalist)가 될 수 있다.

내셔널 메리트 세미파이널리스트 선발 점수(Selection Index Scores)는 해마다 학생이 거주하고 있는 주별로 산출한다. 세미파이널리스트는 각 주에서 가장 높은 점수를 받은 참가자이다. 주마다, 해마다 다르지만 선출된 세미파이널리스트의 점수는 매우 높다. 내셔널 메리트 스칼라십의 파이널리스트가 되기 위해서 세미파이널리스트는 지원서 작성, 높은 학업 성적 유지, 에세이 작성, 학교 관계자의 승인 및 추천, SAT 또는 ACT 응시 등의 요구 사항을 충족해야 한다.

2) SAT 시험에 대한 가이드

PSAT 시험을 치르는 것은 SAT 시험을 준비하는 주요 기초 작업으로 여겨진다. PSAT는 SAT의 약간 더 짧고 쉬운 버전으로 본질적으로 같은 것을 테스트한다고 알려져 있다. 이러한 유사점으로 인해 PSAT는 학생들이 SAT를 어떻게 준비할 것인지에 대해 구체적인 지침을 제공하게 된다.

3) 자신의 장단점 파악

전문가들은 학생이 내셔널 메리트 스칼라십을 목표로 하지 않는 한 일반적으로 PSAT는 부담이 다소 적은 시험이라고 말한다. 대학에서는 PSAT 점수를 입학 기준의 일부로 사용하지 않기 때문에 PSAT는 특정 과목의 약한 부분, 더 신경을 써야 할 부분을 찾아내거나 시험에 대한 불안을 해소하는 좋은 방법이 된다.

4) 더 많은 캠프와 장학금의 기회

그외에 대학 원서에는 포함되지 않지만 SAT 전 단계의 대학 입학 여정의 중요한 지침으로 PSAT는 경쟁력 있는 여름 캠프, 장학금 등에서 학생들을 선별하는 기준으로 쓰이고 있다. 매년 340만 명 이상의 고등학생이 이 시험을 치른다.

3. 시간

시험 시간은 테스트에 따라 차이가 있다. PSAT/NMSQT®는 2023년 가을부터 디지털 시험으로 실시된다.

1) PSAT 10 및 PSAT/NMSQT®

• 총 시간: 2시간 45분, 139개 문항

• Reading: 60분, 47개 문항

• Writing and Language: 35분, 44개 문항

• Math: 70분, 48개 문항

• Max. Score: 1520

2) PSAT 8/9

- 총 시간: 2시간 25분, 120개 문항
- Reading: 55분, 42개 문항
- Writing and Language: 30분, 40개 문항
- Math: 60분, 38개의 문항
- Max. Score: 1440

4. 점수

PSAT는 읽기 및 쓰기 섹션, 수학 섹션으로 나뉘어 채점된다. 총점은 두 섹션의 결과를 합산하여 계산된다. 점수 범위는 PSAT 버전에 따라 다르다.

PSAT 10 및 PSAT/NMSQT는 각각의 영역이 760점을 최고점으로 하여 320~1520의 범위를 가진다. 총 최고점은 1520이다. 이 두 섹션 점수는 각각 160~760 범위이다. Evidence-Based Reading and Writing 점수는 Reading Test와 Writing and Language Test의 각 점수를 동등하게 합산해 기재된다.

각 섹션 점수는 정답을 맞힌 문제의 수인 각 섹션의 원점수(raw score)를 기반으로 한다. 원점수는 160에서 760 사이의 환산 점수로 변환된다. 이는, 테스트 버전에 따라 있을 수 있는 난이도를 동등한 척도로 균형을 맞추려는 과정이라고 칼리지 보드는 설명하고 있다.

반면, PSAT 8/9의 경우 점수 범위는 240~1440로 최고점은 1440이다. 정답을 맞힐 때마다 점수가 올라가며, 오답에 따르는 감점은 없다. 따라서 응시자는 모든 문제에 답하려고 노력해야 한다.

5. 응시 등록

PSAT/NMSQT는 칼리지 보드에서 정해지는 날짜에 매년 10월에 학교에서 치러진다. 시험 결과는 12월에 칼리지 보드 사이트를 통해 온라인으로 확인할 수 있다.

PSAT 10 및 PSAT 8/9의 시험 날짜는 개별 학교가 언제 실시할지 선택하기 때문에 다를 수 있다. PSAT 10은 매년 봄 학기에 치러진다. 2024년의 경우 3월 4일에서 4월 26일 사이의 기간 동안 학교에서 실시될 예정이다. PSAT 8/9의 경우 학교들은 2023년 10월 2일에서 10월 3일, 2024년 3월 4일부터 4월 26일 사이의 기간 동안 실시된다.

디지털 SAT로의 변경과 함께 PSAT/NMSQT와 PSAT 8/9도 2023년 가을부터 디지털로 대체될 예정이다.

SAT

Digital SAT

디지털 SAT 시험은 칼리지 보드에서 설정한 테스트 앱을 통해 온라인으로 치르게 되는 방식이다. 디지털 SAT는 기존의 종이와 연필로 치르는 시험보다 보안, 전달 및 접근성을 개선하도록 설계되었다.

디지털 SAT는 인터내셔널의 경우는 2023년 3월부터, 미국은 2024년 봄부터 시행된다. 따라서 2024년 봄부터 모든 학생들은 디지털 SAT로 시험을 치른다. 학생들은 디지털 시험 애플리케이션을 사용하여 노트북이나 태블릿에서 SAT를 볼 수 있고, 칸 아카데미(Khan

Academy)의 Official SAT Practice를 사용하여 디지털 SAT를 연습할 수 있다.

디지털 SAT는 기존의 시험 시간인 3시간보다 짧은 2시간 14분이 소요된다. Reading and Writing과 Math, 두 개의 섹션으로 구성되며 각 섹션은 또 다시 두 개의 동일한 길이 모듈로 나뉜다. Reading and Writing 섹션과 Math 섹션 사이에 10분의 휴식 시간이 있다.

각 섹션의 첫 번째 모듈에는 쉬움, 보통, 어려움 질문이 광범위하게 혼합되어 있고 학생들이 첫 번째 모듈에서 어떻게 수행하는지에 따라 두 번째 질문 모듈은 더 어렵거나 덜 어렵게 된다. 칼리지 보드에 따르면 디지털 SAT 시험은 이런 형태의 적응형(adaptive) 테스트이므로 동일한 읽기, 쓰기 및 수학 지식과 기술을 훨씬 더 효율적으로 계속 측정할 수 있어 전체 시험 시간이 단축되는 동시에 학생들에게 문제당 더 많은 시간을 할애할 수 있게 된다고 한다. 여전히 1600 만점으로 채점되며, 예전 시험과 비슷한 난이도를 유지할 것이라고 칼리지 보드측은 약속했다.[7]

- Reading and Writing: 64분, 54문항
- Math: 70분, 44문항
- 총: 134분, 98문항

칼리지 보드는 Digital SAT가 학생들이 고등학교에서 배우고 대학 및 직업 준비에 가장 중요한 기술과 지식을 계속해서 측정할 것임을 강조한다. 읽기 및 쓰기 섹션(Reading and Writing)에서는 여러 질문을

한꺼번에 묻는 긴 문단들 대신 학생들은 각각 단일 질문에 연결된 짧은 문단을 읽게 된다.

수학 섹션은 계속해서 대수학(algebra), 고급 수학(advanced math), 문제 해결 및 데이터 분석(problem solving and data analysis), 기하학 및 삼각함수(geometry and trigonometry) 영역에서 출제되며, 또한 상황이 주어지는 질문은 현재 시험의 질문보다 더 간결한 형태로 제공된다.

1) READING AND WRITING

디지털 SAT는 기존의 SAT 형식에서 볼 수 있는 두 개의 개별 테스트 대신 단일 읽기 및 쓰기 섹션을 제공한다. 이러한 변화는 기존의 SAT 읽기 및 쓰기 평가보다 과목 지식과 기술을 보다 효율적으로 측정하는 데 도움이 될 것이라고 칼리지 보드는 밝히고 있다. 질문 수도 상당히 줄었다.

	Paper SAT		Digital SAT
	Reading	Writing and Language	Reading and Writing
문항 수	52	44	54
시간	65분	35분	64분

2) MATH

수학 부분도 기존의 SAT 시험 형식에서 볼 수 있는 두 개의 개별 섹션 대신 단일 수학 섹션으로 대체되었다. 기존의 SAT와 달리 디지털

SAT는 수학 섹션 전체에서 칼리지 보드에서 승인한 계산기를 사용할 수 있다. 학생은 시험 전에 칼리지 보드에서 승인한 계산기인지 확인하도록 한다.

	Paper SAT		Digital SAT
계산기 사용	불가능	가능	가능
문항 수	20	38	44
시간	25분	55분	70분

ACT

몇 번의 변화를 거쳤던 SAT와 별도로, ACT(American College Testing) 프로그램은 1959년에 만들어져 SAT와 함께 표준화된 대학 입학 시험으로 자리잡으며 등록 수는 꾸준히 증가했다.

1. 테스트 형식

- English : 45분, 75문항
- Math : 60분, 60문항
- Reading : 35분, 40문항
- Science : 35분, 40문항

칼리지 보드는 최근에 SAT 선택 에세이 시험을 종료한다고 발표했다. 반면 현재 ACT는 시험에 수반되는 40분 에세이(Writing) 시험 옵션을 계속 제공하고 있다.

시험의 각 영역에서 나오는 내용을 좀 더 자세히 살펴보겠다.

1) ENGLISH

표준 작문 영어(standard written english) 및 수사적 기술(rhetorical skills)을 측정한다. 다음의 내용을 포함한다.

Rhetorical Skills

- Strategy

- Organization

- Style

Usage/Mechanics

- Punctuation

- Grammar & Usage

- Sentence Structure & Formation

2) MATH

하이 스쿨의 수학 과정에서 수강한 수학적 기술을 측정한다. 다음의 과정을 포함한다.

- Pre–algebra

- Elementary algebra

- Intermediate algebra
- Coordinate geometry
- Plane geometry
- Trigonometry

3) READING

직접적으로 언급되거나 암시된 것에 대한 독해력을 측정하는 부분이다. 글의 중심 아이디어 및 세부 정보를 찾아내고, 단어와 구의 뜻을 수사적으로 정확히 분석하는 능력을 평가한다.

4) SCIENCE

자연과학에서 요구되는 해석, 분석, 평가, 추론, 문제 해결 능력을 측정한다. 차트, 그래프, 비선형 정보, 과학적 이야기, 원리에 대한 학생들의 이해도를 테스트한다.

2. 점수 채점 방식

ACT 시험 점수는 오답에 대한 벌점이나 감점 없이 정답을 맞히는 모든 질문에 대해 점수가 주어진다. 각 영역의 시험에서 정답을 맞힌 총 질문 수는 원점수와 같다. 그런 다음 각 시험에 대한 원점수가 척도 점수(1~36)로 변환된다. 시험의 4개 섹션 각각에 대해 1~36점으로 채점된다. 그런 다음 ACT 종합 점수는 4개 섹션 시험 점수의 평균으로 계산된다. 따라서 ACT 종합 점수는 1에서 36까지의 범위로 나타난다.

AP

하이 스쿨에의 AP 과정은 학생들의 대학 과정 준비에 도움을 주기 위해 마련되었다고 볼 수 있다. 또한 학생이 AP 과정을 이수하는 것은 도전적으로 어려운 과정을 이수했음을 보여주고, AP 시험 점수를 제출한다면 대학은 학생에게 대학 학점(credit)을 주거나, 입문 과정(introductory courses)을 수강하지 않고 다음 코스의 어려운 수업으로 갈 수 있는 기회를 주기도 한다. 이와 관련하여 각 대학마다 자체 정책, 지침과 기준이 있으므로 학생들은 각 대학의 세부 지침을 확인해야 한다.

칼리지 보드는 고등학교에서 AP 수업을 수강할 것을 적극 권장한다. 이를 통해 학생들은 엄격한 대학 과정을 미리 준비하고, 자신감을 높이고, 대학에 입학한 후 성공하는 데 필요한 시간 관리 및 학습 기술을 습득할 수 있다. 일부 학생들은 AP 과정을 이수하면 GPA가 떨어질 것이라고 일찍부터 우려한다. 그러나 AP 과정을 수강하는 것은 학생이 대학에 도전할 준비가 되어 있다는 것을 나타내는 지표가 된다. 이외에도 AP 과정은 학생들에게 많은 이점을 준다. 이에 관해 조금 더 자세히 AP 과정의 필요성을 살펴보겠다.

1. AP 과정의 이점

대학 입학 기회를 높여준다.

대학은 학생들이 학교에서 가장 어려운 과목을 수강했는지 확인한다. AP 수업을 수강하는 것은, 학생이 학업에 열정을 가지고 학문적으로 도전하고 있다는 것을 대학에 보여줄 수 있는 훌륭한 방법 중의 하나이다. AP 시험에서 4점과 5점의 높은 점수를 받게 되면, 학생이 심화된 교육을 받았으며 높은 학업 잠재력을 가지고 있음을 입증하는 것이다. 특히 5점을 받는 경우 일반적으로 상위 80~90%보다 해당 과목에서 더 좋은 성적을 올렸다는 것을 의미하며, 이는 대학에서 볼 때 매우 인상적이다.

학문적 열정과 기본 지식을 보유하고 있음을 보여준다.

AP 과목 수강을 통해 학생이 지닌 학문적인 열정을 보여줄 수 있다. 더불어 AP 시험을 치르는 것은 특정 과목에 대한 학문적 지식을 입증하는 방법이다.

예를 들어, 엔지니어링을 전공하려는 학생이 AP Calculus와 AP Physics를 수강하고 AP 시험에서 우수한 성적을 낸다면 학생의 엔지니어링에 대한 열정과 그를 바탕으로 지식을 쌓았다는 것을 대학에 보여줄 수 있다. 또한 AP Chemistry, AP Biology, AP Calculus를 수강한다면 앞으로 대학교에서 어려운 Pre-Med 수업을 잘해 나아갈 수 있는 잠재력과 기본 지식이 있음을 보여줄 수 있다.

대학 학점을 취득할 수 있다.

대학마다 AP 시험에 대한 정책이 다르지만, AP 시험 점수를 학점으로 인정하는 대학의 경우, 단기간에 대학을 졸업할 수 있어 학생들에게 등록금을 줄여주는 혜택을 제공할 수 있다. 반면 일부 대학에서는

AP 시험 점수를 졸업 학점으로 인정해주지는 않지만, AP 시험 점수에 따라 높은 수업을 들을 수 있도록 허용하여 학생이 원하는 다른 수업을 들을 수 있는 장점을 갖는다.

AP 수업의 다른 이점으로는 학생들의 작문 기술을 향상시키고, 비판적 사고를 기르게 하며, 문제 해결 능력을 향상시킨다. AP 수업에서 학생들은 앞으로의 대학 과정에서 수강할 수업이 어떻게 진행될 것인지, 어떤 과제들을 요구하는지 등 그 기대치를 미리 탐색하는 법을 배운다. 만약 학생이 AP 혹은 IB 과정을 제공하지 않는 고등학교에 다니는 경우라면 그 학교에서 제공되는 가장 어려운 과목들(the most challenging course schedule)을 들어야 한다.

2. AP 수업 선정 시 고려 사항

AP 과목을 선택할 때 우선순위를 정해야 할 두 가지 요소가 있다. 먼저, 미래의 전공이나 직업 분야에서 자신의 강점을 강조하는 과정을 선택한다. 특정 프로그램에 지원하는 경우 대학은 해당 분야에서 높은 수준의 일을 할 수 있다는 증거를 찾는다. AP 수업은 특정 연구 분야에서 자신의 능력을 입증하는 간단한 방법이다.

둘째, 진정으로 흥미로운 수업을 선택한다. 심리학이나 음악 이론에 대한 심오한 과정을 찾는 것은 쉽지 않으므로 이러한 주제가 흥미로워 보인다면 AP 수업을 통해 탐구할 수 있다.

AP 수업을 선택하기 전에 다음 질문들을 해보는 것이 필요하다.

• 학교에서 개설되는 AP 수업이 무엇인가?

- 어떤 AP 수업에 관심이 있는가?
- 어떤 수업이나 과목을 가장 즐기는가?
- 어떤 대학 전공을 고려하고 있는가?
- 어떤 과목에서 잘하는가?
- 어떤 직업에 관심이 있는가?

3. 몇 개의 AP 수업을 들어야 할까?

코로나의 영향이 사회 여러 곳에서 나타나고 있다. 미국 대학 입시에서 테스트 부분이 점차로 약세로 돌아서면서 칼리지 보드는 SAT Subject와 SAT Essay를 중단했고, 그의 여파로 AP와 IB에 대한 관심이 더 쏠리고 있다. 그럼 학생들은 도대체 나는 몇 개의 AP 수업을 수강해야 원하는 대학을 갈 수 있을까 하고 스스로에게 묻게 된다.

컨설팅을 시작하던 10년 전, 학생들이 대학을 진학 시 10개의 AP면 상위권 대학을 지원하기에 충분한 수로 여겼었다. 그러나 지금 컨설턴트로서 다양한 출처에서 여러 최신 정보를 매일 접하고 있지만 어떤 정해진 수가 충분하다고 단언하기는 힘들다. 미국 입시의 많은 부분들이 그렇듯 모두에게 맞는 답은 없으며 학생의 주어진 상황에 따라 달라진다.

학생들은 자신에게 가장 적합한 것이 무엇인지 파악하기 위해 다음의 몇 가지 사항을 고려해야 한다.

첫째, 하이 스쿨마다 허용하는 AP 숫자가 다르기 때문에 어떤 매직 넘버(magic number)를 제시할 수는 없다. 일부 학교는 전체 졸업까지 몇 개 이상 들을 수 없다는 제한이 있고, 학년당 최대한도가 있는 학교도 있다. 따라서 학생은 자신이 다니고 있는 학교의 상황에서 자신의 능력을 최대한 발휘할 수 있도록 선택해야 한다.

둘째, 학생의 능력에 따라 달라진다. AP 수업은 학생이 얼마나 학업적 도전을 받아들였는지 알 수 있어 학생의 성적표를 보기 좋게 만든다. 그러나 무조건 많은 수를 생각해서는 안 된다. 너무 많은 일정은 학생의 평점(GPA), 과외 활동 및 정신 건강에 부정적인 영향을 미칠 수 있다. 밸런스 즉 균형은 항상 핵심이 된다. 대학은 AP 과정을 가장 많이 수강한 지원자를 자동으로 선발하지 않는다. GPA가 떨어지기 시작하거나 AP 시험 점수가 낮은 경우에 더욱 그렇다. AP는 대학 지원에 큰 도움이 될 수 있지만 너무 많이 들어 학생이 만족스러운 결과를 내지 못한다면 실제로 기회를 해칠 수 있다는 점도 유의해야 한다.

셋째, 학생의 목표 대학에 따라 AP 수의 선택이 달라질 수 있다. 경쟁이 치열한 최상위권 대학으로 갈수록 AP 과목이 늘어나고 있다. 그러나 대학도 입학 사정 시 학생이 다니는 고등학교를 비롯한 학생의 전반적인 상황(context)을 함께 고려하여 AP의 숫자도 판단한다는 점도 잊어서는 안 된다.

4. 칼리지 보드에 개설되어 있는 AP 과목

실제 매 학년마다 개설되는 과목들은 AP 프로그램을 채택하고 있는 하이 스쿨 간에 차이를 나타내고 있다.

영역	AP 과목과 시험(AP Courses and Exams)
English	• AP English Language and Composition • AP English Literature and Composition
Math & Computer Science	• AP Precalculus • AP Calculus AB • AP Calculus BC • AP Computer Science A • AP Computer Science Principles • AP Statistics
Sciences	• AP Biology • AP Chemistry • AP Environmental Science • AP Physics C: Electricity and Magnetism(E&M) • AP Physics C: Mechanics • AP Physics 1: Algebra-Based • AP Physics 2: Algebra-Based
AP Capstone	• AP Research • AP Seminar
Arts	• AP Art History • AP Music Theory • AP Art and Design Program: 2-D Art and Design • AP Art and Design Program: 3-D Art and Design • AP Art and Design Program: Drawing
History & Social Science	• AP Comparative Government and Politics • AP European History • AP Human Geography • AP Macroeconomics • AP Microeconomics • AP Psychology • AP United States Government and Politics • AP United States History • AP World History: Modern
World Languages & Cultures	• AP Chinese Language and Culture • AP French Language and Culture • AP German Language and Culture • AP Italian Language and Culture • AP Japanese Language and Culture • AP Latin • AP Spanish Language and Culture • AP Spanish Literature and Culture

5. AP 시험

매년 5월이 되면 학생들은 AP 시험을 치른다. AP 시험은 학생들이 1년간 AP 수업을 들은 후, 마지막 단계에서 그간에 배운 것을 보여줄 수 있는 기회이다. 전 세계 학생들을 대상으로 일 년에 한 번 치러지는 이 시험은, 각 과목의 내용과 지식을 얼마나 잘 습득했는지 측정할 수 있도록 설계되어 있다.

컬리지 보드는 총 38개 과목에서 AP 시험을 제공한다.

1) 시험 구성

각 시험에는 각자의 고유한 요구 사항 외에 공통점이 몇 가지 있다.

대부분의 시험은 2~3시간이 소요된다. 일반적으로 시험의 첫 부분은 객관식 문제로 구성된다. 각 질문에 대해 4~5가지 대답 중 하나를 선택하여 연필로 AP 답안지의 답란을 버블링(까맣게 채우는 것)하는 방식이다. 객관식 문제의 총 시험 점수는 정답을 맞힌 문제 수가 되며, 잘못된 답이나 대답하지 않은 문제에 대한 감점은 없다. 시험의 두 번째 부분은 일반적으로 자유 응답(free-response)을 해야 하는 서술형 문제로 구성된다. 시험에 따라 답변은 에세이, 문제 해결 방법 또는 구술 답변 형태이다. 대부분의 경우 자유 응답 질문은 시험 책자에 펜으로 답을 작성하게 된다.

2) 시험 방식

AP 시험 과목 중에는 종이와 객관식 답안용 연필, 자유 응답 질문용 펜을 사용하는 일반적 시험 외 다른 시험 방식도 있다. AP Art and

Design, AP Seminar, AP Research, AP Computer Science Principles를 수강한 학생들은 심사를 위해 자신의 포트폴리오를 제출해야 한다. 또한 AP Chinese Language and Culture와 AP Japanese Language and Culture 시험은 컴퓨터에서 시행된다. AP 시험을 한 해에 여러 개 치르는 학생들의 경우, 일정에 따라 오전과 오후 시험이 같은 날에 연달아 있는 경우 점심 먹는 시간을 내기가 어려울 수 있다. 아침을 든든하게 먹고 시험에 임할 수 있도록 해야 한다.

3) 채점 방식

AP 점수는 학생들의 AP 수강 과정에서의 성취도를 보여준다. AP 점수는 1점에서 5점 사이로 평가된다. AP 점수는 객관식 부분과 주관식 서술형 부분의 점수를 가중치로 합산해서 산출한다.

4) 신청과 장소

학교에서 AP 과정을 수강하는 학생들은 학교를 통해 해당 과목의 AP 시험을 신청해야 한다. 일반적으로 하이 스쿨에는 AP 코디네이터가 이 업무를 담당하고 있으며, 학교의 가이던스 카운슬러도 담당하는 경우를 흔히 볼 수 있다. 학생이 AP 코디네이터를 알 수 없다면 가이던스 카운슬러나 학과 AP 교사에게 문의하도록 한다.

학교에서 개설하지 않는 AP 과목을 이수한 경우, 개설되지 않았더라도 시험을 볼 수 있는 시험장일 수 있으니 해당 학교의 AP 코디네이터에게 먼저 확인하고, 그런 다음 다른 학교의 AP 코디네이터에게 문의한다.

한국에 거주하는 학생이 학교에 개설되지 않은 AP 과정을 이수하면 한미교육위원단에 직접 신청해야 한다.

6. 인기 있는 AP 수업

몇 년간의 AP에 관련된 데이터들을 살펴보겠다. 가장 많은 학생들이 들었던 인기 있는 AP 수업은 English Language and Composition 이다. 이외에도 칼리지 보드는 학생들이 가장 많이 참여한 AP 수업으로 AP United States History, AP Psychology, AP Calculus AB, 그리고 AP Spanish Language and Culture라고 발표했다.[8]

IB 프로그램

스위스에서 시작된 IB(International Baccalaureate) 프로그램은 능동적이고 창의적이며 다문화 교육에 기초를 두고, 책임감 있고 사회적 의식이 있는 성인을 양성하는 것을 교육 목표로 한다. IB의 도전적인 학습 프로그램은 전 세계 학생들에게 세계 최고의 대학에 입학하는 데 사용할 수 있는 엄격하고 국제적으로 인정받는 졸업장을 취득할 수 있는 기회를 제공한다. 대학 입학 사정관은 IB 디플로마(Diploma) 과정을 이수한 학생을 호의적으로 본다. 따라서 IB 프로그램은 인기를 얻고 있고, 점점 더 많은 공립 및 사립학교에서 IB 프로그램이 개설되고 있다. 2023년도 기준 전 세계 159개국의 5,600개 학교가 IB를 사용하고 있다.

1. IB 프로그램의 종류

IB 프로그램은 4가지 과정으로 구성되어 있다.

- PYP(Primary Years Programme) : 3세에서 12세 사이의 어린이를 위한 초등 프로그램
- MYP(Middle Years Programme) : 11세에서 16세 사이의 청소년을 위한 중학생 프로그램
- DP(Diploma Programme) : 16~19세의 청소년을 위한 디플로마 프로그램
- CP(Career-related Programme) : 16~19세 청소년들을 위한 직업 관련 프로그램

2. IB 디플로마(International Baccalaureate Diploma)

IB 디플로마는 2년으로 된 커리큘럼으로 6개 그룹으로 나뉜 과목 (subject groups)과 3개의 코어(DP core) 과정, 두 가지로 구성된다.

1) Class Requirement

학생들은 언어 및 문학, 언어 습득, 개인과 사회, 과학, 수학, 예술, 이 6개의 그룹에서 다양한 과정을 수강할 기회를 갖는다. 학생들은 각 과목 그룹에서 과목을 선택해야 하며, 예술(art) 과목 대신 추가로 과학(science) 또는 개인 및 사회(individuals and societies) 과목을 선택할 수 있다.

수업은 SL(표준 레벨)과 HL(상위 레벨)의 두 가지 레벨로 제공된다. SL 과목은 150시간의 교육 시간으로 구성된 반면, HL은 240시간의

교육 시간으로 구성된다. 수업은 일반적으로 동일한 자료를 다루지만, 상위 수준의 수업은 일부 영역에서 주제를 더 깊이 파고들거나 더 많은 주제를 포함할 수 있다. 예를 들어, SL의 문학은 10개의 문학 작품을 다루는 반면, HL의 문학은 13개를 다룬다. 1년에 HL에서 최소 3개의 수업을 들어야 하고, 나머지는 SL에서 수강한다.

IB 그룹	그룹 명	수업
1	Studies in Language and Literature 언어 및 문학	• Literature A: Literature • Language A: Language and Literature • Literature and Performance

2	Language Acquisition
	언어 습득
		• Modern Languages
		  Language ab Initio
		  Language B
		• Classical Languages
		  Latin
		  Classical Greek

3	Individuals and Societies 개인과 사회	• Business Management • Digital society • Economics • Geography • Global Politics • History • Language and culture • Philosophy • Psychology • Social and Cultural Anthropology • World Religions
4	Sciences 과학	• Biology • Chemistry • Computer Science • Design Technology • Environmental Systems and Societies • Physics • Sports, Exercise, and Health Science

IB 그룹	그룹 명	수업
5	Mathematics 수학	• Mathematics: Analysis and Approaches • Mathematics: Applications and Interpretation
6	The Arts 예술	• Dance • Film • Music • Theatre • Visual Arts

2) IB 디플로마 코어(Core)

• Theory of Knowledge(TOK)

배우는 것은 진정으로 무엇을 의미하는지, 인간으로서 어떻게 배우는지에 대해 성찰하게 하는 과정이다. TOK는 토론을 통해 학생들이 자신과 다른 사람들의 사고 과정을 인식하고, 나아가 지식에 대해 비판적이고 사려 깊게 생각하도록 장려하는 틀을 제공한다. TOK 과정의 평가는 시험이 없이 구두 발표와 1,600단어 에세이로 완성된다.

• Extended Essay(EE)

수업이 아니라 자기주도형 연구 프로젝트에 관해 쓰는 4,000자 분량의 미니 논문이다. 학생들은 IB 6개의 과목 영역 중 하나와 관련된 관심 있는 주제를 자유롭게 선택할 수 있다. EE에서 특히 관심을 가지고 있는 주제를 선택하는 경우 대학에서 추구하고 싶은 전공을 결정하는 데 도움이 될 수 있으며, 대학 면접 중에 자신만의 이야기를 할 수 있는 내용을 제공할 수 있다.

• Creativity, Activity, Service(CAS)

CAS는 학생들이 체험 학습에 참여하고 의미 있고 도전적인 최소한 하나의 프로젝트를 시작하도록 요구한다. 따라서 CAS를 통해 학생들은 창의적 사고, 신체 활동, 자원봉사와 관련된 다양한 프로젝트를 수행하게 된다. 프로젝트에서 학생들은 스스로 주도하며, 인내심을 발휘하고, 협업, 문제 해결 및 의사결정과 같은 능력을 개발한다. CAS는 학생들이 학교 안팎에서 성장할 수 있도록 한다. CAS는 필수이지만 채점되지 않는다는 점에서 TOK와 EE 같은 다른 코어 프로그램과 차별화된다.

3) IB 디플로마 점수

IB는 총 45점으로 학생을 평가하는 등급 척도를 가지고 있다. IB 디플로마를 받으려면 학생은 최소 24점을 획득하고 코어(Core)의 최소 요구 사항을 통과해야 한다. 학생들은 IB에서 6개 과목을 수강하며 각 수업은 1~7점 척도로 채점되며 7점이 가장 높은 점수이다. 따라서 수업에서 얻을 수 있는 총 점수는 42점이며 나머지 3점은 DP 코어인 TOK와 EE에서 나온다.

4) IB 디플로마 장점

• 지식의 폭과 깊이

학생들이 언어, 인문학, 과학 및 수학 등을 포함한 6개 그룹의 과목을 공부해야 하는 IB 프로그램의 구조는 지식의 이해의 폭을 넓게 하고 깊이를 더해준다.

• 체험 학습의 기회

CAS는 학생들에게 경험에서 배우고, 다른 사람을 위해 봉사할 수 있게 한다. 또한, 프로젝트, 클럽, 지역사회 봉사, 스포츠, 기타 교과 외 활동을 통해 학생의 관심사와 기술을 스스로 추구하게 된다. CAS 는 학생들을 다재다능하고 의욕적이며 참여하는 개인으로 만드는 데 도움이 준다.

• 연구 능력 개발

EE와 TOK는 IB 디플로마가 가진 두 가지 큰 특징이다. 이를 통해 학생들은 독립적 연구, 작문 및 조직 능력을 개발하여 미래의 대학에 서, 더 나아가 직업에서 더 높은 학습 또는 성공으로 이끌어갈 수 있다.

• 독립적인 사고

IB 강의실은 교사와 학생 간의 양방향 의사소통과 토론을 특징으로 하며 모든 학급 구성원이 자신의 의견을 말하고 표현하도록 권장된 다. 이러한 방식의 교수법은 독창적인 사고가 가능하고 자신의 관점 에 자신감이 있고 다른 사람의 말을 경청하고 정보를 얻을 수 있는 학 생을 배출한다.

• 도전

학문적으로 엄격한 IB 프로그램은 도전을 선택한 학생들에게 할 수 있다는 것을 보여주며 큰 보람을 안겨준다. 학생들은 자신의 평생을 앞으로 나아가게 할 기술과 자신감을 갖추게 된다.

• 국제적인 인정과 대학 입학

IB 디플로마는 국제적으로 100개국에 있는 5,000개 이상의 대학에 서 인정되고 있다.

TOEFL

미국 대학 진학을 준비하는 인터내셔널 학생들에게 요구되는 사항 중 하나는 영어 실력을 입증하는 것이다. 이를 위해 대학에서 가장 선호하는 시험은 TOEFL이다. 인터넷 기반의 TOEFL iBT 시험으로 전환된 이후, 현재 여러 옵션이 가능해져서 학생들은 지정된 시험장에서 컴퓨터로 치르는 TOEFL iBT 외에 집에서 시험을 칠 수 있는 TOEFL iBT HOME과 스피킹 섹션을 제외하고 종이로 시험을 칠 수 있는 TOEFL iBT Paper를 선택할 수 있게 되었다.

ETS에 따르면 TOEFL은 전 세계 160개 이상의 국가에 있는 11,500개 이상의 대학 및 기관에서 인정되며 미국 전역에서 허용되고 있다. TOEFL 시험은 전 세계의 공인 시험 센터에서 매년 50회 이상 시행된다. TOEFL 점수는 시험일로부터 2년간 유효하며, 응시 횟수에 제한이 없다. 지정된 시험장에서 컴퓨터로 치르는 TOEFL iBT의 경우 4일에서 8일이 지나면 시험 결과를 ETS 계정에서 확인할 수 있다.

TOEFL 점수

읽기 영역(Reading Section) : 0~30

듣기 영역(Listening Section) : 0~30

말하기 영역(Speaking Section) : 0~30

쓰기 영역(Writing Section) : 0~30

총 점수(Total Score) : 0~120

TOEFL iBT 시험은 2023년 7월 26일부터 짧은 버전(Shorter TOEFL iBT)의 시험으로 변경되었다. Shorter TOEFL iBT 시험은 완료하는 데 2시간이 걸리지 않는다. 성적에 집계되지 않는 문제들은 출제되지 않으며 문항 수도 줄어들어 학생들로서는 시간상의 부담이 줄어들었다.

시험 구성

TOEFL iBT 시험은 총 4개의 섹션 점수와 총점을 받게 된다. 각 섹션 점수 범위는 0~30점이며, 총점은 120점이다.

• READING SECTION

읽기 영역에서는 기존의 30~40문항에서 점수에 집계되지 않는 문제(더미 문제)가 삭제되고, 문제를 풀기 위한 리딩 문단은 2개로 감소되었다. 각 문단에 10문항씩 출제되므로 문항 수가 20문항으로 줄어들고, 시간도 54~72분에서 35분으로 감소된다.

• LISTENING SECTION

듣기 영역 역시 점수에 집계되지 않는 문제가 삭제되고 문항 수와 시간이 단축되었다. 기존에 문항 수가 28~29문항이었던 것이 28문항으로 줄어들고, 시간은 41~57분에서 36분으로 감소된다.

• SPEAKING SECTION

말하기 영역은 변화 없이 기존 4개의 질문을 16분 안에 평가하게 된다.

• WRITING SECTION

기존에는 쓰기 영역의 총 시간은 50분이고 통합에세이(Integrated

Writing)와 독립적 에세이(Independent Writing)의 두 가지 질문에 답을 작성해야 했다. 통합에세이에는 20분이 주어지며, 짧은 문단을 읽고 짧은 강의를 듣고 난 뒤, 질문에 응답하여 에세이를 작성하는 형식이다. 반면, 독립적 에세이는 30분 동안 주어진 작문 주제에 대한 에세이를 작성해야 한다. 7월부터 바뀐 시험에서는 독립적 에세이가 아카데믹 디스커션(academic discussion) 형태로 변화되어, 전보다 작성 답안이 짧아지게 되어 시험 시간도 29분으로 많이 단축되었다. 이 두 에세이의 점수는 합산되어 0에서 30 사이로 채점된다.

영역	시간	문제 수/형식
읽기(Reading)	35분	20
듣기(Listening)	36분	28
말하기(Speaking)	16분	4 tasks
쓰기(Writing)	29분	2 tasks

책 읽는 아이

부모들은 아이들이 책을 많이 읽는 아이로 성장하기를 바란다. 그런 마음에서 어떤 책을 고르고 또 사야 하는지는 항상 부모들의 관심사이다. 나 역시 아이 둘을 키우는 엄마로서, 또 책과 글쓰기와 같은 통합적인 방법을 통한 언어 교육을 중시하는 홀 랭귀지(Whole Language)를 연구하면서 픽처북을 비롯한 챕터북, 그리고 다양한 스토리북이 나의 손을 떠나지 않았다.

미국에서 책을 전집으로 사는 것이 한국에서만큼 쉽지 않은 이유도 있지만, 나는 작가와 책에 대해 알아보고 낱권으로 구매하는 것을 선호했다. 또한 나의 아이들에게 직접 읽고 싶은 책들을 고르게 했다. 책에 대한 아이들의 관심을 꾸준히 유지시키기 위해 함께 서점에 가거나 학교를 통해서, 아니면 아마존으로 아이들과 의논하고 개별적으로 여러 권을 구입했다.

아이가 읽을 책을 부모가 선택해서 주는 것은 아이의 독서 습관에 이롭지 않다. 아이가 관심이 없는 것을 읽게 되면 리딩에 흥미를 잃고 중단해버릴 수도 있다. 오히려 아이들 스스로 책을 고르게 하는 것이 아이에게 자율성을 주어 독서에 좀 더 많은 흥미를 유발하게 할 수 있다. 결국 아이들은 더 많은 책을 읽고 더 많이 즐기게 된다. 어린 아이에게 특정 책을 선택한 이유를 묻고 책의 내용 중에 재미있고 매력적이었던 것에 관해 깊이 있는 대화를 이끌어낼 수 있다. 아이들의 단순한 "재미있었어" 혹은 "그냥"이란 단답형의 답변 대신 비판적·분석적 사고를 향상시키는 구체적인 대답으로 대화를 이어가게 된다.

그러나 아이들이 다양한 장르의 책을 폭넓게 읽도록 격려하는 것은 필요하다. 종종 아이들이 자신에게 친숙하고 편하게 느껴지는 특정 시리즈로 돌아가는 경향을 보일 때가 있다. 또한 많은 십대들은 논픽션보다 소설을 선호한다. 모든 독서가 유익하지만, 다양한 장르의 책은 아이들에게 새로운 세계를 열어주는 역할을 할 수 있다.

아이가 다양한 장르에 더 많이 노출될수록 독서를 더 편안하게 느끼고 자신감을 갖게 된다. 소설, 자서전, 전기, 시, 신문, 뉴스, 사이언스 저널, 스피치, 논픽션 등 각각의 장르는 다른 형식과 특징을 가지고 있다. 그리고 소설의 장르 안에서도 역사 소설, 판타지 소설, 드라마, 미스터리, 신화, 과학 소설은 등장인물, 배경, 줄거리가 실제로 사실인지 여부 등에서 차이를 보일 수 있다. 다양한 장르의 책을 통해 쌓인 아이들의 풍부한 경험은 전반적인 이해력과 사고력을 높일 수 있다. 또한 아이들은 여러 유형의 책에서 새롭고 다양한 어휘를 접하게 된다.

같은 환경에서 자라난 나의 두 아이도 성향이 달랐기 때문인지 책을 고르는 취향은 차이가 있었다. 나는 각자 좋아하는 것을 마음껏 읽으라고 했다. 다만, 아이들과 함께 가던 서점과 도서관에서 아이들에게 다양한 책을 소개하려고 애썼다. 그리고 도서관에서 일주일마다 책을 빌릴 때에도 평상시에 읽지 않는 새로운 장르의 책을 두 권 이상 포함하도록 했다. 물론, 어떤 책을 선택하는가는 아이들에게 달려 있었다.

예전에, 살고 있던 집 인테리어 공사를 하게 되어 한 달 정도 여름 방학 동안 근처 시립 도서관을 매일 갔던 때가 있었다. 하루의 긴 시간을 그곳에서 보내면서 다양한 책들을 아이들과 함께 보고 이야기도 나누었다. 큰아이는 그날그날 여러 섹션에서 좋아하는 책들을 찾아서 읽는 것을 즐겼다. 반면 작은아이는 섹션별로 차례로 읽는 것을 좋아했고, 특히 어린이를 위한 위인 전기 부분을 자주 찾았다. 같은 책을 읽은 다음, 그 안에 담긴 등장인물, 사건, 결말에 관해 이야기하는 것은 아이들에게 책이 주는 배움과 교훈 이상을 가져다주었다. 그리고 마지막으로 서로가 느낀 점을 공유하고 공감함으로써 아이들은 여름 방학의 추억과 함께 독서의 즐거움을 기억하게 되었다.

책을 읽는 아이의 모습은 많은 부모들이 바라는 것이다. 그리고 이를 위해서 무엇을 해야 하는지 고민하고 질문한다. 이와 관련된 여러 리서치와 교사들의 추천을 찾아보면 학부모가 할 수 있는 최선의 길은 함께하는 것이다. 고민의 답은 오히려 간단하다. 먼저, 부모부터 핸드폰을 내려놓고 책을 든 모습을 보여주는 것으로 시작하는 것이다.

PART
3

나에게 맞는
액티비티

★ ★ ★ ★ ★

"학생이 즐기는 것을 추구하고, 그다음 그 관심사에 맞는 대학을 찾아라. 입학 과정에서 많은 불안감이 존재하는 것은 학생들이 원하는 활동을 하고 관심사에 맞는 학교를 찾기보다는 대학이 원한다고 생각하는 것을 하기 때문이다."[9]

— 짐 보크 Jim Bock
스와츠모어 칼리지 부총장 겸 입학 처장
Vice President, Dean of Admissions, Swarthmore College

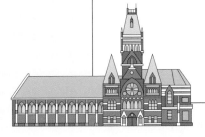

Chapter 10

액티비티(Extracurricular Activity)

대학 합격을 위해 어떤 액티비티를 해야 하는지는 학생들과 학부모들이 가장 궁금해하는 부분 중 하나이다. 때로는 학생들이 자신을 다른 지원자들보다 돋보이게 하는 방법으로 아시안 학생들은 하지 않는 특이한 액티비티를 찾는 모습도 보게 된다. 그러나 실상 대학 입학을 보장할 수 있는 액티비티는 없다. 대학은 학생이 진정으로 관심을 갖고 좋아하는 것을 꾸준히 열정적으로 해나가면서, 그 안에서 발전하며 무엇을 배웠는가를 보고 싶어 한다. 눈에 띄는 학생은 초등학교와 중학교를 거치면서 다양한 분야 중에서 자신의 관심사를 발견하고, 고등학교로 오면서 자신의 관심 분야로 집중하여 시간과 노력을 쏟는 학생들이다. 관심 분야가 스포츠, 디베이트, 수학경시, 연극 등이 될 수도 있고, 혹은 일 또는 봉사일 수도 있다. 또는 하나의 액티비티를 또 다른 활동과 연결하는 형태가 될 수도 있다.

학생이 하이 스쿨에서 할 수 있는 액티비티는 수없이 많으며, 대학이 어떤 특정한 액티비티를 기대하는 것은 아니다. 대학에서 무엇보다 중요시하는 것은 학생이 자신만의 동기를 가지고 헌신적이고, 열정적으로 무엇인가를 성취해가는 것이다. 이것은 또한 리더십의 표현이기도 하다. 액티비티를 통해서 자신의 관심과 특성을 살릴 수 있는 방법을 찾아보도록 하자.

Motivation, Commitment, Passion, Accomplishment, Leadership
동기, 헌신, 열정, 성취, 리더십

숫자만 늘리는 것이 아니라 발전 속에 깊어지는 모습을 보여주자

대학은 학생들이 여러 액티비티 속에 우왕좌왕하며 바쁘게 시간을 보내는 모습을 기대하지 않는다. 수년간 참여하며 한 단계씩 발전하는 모습을 보고 싶어 한다. 글쓰기를 좋아하는 학생은 학교 신문 기자로 시작하여 칼럼니스트가 되고, 12학년 때 편집장(chief editor)이 될 수 있다.

또한 대학은 학생이 미칠 수 있는 영향력에 관심을 갖는다. 학생이 기획한 연극이, 학생이 만든 프로젝트가 학교 커뮤니티, 더 나아가 학생이 속한 지역 커뮤니티에 필요한 메시지를 던질 수 있다. 그 과정 속에서 학생은 구성원을 하나로 묶는 리더십과 의사소통 능력을 마음껏 발휘하게 된다.

상위권 대학을 향한 경쟁은 매년 점점 치열해지고 있다. 학생들은 대학 커뮤니티를 풍요롭게 할 수 있는 자신만의 특성 혹은 후크(hook)를 만들 필요가 있다. 학생들은 "나를 다른 학생들과 차별화하는 독특한 점은 무엇인가?"라는 질문을 던져 스스로 답을 찾으려고 노력해야 한다.

특히 상위 20위권 대학이나 상위 리버럴 아츠 칼리지는 다양한 분야에서 다재다능한 학생보다 자신이 열정을 갖고 있는 분야에 집중하여 거기서 스파이크(spike)를 보이는 학생을 선호하는 경향이 있다. 관심 있는 프로젝트나 목표에 학생의 재능을 집중시키는 과외 활동과 같이, 스파이크는 지원자를 진정으로 특별하게 만드는 한 가지를 의미한다.

일반적으로 전문가들은 대학 지원서에 기재된 대학 전공과 관련된 과외 활동은 유익하다고 제안한다. 전공과 관련될 때 대부분의 학생이 관심과 열정을 가지고 시작하여 꾸준히 하는 경우가 많기 때문이다. 그러나 반드시 전공과 직접적으로 관련이 있을 필요는 없다. 학생이 일을 한 경험이나 봉사를 한 것일 수도 있다. 대학은 학생이 왜 일을 했는지, 왜 그 일이 중요한지, 그 경험에서 무엇을 얻었는지 말할 수 있다면 의미 있게 본다. 과외 활동을 통해 지역사회에 긍정적인 영향을 미친 하이 스쿨 학생은 대학에 깊은 인상을 남긴다. 커뮤니티에 일어나는 일에 관심을 갖고, 문제를 창의적으로 해결하는 방법을 고민하고 노력하는 사람을 사회에 꼭 필요한 일원으로 보기 때문이다.

최상위권 대학과 과외 활동과의 상관관계

대학들이 입학을 위해 요구하는 사항들 중에 가장 핵심은 학생들이 자신의 학업에 얼마나 성실한지에 관한 것이다. 대부분의 대학에서 학생들의 과외 활동은 입학 지원서에 깊이를 더하지만, 학생의 학업 성과에 비해 부가적인 기능을 가진다. 그러나 비슷한 학업 성취도를 가진 학생들을 비교할 때 액티비티는 학생의 열정, 재능, 잠재력을 드러내는 가장 영향력 있는 것 중 하나이다.

상위권 대학, 특히 최상위권 대학에는 이미 완벽한 학업 성적과 시험 점수를 가진 많은 지원자들이 있다. 이러한 상황에서 액티비티는 때때로 큰 차이를 만들 수 있다. 이런 이유에서 상위권 대학들은 학생 선발에 있어서 학생들이 학교 수업 외에 무엇을 어떻게 해왔는지를 세심하게 살핀다.

상위권 대학들은 일반 하이 스쿨에서 흔히 볼 수 있는 수준을 넘어선 재능을 가진 학생들로 학교를 채우는 경향을 보인다. 학생들은 음악, 드라마, 예술, 봉사, 스포츠 등 자신이 관심 있는 분야에서 교내를 넘어서 지역, 국가, 때로는 세계적으로 인정을 받는 경우가 많다. 단지 더 나은 팀에 있는 것이 아니라 주, 전국, 또는 세계 대회에서 우승한 학생들이다. 학교 문학 잡지를 넘어서 책을 출판한 작가가 있고, 주와 내셔널 챔피언십에서 팀을 이끄는 캡틴이 있다.

하이 스쿨의 과외 활동은 학교 클럽, 스포츠 팀, 예술, 지역사회 봉사, 리서치, 인턴십 등 다양한 형태를 취할 수 있다. 하이 스쿨의 과외 활동을 10가지로 나누어 살펴본다.

학교 클럽

각 하이 스쿨들은 학교 내의 다양한 클럽을 통해 대회에 나가 수상할 수 있는 기회, 드물지만 대학 장학금에 대한 기회를 제공한다. 학교에 따라 다소 차이는 있지만, 하이 스쿨들이 일반적으로 제공하는 프로그램에는 다음의 클럽들이 포함된다.

- 스포츠 팀
- 밴드/오케스트라/합창단
- 학교 신문 또는 이어북(yearbook) 클럽
- 학생회
- 봉사 클럽
- 연극 동아리 등 특별 관심 클럽
- 수학 리그, 로보틱스와 같은 학술 클럽

클럽은 학생들이 실습, 프로젝트, 워크숍 등을 통해 관심 있는 분야에서 기술과 경험을 개발할 수 있는 곳으로, 새로운 의사소통 기술을 연마하고 창의적 사고를 함양하며 다른 사람들과 효과적으로 일하는 방법을 배울 수 있는 장소이다. 또한 비슷한 관심사를 공유하는 학생들과 지속적인 우정을 쌓으며 지역사회에 긍정적인 영향을 미칠 수 있는 방안을 함께 찾아갈 수 있는 통로가 되기도 한다. 따라서 학생의 꾸준한 학교 클럽 활동은 학생의 입학 원서에 깊이를 더해주게 된다.

대학은 학생의 리더십과 지역사회에 기여할 수 있는 능력에 주목한다. 꾸준한 클럽 활동으로 리더십을 보여줄 수 있는 역할을 맡거나 괄목할 만한 프로젝트를 완수함으로써 이러한 자질을 입증한다면 목표로 하는 학교에 합격할 가능성을 높일 수 있다.

학교 클럽에 가입하는 것은 새로운 곳으로 첫발을 내딛는 두려운 일일 수 있다. 그러나 두려움에서 벗어나 학교에서 가입할 수 있는 동아리를 단계별로 탐색하면 자신의 흥미와 성향에 잘 맞는 클럽 활동을 경험해볼 수 있다. 단, 클럽 활동은 많은 시간이 소요될 수 있으므로 어떤 동아리에 가입할지는 전략적으로 결정해야 한다.

학생들은 학교 웹사이트 또는 학교 카운슬러를 통해 클럽 목록을 알아볼 수 있다. 일반적으로 많은 학교에서 학년 초에 학교의 모든 클럽에 대해 학생들에게 공지하고 있다. 시간을 내어 이 목록을 살펴보고 어떤 클럽이 학생 자신의 관심사와 목표에 부합하는지 확인한 후 흥미를 끄는 클럽의 첫 미팅에 참석하여 해당 학년도에 가입하고 싶은 몇 개의 클럽으로 그 관심 범위를 좁힐 수 있다.

일부 클럽은 특정 학점(GPA)을 유지하거나 회비를 지불하는 것과 같은 특정 회원 요건이 있을 수 있다. 또한 클럽마다 요구되는 노력과 시간도 다르다. 가입하기 전에 이러한 요구 사항에 대해 문의하고 학생의 상황을 고려한 뒤 결정해야 한다. 일단 클럽에 가입하면 회의 및 행사, 프로젝트 및 활동에 참여하여 점점 더 많은 경험을 쌓으면서 리더십을 나타낼 수 있는 직책을 맡도록 한다. 그러기 위해서는 여러 종류의 동아리에 참여하는 것보다 진정으로 관심 있고 좋아하는 몇몇 활동을 선택해서 집중하는 것이 필요하다.

가입하고 싶은 클럽을 찾을 수 없다면 스스로 시작하는 것도 보람

있고 의미 있는 경험이 될 수 있다. 이를 통해 자신의 관심사에 맞는 것을 만들 수 있을 뿐만 아니라 관심사를 공유하는 학생들의 커뮤니티를 육성할 수도 있다. 일단 대부분의 학교 동아리에는 고문이 있어야 하므로 클럽 고문으로 봉사하기에 적합하다고 생각되는 교사나 교직원에게 물어보는 것부터 시작한다. 클럽 제안서를 작성하고 회원을 모집하는 모든 과정들에 시간과 노력이 많이 들지만 클럽을 시작하는 것은 지도력과 새로운 일을 시작하는 추진력을 보여줄 수 있다.

아카데믹(Academic)

아카데믹 분야의 과외 활동은 학문적 주제를 기반으로 하는 모든 프로그램, 그룹, 활동이 포함된다. 아카데믹 활동 중에는 지역에서 전국에 이르기까지 여러 수준에서 열리는 대회들이 있고, 그 준비에 중점을 두고 있는 대회 팀들도 있다.

하이 스쿨 학생들이 참여할 수 있는 대표적인 아카데믹 과외 활동으로는 내셔널 아너 소사이어티(National Honor Society)를 비롯해 뮤직 아너 소사이어티(Tri-M Music Honor Society)와 같이 여러 과목의 아너 소사이어티(Honor Society)가 있다. 또한 학생들은 생물 클럽(biology club), 물리 클럽(physics club), 혹은 문학 클럽(literature club)과 같이 특정 주제에 관해 토론하고 연구하는 클럽들에 참가할 수 있다. 반면, 사이언스 올림피아드(Science Olympiad), 모의 유엔(Model UN), 혹은 퀴즈 볼(quiz bowl)과 같이 팀으로 어려운 문제를 해결하고 팀워크를 키우며 대회에 참가하는 예도 있다.

과외 활동 중 수학 경시대회와 미국 대통령 장학생(U.S. Presidential Scholars)에 대해 자세히 알아본다.

1. 수학 경시대회: AMC

수학 경시대회는 대학 입시에서 SAT, ACT, AP, 혹은 IB와는 다른 변별력을 준다는 이유로 오래전부터 다른 액티비티와 함께 미국 입시에 중요한 부분으로 자리잡게 되었다.

미국의 대표적인 수학 경시대회로는 AMC 시리즈, AIME, 그리고 USAMO(USAJMO)와 IMO로 연결되는 MAA의 AMC 프로그램(Mathematical Association of America's American Mathematics Competitions)이 있다.

AMC(American Mathematics Competition)는 국제 수학 올림피아드(IMO)를 위해 미국 팀을 결정하는 일련의 경시대회 중 첫 번째 단계이다. AMC에는 세 가지 레벨이 있다.

1) **AMC 8**: 시험 당일 만 14.5세 미만 학생과 8학년 이하 학생이 볼 수 있는 시험으로 25문제의 객관식 문제들로 구성되어 40분의 시간이 주어진다. 중학생들의 논리적 사고와 수리적 능력을 키우기 위한 목적으로 열리는 대회라고 볼 수 있다.

2) **AMC 10**: 시험 당일 만 17.5세 미만 학생과 10학년 이하 학생이 볼 수 있다. 25문제의 객관식 문제로 75분의 시간이 주어진다.

3) **AMC 12**: 시험 당일 만 19.5세 미만 학생과 12학년 이하 학생이

볼 수 있다. 25문제의 객관식 문제로 75분의 시간이 주어진다. 앞부분의 문제들은 AMC 10의 문제들과 겹쳐지기도 한다.

AMC 10과 AMC 12 시험은 11월에 A, B로 2번 열린다. MAA측은 출제 범위와 난이도는 동일하다고 밝히고 있다. 학생들에게는 A와 B, 2번의 시험을 모두 칠 수 있는 기회가 주어진다. 이 중 높은 점수가 AIME(American Invitational Mathematics Exam)를 위해 채택된다.

AMC 10과 12의 결과에 따라 다음 단계인 AIME로 갈 수 있는 자격이 주어진다. 그것을 AIME 컷오프라고 한다. AMC 10은 총 응시자의 상위 2.5% 안에 든 학생들에게 AIME에 응시할 자격을 주고, AMC 12는 총 응시자의 상위 5.0% 안에 든 학생들에게 AIME에 응시할 자격을 준다. 정확한 컷오프는 시험의 난이도에 따라 정해진다고 MAA는 단서를 두고 있다.[10]

이외에도, Perfect Score(150점의 만점을 받은 학생들), Distinguished Honor Roll(전체 참여자의 최상위권, 약 1%의 점수를 받은 학생들) 등의 상들은 큰 영예로서 대학 원서에도 좋은 영향을 미칠 수 있다. 더욱이 학교 수학과는 다른 조금 더 창의력, 논리적·비판적 사고를 요구하는 수학 실력을 키운다는 것은 학생에게 더 없는 발전이 된다.

2. 수학 경시대회: AIME

AIME(American Invitational Mathematics Exam)는 미국 수학 대표팀을 선발하는 두 번째 단계의 경시대회이다. AMC에서 우수한 성적을 거둔 학생들이 참여할 수 있는 시험이다. AIME I과 II로 치러지는 이 시험은 AMC와는 달리 한 학생에게 한 번의 기회만을 주며, 2023년의 경우 2월에 시험이 있었다. 모두 주관식인 15문제를 3시간 동안 풀게 되며 한 문제당 1점으로 채점된다.

AMC 12와 AIME와 점수를 합산하여 그 점수가 상위권인 학생들은 USAMO에 참가할 수 있다. 반면, AMC 10과 AIME 점수를 합산하여 그 점수가 상위권인 학생들은 USAJMO에 나갈 수 있다. 매년 약간의 차이는 있으나, USAMO에는 200~300명의 학생이, USAJMO에는 대략 150~250명의 학생이 응시 자격을 갖게 된다. 일반적으로 USAMO와 USAJMO를 합해서 총 500명가량의 학생들이 매년 시험에 응시한다.

3. 수학 경시대회: USAMO, USAJMO

세 번째 단계인 USAMO(USA Mathematical Olympiad), USAJMO(USA Junior Mathematical Olympiad) 대회는 3월에 열린다. 이틀 동안 각각 4.5시간씩 총 9시간 동안 열리는 6개의 주관식 증명 문제이다. 각 문제는 7점씩의 배점을 갖고 있다. 풀이 과정이 하나하나 점수로 채점이 되어서 학생들의 긴장도 엄청나다.

이 시험을 치른 학생들 중에서 상위권 학생들에게는 수학 올림피아드 여름 프로그램(MOSP 혹은 MOP)에 참가할 자격이 주어진다. 그리고 그 후에 마지막 단계인 IMO(International Mathematical Olympiad)에는 6명이 참가하게 된다.

4. 미국 대통령 장학생

매년 5월이 되면 미 교육부는 미국 대통령 장학생 프로그램인 U.S. Presidential Scholars를 발표한다. 이는 미국 하이 스쿨 학생들에게 주어지는 최고의 영예 중의 하나로, 학업 성취도, 지도력, 학교 및 지역사회 봉사에서 가장 뛰어난 하이 스쿨 시니어 학생들을 격려하기 위해 1964년 미국 대통령에 의해 만들어졌다. 1979년에는 시각 예술, 창조 예술, 공연 예술 분야 등의 예술 영역으로 확대되었고, 2015년에는 커리어와 기술 분야에서 능력과 성취를 보여주는 학생들에게로 다시 한번 확대되었다. 58년 이상 동안 계속되면서 리더십 및 학교와 지역사회에 기여한 8,000명 이상의 학생들이 미국 대통령 장학생의 영예를 안았다.

학생들은 매년 세 가지 경로에 따라 약 161명의 대통령 장학생이 될 기회를 갖는다. 장학생의 대다수는 학업 성취도를 주요 기준으로 선발된다. 이러한 일반 영역과 함께 20명의 예술 영역(arts)과 20명의 커리어와 기술 분야(CTE) 장학생을 함께 선발한다.

U.S. Presidential Scholar Medal

대통령 장학생 프로그램은 금전적인 의미에서의 장학금이라기보다는 평생을 가지고 갈 수 있는 명예라고 할 수 있다. 미국 대통령 장학생으로 선발된 뛰어난 학생들은 내셔널 레커그니션 프로그램(National Recognition Program)을 통해 대통령 메달을 받는다.

약 4,000명의 일반 프로그램 후보자 선발은 대부분 SAT 및 ACT 점수를 기준으로 이루어진다. 12학년 10월까지의 SAT 혹은 ACT에서 예외적으로 높은 점수를 받은 시니어 학생들이 고려 대상이 될 수 있다. 대상이 되는 학생들은 대체적으로 만점을 받은 학생들이다. 미국 시민권자 또는 영주권자여야 한다.

대통령 장학생 프로그램 신청은 초대를 통해서만 가능하다. 모든 후보자(candidate)는 12학년 1월에 대통령 장학생 프로그램에 지원하도록 초대 편지를 받게 된다. 신청 마감일은 2월이고, 에세이, 성적표, 추천서를 함께 제출해야 하며 학업 성취도, 개인적 특성, 리더십, 서비스 및 기타 과외 활동, 에세이를 통해 평가된다. 약 650명의 세미파이널리스트(Semifinalist)는 4월 중순에 발표된다.

마지막으로, 위원회(Commission on Presidential Scholars)의 심사를 거쳐 5월 첫째 주에 최대 161명의 대통령 장학생(Presidential Scholar Finalist)이 발표된다. 2022년도의 경우 온라인으로 실시된 내셔널 레커그니션 프로그램을 통해 뛰어난 성취를 기념하고 미국 대통령 장학생 메달을 수여했다.

AMC, AIME가 있는 날,
아이와 함께한다

최근 들어 2월이 되면 미국 수학 경시대회인 AIME가 열린다. 나에게도 AMC 10 혹은 AMC 12를 거치며 열심히 준비하고 이 시험을 기다려온 학생들이 있다. 그리고 미들과 하이 스쿨 시절 수학 경시대회를 연중 가장 큰 목표 중 하나로 세웠던 아이를 두었기에 이날이 학생들을 얼마나 떨리게 하는지 누구보다 잘 알고 있다.

난 11월 추수감사절이 되면 커다란 세 개의 폴더를 만들어 준비를 시작했다. 각각 AMC 10, AMC 12, AIME 폴더였다. AMC 12와 AIME만을 치르게 되는 11학년 이후에는 두 개의 폴더로 줄였다. 먼저 20여 년간의 기출문제들을 출력했다. AMC 10과 AMC 12는 각각 A와 B의 두 가지 시험 유형, 그리고 AIME는 AIME I와 AIME II의 시험 유형이 있어 한 해의 기출문제도 여럿 된다. 몇 시간에 걸친 프린트를 마친 뒤 테스트별로 분류해 폴더에 담았다. 그러고는 무거운 폴더를 하나씩 들고 낑낑거리며 아들에게 전해주었다. 내게는 엄마로서 임무가 하나 끝났다는 안도감이 찾아왔다.

이제, 인쇄된 문제들을 풀고, 틀린 문제를 다시 정리하고 리뷰하는 일은 아이의 몫이었다. 관련 학원도 없고 과외할 선생님도 없는 곳에 살았지만, 다행히 인터넷은 아들에게 무한한 정보의 출처가 되었다. 월반을 한 탓에 또래 학년의 다른 아이들보다 어려서 더욱 인터넷이 갖고 있는 위험이 늘 마음에 걸렸지만, 사실 그 당시에는 다른 선택지가 없었다. 기출문제만을 푸는 것으로는 부족했기에 혼자 책을 읽으며 수학적 이론과 대회의 기초를 쌓았고, 인터넷을 통해 모르는 것을 찾고 질문을 구했다. AoPS(Art of Problem Solving)의 온라인 클래스들은 기초를 다지고 실력을 키우는 데 큰 도움이 되었다. 미들 스쿨 때부터 클래스를 들어서인지 사이버 공간 아이디로도 친구들이 생겼고, 어려운 문제들에 대해 서로 의견을 나눠가며 다른 여러 방법으로 풀이법을 찾아나갔다.

작은아이가 수학 경시를 준비하던 때에는 시험 일정이 지금과는 달랐다. 시험을 주관하는 MAA가 팬데믹 이후로 일정을 변경했다. 5년 동안 이어진 아이의 경시대회 여정은 1월 말 혹은 2월 초의 AMC 10A/AMC 12A로 시작되었다. 그리고 3월에 AIME를, 그리고 4월에 이틀간의 USA(J)MO를 치르면서 한 해의 수학 액티비티가 정리되었다. 수학 경시대회의 정답은 일정 시간이 지난 뒤, AoPS의 사이트를 통해 윤곽이 드러난다. AoPS는 전 세계의 학생들이 시험을 모두 마친 시간이 되어서야 해당 시험에 관한 질문과 논의를 할 수 있게 하고 있다.

나의 가족은 AMC 시리즈에 관해 알려지지 않은 지역에 살고 있어서 학교에 시험이 개설되지 않고 있었다. 작은아이가 참석했던 내셔널 매스카운츠(MATHCOUNTS)에서 처음으로 AMC에 관해 알게 되었다. 아이는 다니던 주니어 하이 스쿨의 수학 선생님께 말씀드려 직접 학교를 등록하고 자체 비용을 지불하여 시험을 신청했으며, 8학년 때 처음으로 AMC 10에 응시하였다. 어느 해에는 AMC 시험 날 날씨가 좋지 않아 학교가 휴교를 하는 바람에 시험을 볼 수 없게 되었는데, 집에서 발을 동동 구르는 아이를 옆에서 안타깝게 지켜볼 수밖에 없었다. 또 8학년에 USAJMO에 처음 응시 자격을(qualify) 얻었을 때는 아이가 주관식 증명 문제 준비를 어떻게 혼자서 시작해야 할지 몰라서 힘들어할 때 도와줄 방법이 없어 답답한 적도 있었다.

아이들이 아주 어릴 적, 2+3의 답을 묻는 대신, 5를 만들 수 있는 방법을 여러 가지로 생각하게 했고, 구구단 대신 차 안에서 12, 24, 36의 방식의 배수 게임을 하며 가르쳤다. 처음 나누기의 개념을 가르칠 때는 인형들을 놓고 그들에게 실제로 물건을 나누어주게 하면서 개념을 눈으로 먼저 그릴 수 있도록 했다. 피자는 분수를 가르치는 훌륭한 도구가 되었고, 레고 역시 소수와 퍼센트를 이해시키는 데 도움이 되었다.

작은아이가 킨더가든(kindergarten)에 입학하던 날, 선생님들은 엘리멘터리 스쿨에서 앞으로 배우게 될 것을 설명했다. "100달러에는 얼마나 많은 25센트가 있을까"라는 물음에 작은아이는 혼자 손을 들어 400개라고 답했다. 다섯 살짜리 아이가 대답하리라고는 기대하지 않았던 학교 측은 놀라워했다.

어느 날 아이가 학교를 마치고 봉사를 하기 위해 도서관으로 갈 때였다. AMC 10 시험 결과가 궁금한 아이는 잠깐의 틈을 내어 나의 핸드폰을 빌렸다. 하나하나 정답을 숨죽이고 맞혀보며, 미소를 짓기도 하고 또 입술을 깨물기도 했다. 그러고 마지막으로 "YES" 하고 낮지만 강하게 외쳤다. 도서관의 다른 이들은 그 샤우팅을 듣지 못했지만, 난 명확하게 들을 수 있었다. Perfect score, 150점 만점이었다.

어렸을 때부터 숫자를 좋아하던, 문제의 답으로 가는 다른 방법을 찾는 것에 열정적이던, 그리고 다른 친구들과 문제를 함께 토론하고 배우는 것을 즐기던 그 꼬마는 이젠 내가 이해하지 못하는 컴퓨터 용어로 회사에서 프로그램을 짜고 프로젝트를 진행하고 있다.

과학, 기술, 공학, 수학(STEM)

요즘 STEM(과학, 테크놀로지, 공학, 수학: Science, Technology, Engineering, Mathematics) 분야의 인기가 높아지면서, 그 분야에서 경력을 쌓고자 하는 학생들이 늘고 있다. 학생들이 이 분야에서 귀중한 경험을 얻을 수 있는 방법은 연구 활동과 여름 리서치 캠프에 참여하는 것, 그리고 그 경험을 토대로 과학 박람회(science fair)에 참여하여 좋은 성과를 거두는 것, 또는 연구 결과로 리서치 페이퍼를 발표하고 출판하는 것이 추천된다. 이외에도 학생들이 이공계에서 학생의 창의력과 기술, 그리고 열정을 나타낼 수 있는 다양한 대회들이 여러 규모로 열리고 있다.

1. 리서치(연구 활동)

학생들이 자신의 열정을 보여주고 원하는 연구 분야에 대한 관심을 입증하는 한 가지 방법은 대학 수준의 학술 연구에 참여하거나 수행하는 것이다.

1) 리서치의 장점

리서치라고 하면 대학교 혹은 대학원에서 시작하는 것으로 흔히 인식되어왔다. 그러나 하이 스쿨에서 하는 리서치는 대학 이후의 리서치에 비해서도 많은 장점을 가지고 있다. 몇 가지로 간단히 살펴본다.

• 개인의 성장 및 지적 발달

연구는 많은 문제에 직면하게 되는 복잡한 과정이다. 학생들은 성공적으로 연구를 끝내기 위해 인내심을 기르고 긍정적인 태도로 창의적으로 문제를 해결하는 방식을 배우게 된다. 또한 공동 연구에서는 의사소통, 문제 해결을 비롯한 팀 작업 능력도 키울 수 있다.

• 미래 직업에 대한 경험

'리서치가 뭐지?' 하고 막연히 생각하는 것과 직접 해보면서 그 환경에 몰입하는 것에는 차이가 있다. 리서치에 참여함으로써 주제에 대해 교실 수업으로 가능한 것보다 더 깊은 이해로 나아갈 수 있고, 어떤 부분에 관심이 더 있는지, 경력을 더 쌓고 싶은지에 대한 생각을 구체화할 수 있다.

• 네트워크 구축

연구는 학생들이 문제에 직면했을 때 데이터를 찾고 관련 분야의 사람들에게 질문을 하는 등 다양한 과정을 통해 관심 분야의 사람들과 네트워크를 형성할 수 있다.

• 대학 입학에 미치는 긍정적 영향

리서치가 미국 대학 입시에 미치는 영향이 학생들에게는 흥미로운 부분일 것이다. 대학 입학 사정관은 하이 스쿨에서의 리서치의 가치를 인정하고 이러한 광범위한 프로젝트를 완성하는 것이 학생의 열정, 인내, 지적 능력, 도전에 대처하는 능력을 잘 보여주는 지표라고 여긴다. 여기에 대회에서 상을 받게 된다면 학생의 노력과 능력이 더욱 입증되어 입시에서 좋은 위치를 차지하게 된다. 특히 상위권 대학의 경우, 국제과학기술 경진대회(Regeneron International Science and Engineering Fair, ISEF), 리제네론 사이언스 탤런트 서치(Regeneron Science Talent Search, STS) 등의 대회에서 높은 상을 수상하는 것이 강력한 경쟁력을 갖는다는 것은 이미 알려진 사실이다.

2) 리서치를 할 수 있는 방법

리서치에 대한 중요성이 부각되면서 학생들과 학부모님들의 관심이 높아지고 있다. 그러나 실제 리서치 경험으로 연결되어 결과물로 이어지는 경우는 흔치 않다. 많은 학생들이 깊은 관심에도 불구하고, 종종 어떻게 시작해야 하는지 알지 못해 시작을 망설이고 있다. 고등학생으로서 어떻게 리서치에 참여할 것인가?

고등학생이 리서치를 진행할 수 있는 방법을 크게 4가지로 나누어 보았다.

• 가까운 대학의 교수진에게 직접 연락을 한다.

많은 대학 교수진들은 대학원생들이 연구 조교 역할을 하는 연구실을 가지고 있다. 학생이 거주하고 있는 지역의 대학들 가운데 관심 있는 학과 홈페이지를 방문하여 교수들의 연구를 살펴보고 직접 연락을 취할 수 있다. 대학은 대학생들의 리서치를 우선으로 하기에 상대적으로 경험이 부족한 하이 스쿨 학생들에게 기회를 주는 경우가 상당히 적은 것이 현실이다. 하지만, 완전히 불가능한 것이 아니므로 관심과 열정을 지속적으로 표현하는 것이 필요하다.

• 서머 캠프, 리서치 캠프를 시작으로 해서 연결한다.

많은 대학, 정부 및 기타 실험실 또는 학술 기관에서 고등학생을 위한 여름 연구 및 자원봉사 프로그램을 실시한다. 이러한 프로그램은 해당 연도의 6월에 시작하는 프로그램의 경우 1월 또는 2월까지 신청해야 하는 경우가 많다. 신청서에는 종종 에세이와 추천서가 포함되며, 무료로 진행되는 경우 더 많은 인지도를 갖게 된다. 일부 연구 프로그램의 예로는 수학, 과학, 컴퓨터 과학에 관심이 있는 학생을 위한 RSI(Research Science Institute)와 SSP(Summer Science Program), 수학에 관심이 있는 학생을 위해 보스턴 대학교에서 주관하는 PROMYS(Program in Mathematics for Young Scientists) 등이 있다.

• 독립적인 리서치를 스스로 진행한다.

인터넷의 여러 정보를 통해 스스로 독자적으로 연구하는 것을 말한다. 멘토 없이 진행하는 리서치이기에 관심 있는 연구 주제를 파악한 후에는 자신이 선택한 주제를 잘 알기 위해 가능한 한 모든 노력을 다해야 한다는 것을 잊지 않아야 한다.

• 리서치 지원 프로그램(research support program)과 함께한다.

하이 스쿨 학생으로서 리서치의 가장 어려운 부분은 함께할 멘토를 찾는 것이다. 따라서 리서치 지원 프로그램을 통해 리서치를 시작해 보는 것이 실용적일 수 있다. 리서치 지원 프로그램은 프로그램마다 차이는 있지만, 일정 기간마다 멘토가 학생을 만나 학생의 리서치 진행을 도와주는 프로그램이다. 학생이 자신의 흥미와 미래 전공에 맞는 연구를 선택하고 시간을 자유롭게 조정할 수 있다는 장점이 있다. 또한 일대일 개인적으로 멘토와 시간을 가지며 질문과 상의를 할 수 있다.

2. MIT에서 개최되는 리서치 캠프 RSI

매해 여름에 열리는 영재 캠프인 RSI(Research Science Institute)는 미국의 고등학생을 위한 스템(STEM : 과학, 기술, 공학, 수학) 리서치 중 가장 권위 있는 프로그램으로 널리 알려져 있다. 미국의 저명한 비영리 교육기관인 CEE(Center for Excellence in Education)와 매사추세츠 공과대학교(Massachusetts Institute of Technology, MIT)가 공동으로 후원하는 이 프로그램은 학업 성취도가 높은 고등학생 중 과학/기술 분야에서 탁월한 실력과 리더십을 발휘한 학생들이 장기적으로 21세기 창작자, 발명가, 과학자, 지도자가 되도록 도전하는 것을 돕는 프로그램이다.

총 80명 정도의 학생들이 참여하는 이 프로그램은 전미 50개 주에서 약 50여 명, 그리고 그외 국가들에서 약 30명 정도의 학생들을 선발해왔고, 2023년에는 CEE가 100명으로 발표했다. 그 어떤 아이비리그 대학이나 상위 공과대학들보다 경쟁이 치열한 것으로 알려져 있다. RSI에 참여한 학생들은 "리코이드(Rickoids)"라고 불리는 동문회(alumni) 회원이 되어 명예와 가치를 인정받는다. 현재 리코이드 회원은 2500여 명에 이른다. 한 해에 캘리포니아, 매사추세츠와 텍사스같이 몇 명의 학생이 뽑힌 주도 있었지만 한 명도 뽑히지 않은 주도 여럿 있다.

RSI는 매년 12월에 지원 마감 후 보통 3월 중에 결과를 개인에게 통보한다. 고등학교 기록, 개인 에세이와 함께, SAT, ACT, PSAT, AP 등의 시험 성적, 교사 추천, 연구 경험, 리더십, 수학 및 과학 분야의 영예 및 수상과 같은 까다로운 선발 기준을 두고 있다. 선발위원회는 전문 교육자와 RSI 동창(alumni)으로 구성된다.

3. 과학 박람회(Science Fair)

과학 박람회는 학생들이 학교 수업에서 벗어나 독립 연구를 수행하기 위해 과학적 방법을 적용할 수 있는 기회이다. 각 학생의 연구 결과가 어떤 과학적 가치를 지니는지 결정하기 위해 학교 차원의 과학 박람회 또는 지역에서 후원하는 과학 박람회에 전시 혹은 발표된다. 과학적 방법을 적절히 사용하고 철저한 연구와 노력을 입증한 것으로 판단되는 학생들은 상을 받고 지역, 주, 국가 및 국제 과학 박람회에서 경쟁할 수 있다. 과학 박람회는 학교에서 배울 수 없는 다른 종류의 생활 기술과 능력을 배우는 데 매우 유용하고 도움이 된다.

과학 박람회 프로젝트(science fair project)를 해야 하는 이유는 다음으로 정리될 수 있다.

• 학교 수업과는 다른 자신의 열정과 관심 표현
• 수상과 장학금의 기회

- 배움과 흥미로운 경험의 기회
- 공통 관심사를 가진 다른 학생과 소통의 기회
- 학교와 선생님들에게 인정받을 수 있는 기회
- 대학 지원서에 쓸 수 있는 STEM 액티비티

과학 박람회 프로젝트는 대부분 다른 어떤 과제보다 더 긴 기간이 필요하다. 과학 프로젝트를 훌륭한 학습 경험으로 만드는 것은 과학 이상의 훨씬 더 많은 것을 포함하기 때문이다. 학생들은 많은 참고 문헌을 읽어야 하며, 또, 리서치에 관한 글을 쓰는 방법도 배우게 된다. 대부분의 프로젝트에는 스프레드시트(Excel Spreadsheet)와 같은 일반적인 사무 프로그램을 사용할 뿐만 아니라, 수학 및 컴퓨터 프로그래밍이 요구되는 프로젝트도 있어 학생들은 심사위원들과 프로젝트를 토론할 때 자신의 능력을 나타낼 수 있는 기회를 얻는다.

높은 수준의 대회로 나아가는 학생들은 의사소통 기술에 대해 훨씬 더 많이 배운다. 학생들은 주제를 선정하고 심사위원에게 깊은 인상을 줄 수 있도록 발표하는 방법을 배운다. 또한, 과학 박람회 프로젝트는 표절과 데이터의 위조와 같은 윤리적 문제에 대한 토론의 기회를 제공한다.

대부분의 학생들은 학교 규모의 과학 박람회에 참여하기 위해 프로젝트를 진행하지만, 좋은 성과를 낸다면 시 또는 도 수준의 박람회에 참여할 수 있다. 대학들은 학생들이 주어진 기회를 활용하여 무엇을 했는지 보고 싶어 하며, 과학 박람회는 학생들의 역량을 보여줄 수 있는 절호의 기회이다.

일반적으로 미국의 경우 고등학교의 과학 박람회 참가자의 2~4%가 과학 박람회 최상위 단계인 국제과학기술 경진대회(Regeneron International Science and Engineering Fair, ISEF)로 갈 수 있는 기회를 갖는다. 경쟁이 치열하지만, 그전까지의 노력이 의미 있고, 학생들이 그 과정에서 배우고 성장한 것을 잘 나타낼 수 있다면 대학들이 추구하는 학생들의 "깊이"를 보여줄 수 있는 액티비티가 될 수 있다.

4. 국제과학기술 경진대회

많은 하이 스쿨 학생들이 목표로 삼는 액티비티 중에 대표적인 것이 바로 Regeneron International Science and Engineering Fair, 간단히 ISEF라고 부르는 국제과학기술 경진대회이다. 국제과학기술 경진대회(Regeneron ISEF)는 하이 스쿨 학생들을 위한 가장 권위 있는 과학 박람회이며, 그 이름은 대학과 과학계에서 널리 알려져 있다. 매년 전 세계에서 수백만 명의 학생들이 고등학교 과학 박람회에 참가하고, 학교, 지역, 주의 경쟁을 통과한(혹은 나라를 대표하는) 1,800명 이상의 참가자가 ISEF에서 경쟁할 수 있는 초대장을 받게 된다. 또한 매년 수천 명의 자원봉사자와 심사위원인 과학자들이 ISEF에 참여한다.

ISEF의 경험은 학생들의 독창적인 연구 수행 능력, 강력한 직업윤리 및 높은 수준의 학업에 대한 이해를 나타낼 수 있다. 이것은 모두 대학이 학생들에게서 보고 싶어 하는 자질들이다. 학생의 연구가 상을 받지 않더라도 대학 입학에서 연구 경험이 매우 높게 평가되는 이유이다. 따라서 ISEF는 학생들을 차별화하고 합격 가능성을 높이는 데 도움이 될 것이다.

Regeneron International Science and Engineering Fair(ISEF)

ISEF의 많은 학생에게는 멘토가 있다는 것을 알 수 있다. ISEF에 참석하려면 먼저 STEM 분야에 프로젝트를 결정하고 멘토를 찾아야 한다. 이때 멘토는 일반적으로 해당 분야의 전문가 또는 교수이다. 프로젝트 실행 동안 멘토들은 학생의 프로젝트가 혁신적이고 유용할 수 있는 방향으로 가도록 지도하며 도움을 준다.

연구가 완료된 후 학생들은 결과를 작성하고 하나 이상의 프레젠테이션을 제출하게 된다. 참가자들은 동물학(animal science), 로보틱스(robotics and intelligent machines), 식물학(plant sciences)에 이르는 21개의 카테고리 중 하나의 연구 프로젝트에 참여하여야 한다. ISEF는 학교 또는 지역 과학 박람회(science fair)에 비해 훨씬 더 엄격한 기준을 가지고 있으므로 그에 따라 준비해야 한다. 경쟁에 초대를 받기 위해서는 리서치가 과학계에 흥미롭고 유용해야 한다.

정치(Politics) / 리더십(Leadership)

미래의 진로를 정치, 법, 혹은 역사와 같은 관련 분야로 정한 학생들은 어떻게 하이 스쿨 학생으로서 이 분야에 눈에 띄는 활동을 할 수 있을까 고민하게 된다. 하이 스쿨 안에서 학생들은 학생회인 스튜던트 카운실(student council) 또는 스튜던트 거버먼트(student government)와 틴에이지 리퍼블리컨스(Teenage Republicans), 영 데모크래츠 오브 아메리카(Young Democrats of America) 같은 클럽에서 활동할 기회를 가질 수 있다. 학교 밖에서는 정치 캠페인 자원봉사와 같은 정치 과정에 대해 배우고 참여할 수 있는 방법들을 찾을 수 있다.

또한 모의 재판(mock trial) 또는 토론 팀(debate club)은 법률 시스템에 대해 배우고 대중 연설 및 비판적 사고 능력을 발전시키는 데 도움이 된다. 눈에 띄는 리더십 활동 역시 경험과 능력을 키울 수 있어 학생의 이력을 멋지게 한다. 가장 중요한 것은 이러한 액티비티들이 학생들이 자신을 넘어서서 세상에 관심을 가졌다는 것을 보여주고 궁극적으로 세상에 어떤 영향을 미칠 수 있는지 고려한다는 것을 알려줄 수 있다. 이 중 디베이트와 리더십에 관해 좀 더 자세히 알아본다.

1. 디베이트(Debate)

토론, 디베이트는 미국 대학들뿐만 아니라 한국 대학을 준비하는 학생들에게도 인기 있는 액티비티가 되었다. 그 이유는 디베이트가 꼭 대학을 가기 위해서 필요한 것이 아니라 학생들이 자신을 표현하는 능력 이상의 것을 배울 수 있기 때문이다. 학생들은 많은 시간 동안 철저한 조사를 하고, 요점을 파악하며 디베이트를 준비한다. 학생들은 경쟁이 가져오는 압박을 견디게 되고 그러한 압박하에서 대회를 잘 수행하는 능력을 키운다. 또한 다른 우수한 학생들과 함께 연결하며 우정을 쌓는 모든 과정들을 통해 성공의 기초가 되는 리더십과 팀워크를 배운다.

토론은 합리적인 주장과 설득력 있는 증거를 실행하는 힘을 볼 수 있도록 도와준다. 수사적 웅변을 활용하여 자신의 입장을 밝힐 수 있게 되며, 이를 통해 평정심과 자신감을 심어준다. 이러한 능력은 학생이 학업 및 대학 지원에서 자신의 생각을 더 잘 표현하는 데 도움이 된다. 또한 대학은 미래의 지도자를 캠퍼스로 데려오는 데 깊은 관심을 갖고 있기 때문에 경쟁에서 성공하고 디베이트 경험이 있는 학생을 찾는다.

미국에서 학술 토론이 발전하면서 다양한 토론 형식이 등장했고, 그 결과 여러 토너먼트와 대회가 생겨났다. 하이 스쿨 디베이트 대회에서 자주 사용되는 디베이트의 형식은 다음의 몇 가지로 나눌 수 있다.

① **정책 토론(Policy Debate)**: 두 팀으로 구성된 팀이 특정 정책 제안에 대해 찬성 또는 반대하는 형식으로, 각 팀은 찬성 또는 반대 투표를 할 쪽에 배정된다. 각각 자신의 입장을 뒷받침하는 주장과 증거를 제시하며 찬성 팀은 일반적으로 결의안이나 제안을 옹호하는 반면, 반대 팀은 반대하는 주장을 하게 된다.

② **링컨-더글라스(Lincoln-Douglas)**: 각 토론자 개인이 특정 가치나

제안에 대해 찬성하거나 반대하는 일대일 토론 방식이다. 그룹보다는 개인으로서 철학적인 주제에 좀 더 집중하게 하는 장점을 가진다.

③ **퍼블릭 포럼(Public Forum)**: 토론자들이 현재 사건이나 논란이 되는 문제에 대해 토론하는 2대2 토론 형식이다.

④ **의회 토론(Parliamentary Debate)**: 의회나 의회와 같은 입법 기관에서 열리는 것과 같은 의회식 토론을 시뮬레이션하는 경쟁적인 토론 형식이다. 2~3명의 토론자로 구성된 팀이 특정 결의안이나 제안에 대해 찬성하거나 반대하는 대학 토론 형식으로 다양한 배경과 관점을 가진 학생들이 접근할 수 있고, 매 라운드마다 주제가 바뀌기 때문에 폭 넓은 문제에 대한 지식과 연구를 강조한다.

⑤ **세계 학교 의회(World School Parliamentary)**: 세계 학교 토론 대회에서 사용되는 특정 유형의 의회 토론으로 미국에서보다는 세계 다른 지역에서 좀 더 알려진 형식이다.

⑥ **대중 연설(Public Speaking)**: 특정 관점이나 주장을 청중에게 설득하기 위해 청중 앞에서 연설하는 것으로 형식을 갖춘 연설 또는 프레젠테이션을 하거나 다른 연사와의 토론에 참여하는 것이 포함될 수 있다.

⑦ **컨그래셔널 토론(Congressional Debate)**: 미국 의회의 입법 과정을 시뮬레이션하는 경쟁적인 연설 및 토론이다. 학생들은 미리 모범 입법안을 준비한 다음 다른 학생 토론자/입법자들에게 그들의 법안의 가치를 확신시키고 그들의 지지를 얻기 위해 노력해야 한다.

2. 스탠퍼드 내셔널 포렌식 인스티튜트(Stanford National Forensic Institute, SNFI)

매년 미국 내에는 여름방학에 중고등학생들을 위해 여러 캠프가 개최되고 있다. 이 중 체계적이며 명성이 높은 캠프 중의 하나인 스탠퍼드 내셔널 포렌식 인스티튜트를 소개한다.

SNFI는 디베이트 분야에 있어 학교 명성만큼이나 유명하다. SNFI는 1990년부터 스탠퍼드 대학교의 스탠퍼드 디베이트 소사이어티(Stanford Debate Society)에서 운영하는 전국 수준의 연설, 토론 여름 프로그램이다.

이미 디베이트를 해왔던 학생들은 대중 연설(public speaking), 정책 토론(policy debate), 링컨 더글라스 토론(Lincoln Douglas〔LD〕debate), 퍼블릭 포럼(public forum debate), 의회 토론(parliamentary debate)을 포함해 디베이트의 다양한 영역에서 제공되는 프로그램들 중에서 자신이 관심 있고 필요한 것을 선택할 수 있다.

디베이트에 처음 관심을 갖기 시작한 미들/하이 스쿨 학생들은 대중 연설 프로그램을 통해 특정 경쟁 형식의 디베이트에 초점을 맞추지 않고 기본 논리, 수사 및 논증 기술을 바탕으로 한 공개적인 연설을 배울 수 있다. 또한 별도의 시작 프로그램(Beginners' Introduction to Debate)은 연설 및 토론을 막 시작한 학생들을 위한 출발점이 되도록 설계되었다. 논쟁 이론, 기본 토론 연구 기술, 토론 메모 작성 및 기타 중요한 주제를 다루는 등 토론의 기본 사항을 제공하여 학생들이 토론에 참여하는 데 필요한 기반 기술을 습득할 수 있도록 해준다.

프로그램은 7~8학년으로 올라가는 학생들, 그리고 9~12학년으로 올라가는 학생들로 나뉘어져 있다. 기간은 1주에서 4주 사이의 여러 가지 프로그램들이 있다. 특이한 점은 SNFI는 스탠퍼드 대학교에서 자체 운영하는 스탠퍼드 캠퍼스 내 프로그램이며 이를 SNFI 웹사이트에도 명시해두었다.

3. 리더십(Leadership)

각 대학 입학처 홈페이지에 가면 어느 대학이든지 빠지지 않고 꼭 등장하는 단어들, 중요하게 강조되어 있는 단어들이 있다. 그중 하나가 리더십이다. 이는 대학들이 얼마나 리더십에 가치를 두는가를 알 수 있는 부분이다. 특히 명문대 진학을 준비하는 학생들에게 리더십은 반드시 갖춰야 할 중요한 덕목이 되고 있다. 특히 하버드를 비롯한 탑 아이비리그와 스탠퍼드, MIT, 그리고 다른 아이비리그 대학들은 리더십을 강조한다.

리더십은 대학 지원자들에게 힘을 가진 단어 중 하나이다. 그런 이유로 학생들은 대학 입시의 비결처럼 명칭에 '리더십'이 붙은 여름 프로그램에 유혹된다. 또한 학생들은 입학 원서의 액티비티 공란을 리더십으로 채울 수 있기를 바라며 리더로서의 자리를 차지하려 한다.

1) 고등학교에서 리더를 해야 하는 이유

리더십 경험은 대학 지원서에서 영향을 미친다. 리더십 경험이 있다고 말하는 것은 대학 입학 사정관에게 학생의 성격과 특정 기술의 중요한 측면을 보여주게 된다. 리더가 된다는 것은 다른 사람들과의 협업 능력이 뛰어나고, 다른 사람들에게 영감을 주고, 그들의 생각이

나 취향에 동조되지 않고 다양한 유형의 사람들과 함께 일하는 능력이 있다는 것을 보여준다. 또한 그것은 학생 주변의 세상을 개선하기 위한 노력으로 보여진다. 그리고 다른 과외 활동과 함께 리더십 직책을 맡고 있다면 멀티태스킹(multi-tasking)과 스트레스를 효과적으로 처리하는 방법을 갖고 있다는 것을 나타낸다.

리더가 된다는 것은 그룹에 진정으로 시간과 노력을 들여 헌신하고 있음을 나타내며, 일반적으로 장기적인 헌신이 필요하다. 대학은 그러한 자질을 갖춘 학생을 선택하고 싶어 한다.

2) 리더가 되는 것

리더십 역할을 맡으려면 해당 역할에 수반되는 모든 책임에 대비해야 한다. 리더가 된다는 것은 단순히 "회장(president)" 또는 "재무관리(treasurer)"와 같은 직함을 갖는 것 이상을 의미한다. 진정한 리더가 되기 위해서는 한 그룹의 학생들을 이끄는 책임감을 가지고 여러 어려움과 도전을 기꺼이 받아들일 수 있어야 한다. 혁신적이고 창의적이어야 하며 직접 힘든 일을 맡을 의향이 있어야 한다. 예를 들어, 학교의 봉사 클럽 회장인 경우 지역 고아원 방문 프로젝트를 계획하거나, 인근 동물 보호소의 모든 자원봉사 일정을 살펴보고 기획/참여한다. 학생들과 같이 움직이는 적극적인 리더가 되어 실제적인 리더십 경험이 되도록 한다.

리더십 경험은 학생이 주도권을 잡거나, 그룹 앞에 서서 명령을 내리는 것을 의미하지 않는다. 오히려 리더가 된다는 것은 궂은 일을 해야 한다는 것을 의미하기도 한다. 예를 들어, 리더로서 프로젝트를 이

끌어야 하는 책임을 위해 양로원 봉사가 있는 날은 다른 학생들보다 일찍 가서 준비를 해야 하고, 동물 보호소 청소도 리더로서 솔선수범 해야 한다.

경제(Business)

비즈니스에 관심이 있고 경제학 또는 비즈니스 관련 학부 과정을 전공하려는 학생은 비즈니스와 관련된 개인적 자질도 보여주어야 한다. 이러한 자질에는 리더십, 분석력, 의사소통 기술이 포함된다. 여름 캠프와 클럽, 대회 등의 과외 활동은 개인의 자질과 비지니스와 관련된 능력을 개발하고 보여줄 수 있는 훌륭한 방법이다.

또한 학생들은 방학 중 인턴십 또는 아르바이트/정규직을 통해 비즈니스 운영 방식에 대해 더 많은 실습 경험을 얻을 수 있다. 또는 특정 비즈니스 주제에 대해 자세히 알아보고 해당 분야를 더 잘 이해하기 위해 비즈니스 관련 과정을 수강할 수 있다.

학교에서 개설되는 DECA, FBLA(Future Business Leaders of America), 기업인 클럽(entrepreneurship club)과 같은 클럽을 통해 비즈니스의 다양한 주제에 대해 배우고, 관련 프로젝트에 참여하면서 비슷한 관심사를 가진 다른 학생들과 네트워크를 형성할 수 있는 기회를 가질 수 있다. 또한 여러 비즈니스 경진대회는 비즈니스를 시작하고 운영하는 데 따르는 어려움을 더 깊이 이해하면서 기업가 정신, 창의적 사고를 과시할 수 있는 좋은 기회이다. Conrad Challenge와 Wharton Global

High School Investment Competition이 그 좋은 예이다.

그외에도 학생들은 방학 기간 중에 인턴십 또는 파트타임/풀타임으로 일을 하며 비즈니스 운영 방식에 대해 더 많이 배우는 실무 경험을 쌓을 수 있다.

제니의 한마디

아이는 가정과 사회 속에서
공감하며 성장한다

"도대체 무슨 생각을 하는지 모르겠다."

아마도 대부분의 부모들은 마음속으로 한 번쯤 이런 말을 한 적이 있을 것이다. 나 역시, 내 아이들에 대해 이렇게 이야기해왔고 지금도 가끔 이야기하고 있다. 아이들 입장에 서서 '바쁘니까 그렇겠지'라든가 '세대 차이일 거야'라고 이해하려고 노력해왔다.

사실 십대, 특히 사춘기의 아이들을 완벽하게 이해하는 것은 부모에게 어려운 일이다. 살아온 환경, 교육 등, 다양한 배경이 만든 가치관의 차이는 부모와 자녀 사이의 거리를 만든다. 게다가 부모는 보다 더 많은 기대와 보호 심리를 가지고 자녀를 대하고, 자녀는 거기에 대한 거부감을 가질 수 있다. 만약, 부모가 자녀와 공감대를 형성하고 자유로운 감정과 대화를 나누는 대신 학업과 입시 경쟁만을 강조한다면 이것은 자녀의 입시에 대한 불안과 합해져 스트레스를 더 가중시킬 수 있다.

내가 선택했던 방법은 내 아이들과 함께 노력하는 것이었다. 아이에게 무언가를 하라고 강요하거나 대신 해주기보다, 아이의 세계에 들어가 공감한다는 의미이다. 내가 아이들 곁에서 지지하고 있다는 것을 느끼게 해주고 싶었다. 관심의 표현으로, 바이올린과 피아노를 연습하는 아이들을 위해 유튜브에서 미리 연주할 곡을 찾아 여가 시간에 함께 보고 차에서 들려주었다. 낱장의 악보들을 연결해 붙이고, 연주를 녹화하여 함께 분석하고, 앞으로 계획을 아이가 찾도록 기다리는 일은 나의 일상이 되었다.

아이들에게 내 이야기를 하기보다는 아이들의 이야기를 더 많이 들었다. 아이들이 문제를 안고 찾아오면 내가 해결책을 제시하는 대신 듣고, 궁금해하고, 이해하기 위해 고민했다. 해결책을 내가 제시하면 순간적으로 나의 기분이 좋아질 수 있지만, 아이들의 기분을 나아지게 하거나 궁극적으로 문제를 해결하는 방법은 아니기 때문이다. 또 나의 의견을 이야기할 때는 "네가 이렇게 했잖아, 네가 이렇게 해야 해"가 아닌, "나는 이렇게 느끼고 있어"라는 표현으로 아이가 좀 더 배려와 존중을 받고 있다고 느끼게 하려 했다. 무엇을 하도록 밀어붙이는 것보다 내재적으로 동기부여가 될 수 있도록 지원하는 데 초점을 두었다.

아이들은 이런 환경 속에서 스스로 배우고 느낄 수 있는 경험과 기회를 만들 수 있었다. 액티비티는 아이들의 관심사를 탐색하여 열정을 발견할 수 있는 기회를 주고, 살아가는 데 필요한 능력과 기술을 습득하고 발전하게 해주었다. 아이들이 자신의 능력을 키워나가면서 지역사회 구성원으로도 타인을 이해하고 배려하고 있는지 스스로에게 묻게 했다. 아이들은 사회 속에서 적극적으로 교류하며 협력하는 사회성을 키웠고, 학업을 넘어 지역사회에 기여했다는 성취감과 자신감은 다른 분야로도 확대되었다.

큰아이가 스튜코(student council), 즉 학생회 선거를 나가겠다고 했을 때 나는 엄마로서 아이가 상처를 받을까 걱정이 되었다. 아이가 다니던 공립 하이 스쿨은 미국에서 손꼽히는 백인 중심인 주의 작은 도시에 위치해 있었는데, 당시 학년당 학생 수는 600명가량이었고, 아이는 유일한 한국계 학생이었다. 그러나 나는 아이가 얼마나 원하는지 알고 있었다. 그래서 힘들거나, 실망하게 될 거라는 섣부른 예상을 하지도, 거기에 들어가는 노력과 시간을 다른 곳에 쓰자고 막아서지도 않았다. 아이의 의견을 존중했다. 아이는 슬로건을 만들고, 우리 가족은 함께 로고와 포스터를 디자인했다. 페이스북, 인스타그램 등 SNS가 원활하지 않은 시기여서 학교에 포스터를 붙이고 점심시간에 학생들에게 스티커를 나누어주는 것이 최고의 홍보였다. 마침내, 아이는 1900년대 초에 설립된 공립 하이 스쿨에서 아시아인 최초의 학생회 멤버로 선출되었다.

큰아이는 배려와 융합을 통한 리더십으로 학생들을 이끄는 힘을 보여주었다. 시 교육청의 테크놀로지 위원회의 학생 대표로, 내셔널 아너 소사이어티(National Honor Society)를 포함한 여러 아너 소사이어티의 부회장으로 활동하면서 학교 및 지역사회의 문제 해결을 위한 프로그램을 만들고 실천했다. 특히, 음악을 좋아하는 아이는 학교 행사 동안 학교 친구들과 선생님들이 원더걸스의 "Nobody"에 맞춰 춤을 따라 추는 이벤트를 카페테리아에서 열었다. 아직 K-Pop이 많이 알려지지 않은 시기에 중부 소도시에 한국의 최신 문화를 소개한다는 취지의 이벤트였다. 그러나 그 이상으로 다양한 그룹의 학생들이 음악을 통해 공감대를 형성했고, 서로 간에 유대감을 갖고 이해의 폭을 넓히는 이벤트가 되었다.

작은아이의 보이스카우트는 아이의 관점을 개인에서 사회로 바꾸는 데 큰 영향을 미쳤다. 킨더가든부터 시작된 오랜 기간의 스카우트 생활로 아이는 인내심, 독립심, 그리고 도전 정신을 배울 수 있었다. 일주일간의 여름 캠프에서 돌아온 아이는 에어컨이 나오는 침대가 있는 집이 너무 좋다고 했다. 비바람이 세서 텐트가 내려앉으면 새벽에 나가서 몇 번이고 다시 텐트를 치면서 잠을 잤다던 아이의 이야기도 기억난다. 이글 스카우트가 되기 위해 지역 역사박물관의 빗물 수집 및 이용 시스템을 구축하는 프로젝트를 계획하고 완성하는 과정에서 아이는 다른 스카우트들 및 지도자들과 수많은 시간을 보내며 리더십과 연대감을 키웠다.

사회 속에서 내 아이들의 성장은 몇몇 상들로 연결되었다. 큰아이는 콩그레셔널 어워드(Congressional Award)의 골드메달(Gold Medal)을, 작은아이는 실버메달(Silver Medal)을 받았다. 매년 미 의회에서 청소년에게 주는 최고의 영예인 골드메달 수상자들은 미국 워싱턴에서 열리는 연례행사에서 미국 의회 의원, 공공 및 민간 파트너, 업계 및 시민 지도자들에게서 축하를 받는다. 큰아이는 바쁜 일정으로 아쉽게도 행사에 참석하지 못하고 메달만을 주하원에게서 수여받았다.

작은아이는 미 대통령 장학생(U.S. Presidential Scholar)으로 선발되어 워싱턴에 초대되었다. 나는 RSI, ISEF 참여 등 액티비티 외에도 학교와 과외 활동에서 보여준 아이의 리더십과 봉사 정신이 파이널리스트가 되는 데 큰 역할을 했다고 생각한다. 당시는 온라인이 아닌 6월 워싱턴 D.C에서 실제로 초청 행사가 열려 미국 대통령 장학금 메달을 직접 수여받았고, 백악관을 갈 수 있는 기회도 가졌다. 다른 장학생들과 의미 있는 대화를 나누고 지속되는 우정을 쌓을 수 있는 자리였다. 학생들은 이 행사를 통해 교육부가 만든 다양한 프로그램에 참여하고 교육자, 작가, 음악가, 과학자 등 국내외 저명인사들과 만날 기회를 가질 수 있었다. 메달 수여는 앤드루 멜론 오디토리움(Andrew W. Mellon Auditorium)에서 벳시 디보스(Betsy DeVos) 교육부 장관에 의해 이루어졌고, 케네디 센터(John F. Kennedy Center for the Performing Arts)에서는 예술 부분의 장학생들이 준비한 프로그램이 공연되었다. 클래식, 재즈, 발레, 시와 에세이 모든 영역이 잘 융합되어 다채롭고도 의미 있는 메시지를 담은 공연이었다. 고등학생 수준이 아닌 전문성을 느낄 수 있었고, 학생들의 열정과 창의력이 인상적이었다.

여러 반론이 제기될 수 있지만, 학업은 여전히 학생인 아이들에게 가장 중요한 부분으로 여겨진다. 그러나 아이들이 가정, 학교, 사회 속에서 공감하며 성장한다는 것을 간과해서는 안 된다. 가정에서 아이는 부모와 소통하고 공감함으로써 자신의 감정을 이해하고 표현하는 방법을 터득한다. 부모가 자녀를 믿고 신뢰하는 환경에서 아이는 배려와 존중을 배우고 자신감을 키운다. 나아가 학교와 사회에서 친구, 선생님, 그리고 주변 분들과 함께하는 다양한 경험들은 아이의 시야를 넓히고 협력을 통해 리더십을 갖게 한다.

타인의 의견을 존중하고 자신에 대한 긍정적인 인식을 가진 아이, 객관적 관점에서 바라보고 창의적으로 문제를 해결할 수 있는 아이, 자신 안에서 머물지 않고 더 큰 세상을 바라볼 수 있는 아이, 이런 공감 능력이 있는 아이로 키우는 것이 어떨까.

스포츠(Athletics/Sports)

하이 스쿨 학생들 중 디비전 I 및 디비전 II의 체육 특기자로서 NCAA(미국 대학 스포츠 협회) 팀에서 장학금을 받고 대학에 진학하는 학생들이 있다.[11] 그러나 그런 낮은 비율의 경우가 아니더라도 스포츠는 여전히 하이 스쿨 학생들에게 중요한 역할을 한다. 스포츠 참여는 팀워크, 리더십, 규율에 대한 학생의 헌신을 보여줄 수 있다. 이는 대학이 지원자에게서 찾는 자질이다. 또한 학생들이 학업뿐만 아니라 다양한 관심과 활동으로 시간을 잘 관리하는 능력을 보여줄 수 있다.

스포츠 활동이 학생이 대학에 지원하는 데 도움이 될 수 있는 몇 가지 방법이 있다. 여러 스포츠를 하는 것보다 특정 활동을 고수하는 것이다. 예를 들어 9학년부터 하이 스쿨 4년 내내 축구팀에 있었던 학생은 1년만 뛰었던 학생보다 더 헌신적인 것으로 보일 가능성이 높다. 그 과정 속에서 지속적으로 성장하고, 11학년 또는 12학년 때 스포츠 팀의 주장을 맡거나 다른 리더십 역할을 맡는 학생은 강력한 리더로 간주될 가능성이 더 크다.

다음으로 뛰어난 운동선수가 아니더라도 스포츠 팀에서 강력한 스포츠맨십, 팀워크, 지구력, 인내심, 시간 관리 능력과 같은 자질을 개발할 수 있다. 또한 스포츠 액티비티 참여는 학생의 대학 지원을 위해 추천서를 기꺼이 써줄 수 있는 코치 및 팀원과 돈독한 관계를 구축하는 데 도움이 될 수 있다. 이런 추천서는 대학 입학 사정 과정에서 학생의 학교 밖에서의 학업 외의 모습에 대한 통찰력을 제공하는 자료가 될 것이다.

라이팅(Writing)

　글을 쓰는 능력은 전공과 관계없이 학생이 발전시켜가야 할 중요한 필수적인 과제이다. 자기의 생각을 제대로 표현해내지 못한다면 고등학교의 어려운 과목들(특히 역사와 영어의 AP 혹은 IB 수업)과 대학 입시의 에세이들도 스스로 이겨 나아가기보다는 두려워하며 따라가기에 급급하거나 다른 사람에게 의지해야 하는 결과가 되고 만다. 그리고 앞으로 다가올 대학에서의 학문적인 도전에도 당당할 수 없게 된다. 학생들에게 특히 라이팅을 강조하는 이유가 여기에 있다.

　뛰어난 라이팅 실력을 가지고 있는 학생들이 자신만의 인상적인 프로파일을 만들 수 있는 방법은 몇 가지로 볼 수 있다. 학교 신문(school newspaper)이나 문예 잡지(literary magazine)에 참여함으로써 학생들은 정기적으로 라이팅을 연습하고 대학에 글쓰기에 대한 노력과 헌신을 보여줄 수 있다. 또한, 창작 동아리나 워크숍 참여는 자신의 글에 대한 피드백을 받고 전문가들로부터 배울 수 있는 기회이다. 라이팅 대회에서 좋은 성과를 거둔다면 학생은 라이팅에 관한 열정과 시간, 노력을 보여주게 되며 입학 사정관에게 눈에 띄는 인상을 남기게 된다.

　다음으로 라이팅 캠프는 글쓰기를 좋아하고, 특히 창의적인 글쓰기(creative writing)에 관심이 많은 학생들이 경험 많은 작가들로부터 배우고 영감을 얻을 수 있는 흥미로운 액티비티이다. 이러한 프로그램을 통해 학생들은 글쓰기 능력을 기를 수 있고, 같은 열정을 가진 학생들과 만나고 다양한 의견을 나눌 수 있는 기회를 가질 수 있다.

명성이 높은 여름 라이팅 캠프로는 다음의 캠프들이 있다: Telluride Association Summer Seminar(TASS), Princeton Summer Journalism Program, Iowa Young Writers' Studio, Kenyon Review Young Writers Workshops.

이 중 Iowa Young Writers' Studio와 콩코드 리뷰에 관해 자세히 이야기해본다.

• 아이오와 영 라이터스 스튜디오(Iowa Young Writers' Studio)

아이오와 대학교(University of Iowa)는 하이 스쿨 학생들을 위한 2주간의 여름 창작 프로그램을 제공한다. 학생들은 시(poetry writing), 소설(fiction writing) 또는 창의적 글쓰기(creative writing)의 세 가지 핵심 과정 중 하나를 선택하게 된다. 또한 TV 극(TV writing) 및 극작(playwriting) 과정을 선택할 수 있다. 학생들은 자신이 선택한 코스 내에서 글을 쓰고 공유하고 토론하게 되며, 글쓰기와 관련된 여러 주제들을 읽고 분석하는 세미나와 워크숍에도 참여한다. 또한 대규모의 그룹 쓰기 연습, 영감을 주는 야외 쓰기 여행, 저명한 출판 작가의 야간 독서도 제공된다.

또한 Iowa Young Writers' Studio는 매년 2회의 온라인 과정을 개최한다. 매년 겨울 1월 중순부터 2월 말까지, 여름 6월 말부터 8월 초까지 6주간의 온라인 과정으로 진행되어 학생들이 자신의 일정에 따라 과제를 완성하고 토론 포럼에 게시할 수 있다.

이 프로그램의 많은 교사와 카운슬러는 1936년에 설립된 미국에서 가장 권위 있는 크리에이티브 라이팅(Creative Writing) 대학원 프로 그램 중 하나인 아이오와 라이터스 워크숍(Iowa Writers' Workshop)의 졸업생이다. 학생들은 자신의 글을 교사 및 동료들과 공유하고 건설 적인 비평을 받으며, 작문 연습 및 활동에 참여하고, 독서 및 문학 행 사에 참석한다.

• 콩코드 리뷰(Concord Review)

영어로 글쓰기를 좋아하는 학생들 그리고 역사에 관심이 많은 학생 들에게 큰 도움이 될 만한 대회가 있다. 바로 오랜 역사를 자랑하는 콩코드 리뷰이다. 미국은 물론 한국에서도 널리 알려진 에세이 대회 콩코드 리뷰는 1987년 3월에 설립되었다. 하이 스쿨 학생들이 영어로 역사 에세이를 쓰고 출판할 수 있는 기회를 갖게 된다.

미국 50개 주를 비롯해 전 세계 42개국의 학생들이 이곳에 에세이 를 보내고 있다. 학생들은 졸업하기 전에 논문을 완성하여야 하며, 단 독 저자여야 한다. 영어로 작성된 5,000~7,000단어 범위(혹은 그 이 상)에 있어야 하고 내용은 고대 또는 현대, 국내외 역사적 주제를 다 룰 수 있으며 온라인으로 제출해야 한다.

논문은 "롤링"(rolling) 방식으로 출판 여부를 결정한다. 다시 말해 본인이 준비가 되었을 때 보내면 되는 것이다. 논문이 출판되기로 결 정된 저자는 자신의 논문이 출판되기 1개월 전에 편지로 통보를 받게 된다. 콩코드 리뷰는 분기별로 발행되며 9월, 12월, 3월, 6월에 발행 된다. 콩코드 리뷰가 받은 논문의 약 5%가 출판으로 이어진다.

예술(Music/Arts)

많은 학생들이 음악, 드라마, 시각 예술에 열정을 가지고 있다. 따라서 다른 액티비티와 마찬가지로 예술 분야 액티비티 역시 학생이 스스로를 차별화할 수 있는 것이 무엇인가를 찾고 그것을 발전시켜 나아가는 것이 필요하다. 상당한 실제 공연 경험을 가진 학생들은 자신감과 전문성을 보여주고, 대학 입학 사정관의 눈에는 이러한 자질이 미래의 대학 커뮤니티에 풍요로움을 제공해줄 수 있다고 보여진다. 다양한 예술 관련 액티비티는 학생들이 인쇄물, 렌즈, 무대, 기타 매체를 통해 자신을 예술적으로 표현할 수 있는 길을 제시한다.

학생은 예술 활동을 통해 특정 활동에 대한 높은 수준과 오랜 기간 동안의 헌신을 보여줄 수 있다. 예를 들어, 학생이 몇 년 동안 악기를 연주해왔다면 강한 직업윤리를 보여줄 수 있고, 학생이 예술이나 음악 동아리, 앙상블, 오케스트라에서 리더의 역할을 맡은 경우 리더십을 보여줄 수 있다. 올스테이트 밴드(All-state band)나 오케스트라(orchestra), 그리고 뉴욕, 샌프란시스코, 버지니아 등의 지역 청소년 오케스트라 참여는 학생의 전문성을 입증한다.

또한 오보에나 드럼과 같은 흔하지 않은 악기에서 뛰어난 기술을 보여주거나, 음악 앙상블, 밴드 또는 오케스트라의 감독이 되어 리더십을 보여줄 수 있다. 컨그레셔널 아트 컴페티션(Congressional Art Competition), 스콜라스틱 아트 앤 라이팅 어워즈(Scholastic Art & Writing Awards) 등의 각종 대회와 탱글우드 음악 캠프(BUTI)와 같은 여름 캠프 참여도 학생의 기술과 노력을 보여주는 방법이다.

창의성은 대학 지원 시 훌륭한 자산이다. 학생의 창의적인 면을 부각시키고 자신을 독특한 방식으로 표현하는 예술적 방법 중의 하나는 다른 작곡가의 곡을 잘 연주하는 대신 음악을 직접 만들거나 친구들과 함께 밴드를 시작하는 것이다. 이러한 활동은 고정관념에서 벗어나 생각하고 창의적인 방식으로 표현하는 실제 현장 전문 지식을 보여줄 수 있다.

전문성을 쌓고, 공연하고, 자신만의 작품을 만드는 것 외에도 예술에 대한 사랑을 다른 사람들과 공유하는 것은 지역사회 봉사의 기회를 제공한다. 예를 들어, 학생이 음악 튜터 혹은 멘토로 자원봉사를 한다면 지역사회를 변화시키는 데 헌신하고 있음을 보여줄 수 있다. 지역 양로원에서 공연하거나 지역 도서관에 그림을 기증할 수 있다.

봉사 활동(Community Service)

대학은 학생들이 교실 밖에서 봉사 활동을 하고 지역사회에 긍정적인 영향을 미치기를 원한다. 지역사회 봉사는 대학 입학 과정에서 학생이 필요로 하는 경쟁력을 제공함으로써 학생들을 다른 지원자들과 차별화할 수 있다. 특히, 미국 명문 대학 진학을 위해서는 봉사 활동의 중요성을 간과해서는 안 된다.

포브스(Forbes)가 2018년 보고한 바에 따르면, 미국 대학의 264명의 입학 사정관을 대상으로 한 설문 조사에서 입학 사정관의 58%는 지역사회 봉사가 학생의 합격에 긍정적인 영향을 미친다는 데 동의했다. 더 중요한 것은 이 중 53%의 입학 사정관들은 지역사회 봉사가 동등한 자격을 갖춘 학생들 사이의 합격을 결정짓는 요소(tiebreaker)라고 답했다는 것이다. 또한 사립 4년제 대학의 입학 사정관들 중에서는 61%가 지역사회 봉사를 결정짓는 요소로 보고했다.[12]

자원봉사는 학생이 교실 밖에서 의미 있는 경험을 제공하는 동시에 대학 입학 관계자들에게 어필할 수 있는 활동이다. 학생이 지원 에세이에 자신이 관심을 가지고 열정을 다해 봉사해왔던 일에 관해 진술하게 쓴다면 학생의 또 다른 면을 보여줄 수 있는 좋은 기회가 된다. 학생들은 클럽, 학교, 종교 기관, 가족, 친구를 통해 자원봉사 기회를 찾을 수 있다. 그러나 모든 자원봉사 활동이 균등하게 중시되는 건 아니다. 지역사회 봉사와 관련하여 대학은 양이 아닌 질에 중점을 둔다.

대학에서 주목하는 부분은 학생이 내가 살고 있는 커뮤니티에 봉사가 필요한 틈새를 발견하고 그 필요를 충실히 이행하며 그곳에 크든 작든 영향을 미쳤다는 점이다. 이를 위해서는 일관성과 헌신이 필요하며, 이것이 바로 대학이 원하는 것이다.

의과대학 진학에 관심이 있다면 병원에서 자원봉사를 하거나 장애 아동과 함께 일하는 것을 추천하고, 변호사가 되고 싶다면 관공서에 도전하거나 선거 운동을 해보면 여러 가지를 느끼게 될 것이다. 좋은 홍보 기술을 가지고 있다면 비영리 단체를 위한 기금 마련을 기획하고 실행하기를 추천한다. 또한, 자원봉사는 다양한 기관을 통해 장학금 기회를 만들 수 있다.

인턴십(Internship) / 업무 경험(Work Experience)

전통적으로 대학생을 대상으로 한 인턴십은 이제 하이 스쿨 학생들에게도 인기 있는 액티비티가 되었다. 하이 스쿨 학생에게 인턴십은 관심 있는 곳에서 일하고 영향력을 발휘할 수 있는 활동의 기회로 인식되고 있다. 인턴십 기간 동안 학생은 급여를 받는 경우가 있으며, 때로는 무급이다. 일부 무급 인턴십에는 무료 수업과 주거 제공 같은 다른 혜택이 주어지기도 한다. 여름은 인턴십을 주로 하는 인기 있는 시기이지만, 많은 인턴십이 학기 중에 이루어진다.

인턴십은 특정 프로그램이나 대학 전공을 시작하기 전에 학생의 관심사와 다양한 직업 분야를 탐색할 수 있는 좋은 기회이다. 가상 인턴십과 대면 인턴십이 모두 권장되며, 학생들이 미래에 추구하고자 하는 진로를 결정하기 전에 업무 경험과 직업에 대한 통찰력을 얻을 수 있는 기회를 제공한다. 한편, 진로에 대한 확신이 있는 학생은 해당 분야와 관련된 인턴십을 통해 학생의 전문성과 팀워크를 입증하고 경쟁력 있는 대학 지원을 할 수 있다. 동시에 해당 분야에 네트워크를 형성할 수 있는 좋은 기회를 가질 수 있다.

그러나 인턴십에서 학생이 바로 실습이나 실험과 같은 직접적인 일을 시작하는 경우는 흔하지 않다. 대신 실험실 청소 및 스프레드시트 데이터 입력과 같은 다소 단순하고 지루할 수 있는 일부터 시작하여, 그곳에서 일하는 사람들과 연결하고, 실제 직장 생활에 대해 배우며, 현장에서 멘토링을 받는 시간을 통해 실제 경험을 얻는다.

인턴십과 더불어 대학은 학생이 일을 했던 경험을 소중하게 생각한다. 물론, 학생은 일하는 시간에 다른 액티비티를 하는 시간을 놓치기 때문에 학생과 학부모는 대학 입시에 무엇이 더 중요한 것인가를 생각하지 않을 수 없다. 그러나 직업 현장에서 일을 한 시간이 학문적인 열정이나 도전을 보여주지 않는다 해도 많은 가치를 가지고 있다.

상당한 기간 동안 성공적으로 인턴십 사원으로 일한 학생은 규율을 지키며 자신의 시간을 효과적으로 관리하는 능력이 있음을 드러내준다. 일에 상당한 시간을 할애하면서 학교에서 학업을 잘 해내는 것은 쉽지 않으며 이는 학생이 성공적으로 대학 생활을 할 것이라는 것을 보여준다. 또한 직장에서 배운 팀워크는 학생이 대학 커뮤니티 안에서 다른 사람의 의견을 듣고 자신의 행동이 다른 사람들에게 어떤 영향을 미치는지 인지하며 협력할 준비가 되어 있음을 말해준다. 유연성과 효율성을 증가시키게 된다는 점에서 학생들에게 도움이 되는 시간이다.

대학 등록금을 저축하기 위해 일을 하고 있다면, 이 사실은 입학 사정관에게 학생이 힘들게 번 돈을 대학 교육에 사용하고 교육에 전념하고 있음을 알려줄 수 있다. 또한 학생이 번 돈은 어려운 단체를 위한 기부금으로 의미 있게 쓰일 수 있다. 패스트푸드나 옷 가게에서 일하는 것처럼 학생의 장래 전공과 무관한 직업도 가치가 있다. 학생은 책임감 있게 자신보다 타인에게 봉사하고, 장기적인 목표를 달성하기 위해 희생하는 법을 배울 수 있기 때문이다.

정부 기관, 대학, 회사, 병원이 하이 스쿨 학생들을 위한 인턴십을 제공하고 있다. 일반적으로 지원 자격에 연령 제한이 있으며, 특히 대부분의 정부 기관에서는 연령과 함께 시민권자 및 영주권자로 지원

자격을 제한하고 있어 별도의 확인이 필요하다.

스템(STEM: 과학, 기술, 공학, 수학) 분야에서 잘 알려진 인턴십으로는 미국 국립 보건원(National Institutes of Health, NIH)의 인턴십 프로그램들이 있다. NIH는 대학생뿐만 아니라 하이 스쿨 학생들에게도 기회를 주고 있다. 어렵지만 배울 점이 많으니 학생들이 도전해보기 바란다. 이와 함께 미육군과 해군에서 각각 진행하는 AEOP(Army Educational Outreach Program)와 SEAP(Science and Engineering Apprentice Program) 프로그램도 명성을 자랑하는 인턴십이다. 이외에 학생들이 거주하는 지역의 병원들이 인턴십 제도를 운영하는지 알아보도록 한다.

인문 사회과학에 관심이 있는 학생들을 위해 국립 박물관이나 미술관, 그리고 도서관에서는 방학 동안 인턴십을 제공한다. 대표적으로 카네기 뮤지엄 인턴십(Carnegie Museums Internship)이 있다. 또한 뱅크 오브 아메리카 학생 리더 프로그램(Bank of America Student Leader Program)은 비지니스를 전공하려는 학생들을 위해 값진 경험을 제공하는 프로그램이다.

제니의 한마디

내적 동기부여(Intrinsic motivation)는
아이를 스스로 움직이게 한다

 학생들의 학업 성취도를 높이는 데 영향을 미치는 요인들은 무엇일까. 이 질문은 많은 교육학 연구의 중심 과제로 다루어져왔고 나 역시 대학원에서 리서치하며 어떤 변수가 학생들의 학업 성취도에 중요한지 학생으로서, 또 학부모로서 관심을 가졌다. 학습 환경, 부모님의 적절한 기대, 가족의 지속적인 지원, 교사의 역할 등은 학생의 학업 성취도를 높이 끌어올리는 데 주요 역할을 하는 요인들로 알려져왔다. 또한 학생의 수면 부족, 스트레스, 언어로부터의 어려움 등과 같은 비학업적인 측면을 관리하는 방법도 학업적인 성공에 영향을 미친다.

 그러나 이러한 어떤 요소들보다 학생이 가지는 내적 동기부여(intrinsic motivation)는 더 근본적인 중요성을 갖는다. 학생들은 외부의 압력 혹은 칭찬 때문이 아닌, 스스로가 가치와 관심을 두고 있는 일을 즐기면서 할 때 더 열심히 노력하고 더 나은 결과를 얻는다. 그들은 또한 더 창의적이고 참신한 아이디어와 해결책을 제시할 가능성이 더 크다.

 학업의 내적 동기를 부여해주는 예들은 여러 곳에서 찾을 수 있다.

여름방학 동안 한국을 포함한 아시아에 거주하면서 미국에서 하는 온라인 여름 캠프를 여러 개 참여하는 것은 시차상으로 어려운 일이다. 그러나 "선생님, 학교 다닐 때보다 더 바빠요!"라며 힘들어하면서도 학교에서 경험하지 못한 새로운 세계에 설레어하는 학생들의 목소리는 매번 나까지 힘이 솟게 했다. 올해도 꽉 짜인 여름 캠프 일정을 앞두고 또 다른 여학생은 "할 때는 조금 힘들지만, 배울 때 재미있고, 끝나고 나면 보람도 있어요"라고 말한다.

수학 경시대회를 하는 학생들은 부모님을 기쁘게 해드리기 위해서가 아니라 문제를 풀고 난 후의 즐거움 때문에 어려운 문제를 좋아한다고 이야기한다. 또한 봉사 활동 경력을 쌓기 위해서라기보다 아이들과 함께하고 가르치는 것을 좋아하는 학생들이 있다. 글쓰기를 좋아하던 나의 큰아이는 하이 스쿨 시절 취미로 웹소설을 쓰기도 했다.

그렇다면 학생들의 내적 동기를 어떻게 높일 수 있을까. 학생들의 내적 동기부여를 강화하기 위해서는 자율성, 자신감, 도전 정신을 길러야 한다. 물론 학생이 주도해야 하지만 학부모가 도울 수 있는 방법들이 있다. 먼저, 옆에서 강요하거나 또는 통제하는 대신 학생이 관심 있는 것을 찾고 즐길 수 있도록 해야 한다.

의욕을 상실한 아이가 올바른 동기를 갖도록 도와주려면 통제 대신 영감을 주는 것을 목표로 해야 한다. 다양하게 즐길 수 있는 방법을 제시하고, 새로운 지식을 배우는 것이 흥미롭다는 것을 보여주는 게 좋다. 학생에게 자율성을 주고 실수했을 때에는 건설적인 피드백을 주려고 노력해야 한다.

다음으로, 부모는 학생이 일의 중요성을 이해하도록 도울 수 있다.

하이 스쿨 학생에게 주어진 일이 항상 즐거움을 동반하는 것은 아니다. 이때 학생은 자신이 하는 일의 의미와 가치를 파악해야 한다. 한 예로 피아노 연습은 어려울 수 있다. 그러나 필요한 과정이다. 부모는 학생이 그 과정의 필요성을 내면화하도록 돕는 역할을 할 수 있다.

학생이 스스로 결정하도록 돕는 일은 학생의 자율성을 높여 동기를 증가시킨다. 다만, 나를 비롯해서 대부분의 학부모들은 자녀가 스스로 결정을 내리게 하면 잘못된 결정을 내리고 실패할 것을 두려워하기 때문에, 이 부분이 쉽지 않을 수 있다. 그러나 안전과 건강을 해치지 않는 범위라면 부모의 가이드 안에서 결정해보도록 권유해보는 것이 어떨까. 넘어지는 것은 걷는 법을 배우는 과정에서 피할 수 없는 부분이다. 걷지 못한다면, 달릴 수도 없다. 부모의 울타리 안에서 넘어지고 다시 일어서는 법을 배우는 것이야말로 자신감을 얻는 길이며, 더 큰 도전을 할 수 있는 원동력이 된다.

마지막으로, 부모가 학생들에게 도전하도록 격려하면 내적 동기를 형성하는 데 도움이 된다. 너무 쉬운 활동은 학생을 지루하게 만드는 반면, 너무 어려운 활동은 학생을 지치고 낙담하게 만든다. 가장 적절한 도전은 학생에게 약간 더 어렵지만 여전히 연습과 노력을 통해 성취할 수 있는 수준의 도전이다. 또한, 학생이 도전적인 목표를 세우도록 하는 것도 동기를 부여하는 방법이 될 수 있다. 명확하고 현실적이며 구체적인 목표를 갖는 것이 조금 더 도움이 된다.

내적 동기부여는 미국 K-12 교육에서도 중요성이 강조되어 교사들도 학생들이 의미 있는 활동에 참여하도록 격려하는 방안을 찾고 있다. 학생 개개인은 다양한 성격, 성향, 능력, 그리고 환경을 가지고 있기 때문에 학생의 내적 동기를 키우는 방법을 하나로 정의하는 것은 불가능하다. 그러나 자신의 능력을 믿고 자신감을 갖는 아이, 학업이든 활동이든 자신의 성취에 자부심을 느끼는 아이, 넘어져도 다시 일어나서 도전할 수 있는 아이, 힘든 시기를 인내할 수 있는 아이와 같이 내적으로 강인한 아이가 되어야 함에는 변함이 없다.

상, 점수, 주위의 시선과 같은 외부의 보상(extrinsic motivation)은 단기간, 혹은 특정 상황에 효과적일 수 있다. 그러나 학생이 궁극적인 목표에 이르기 위해서는 학생 스스로 자신의 성취감을 위해 노력할 수 있어야 한다. 내적으로 강한 의지를 가진 학생은 힘들고 바쁜 하이스쿨 생활에도 스트레스와 우울증과 같은 심리적인 어려움에 지쳐가기보다는 미래에 대학에서 자신이 펼칠 꿈을 그린다.

학생과 컨설팅 미팅을 시작하면 그간 자신에게서 일어난 일들을 신나게 이야기하는 학생들이 있다. 배워서 신기했던 점을 이야기하고, 자신이 잘했던 점을 자랑하기도 하고, 힘들었던 점에 대한 고민을 털어놓기도 한다. 누구나 잘하면 기분이 좋아서 더 잘하고 싶어진다. 실패에서 배우고 또 도전해가야 한다. 강인하면서도 자신이 가지고 있는 것을 즐기고 감사할 줄 아는 학생이 멋있다.

PART

4

성공적인
학교 선정

★★★★★

"결국, 그것은 적합(fit)에 관한 것이다. 학생의 성격, 능력, 관심, 열망에 잘 맞는 학교를 파악해야 한다."[13]

—— **로빈 맘렛** Robin Mamlet
전 스탠퍼드 대학교, 스와츠모어 대학, 사라 로렌스 대학 입학·재정 지원 학장
Former Dean of Admission and Financial Aid at Stanford University,
Swarthmore College, and Sarah Lawrence College

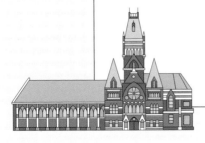

Chapter 11

대학 지원 리스트

대학 입시에서 '핏(FIT)'의 중요성은 자주 강조되어왔다. 학생에게 적합한 대학을 찾는 것은 학생들의 전반적인 대학 생활 경험과 미래의 성공에 상당한 영향을 미칠 수 있기 때문이다. 학생은 자신의 적성에 맞는 최상의 학교에 진학하는 것을 목표로 해야 한다. 그러기 위해서는 대학 리스트에서부터 자신에게 필요한 것이 무엇인지 세밀하게 찾는 노력이 필요하다.

미국 대학 지원 리스트 만들기

이제 학생들은 대학 입시의 첫 번째 중요한 단계인 지원할 대학의 리스트를 만드는 시기가 되었다. 이 단계의 효율성을 높이기 위해서는 다음의 세 가지가 필요하다.

- 학생 자신이 대학에 원하는 사항 파악(Research about yourself)
- 대학에 대한 조사(Research about college)
- 학생이 원하는 바와 대학이 제공하는 바가 잘 맞는 대학들을 찾아 리스트 만들기(Find good match)

이제 자신에게 맞는 학교를 찾고 균형 잡힌 대학 리스트를 만들 때 기본적으로 고려해야 할 점들을 살펴보도록 하겠다. 다음 사항들을 체크하면서 학생들이 원하는 바와 대학이 제공하는 바가 부합하는지 살펴볼 필요가 있다.

1. 대학의 학문적인 측면: 전공, 프로그램

학생이 관심을 갖고 있는 대학의 학문적인 측면을 자세하게 살펴볼 필요가 있다. 앞으로의 진로가 이미 확실한 학생이라면 대학의 해당 학과의 웹사이트에 들어가 교수진, 연구, 수업, 아카데믹 프로그램, 인턴십 등 대학에서 제공하는 것이 학생이 학문적으로 성장할 수 있는 기회를 제공할 것인지 가늠해볼 수 있다. 더불어 학생을 위한 학업 지원 서비스와 커리어 서비스가 제공되는지도 중요한 사항이 될 수 있다. 이외에도 과외 활동, 클럽 등 학교에 관한 모든 것을 가능한 한 많이 알아보도록 한다.

2. 대학의 환경과 커뮤니티: 위치, 규모, 안전

학교 위치(동부, 중부, 서부, 남부), 날씨, 학교 규모(학생 수), 위치 (도시, 교외 또는 시골), 학교 분위기, 종교적인 사항들도 함께 고려해야 할 사항들이다. 이를 위해서는 학교를 방문(campus visit)하는 것이 가장 이상적이지만, 시간적, 경제적 제한 등으로 직접 방문하는 것이 힘든 상황이라면 캠퍼스 온라인 투어(campus virtual tour)도 대안이 될 수 있다. 실제로 많은 대학들이 제공하고 있으므로 참여하기를 권한다. 또한 대학 주변 환경의 안전과 함께 학생을 위한 안전 시스템을 어떻게 갖추고 있는지, 학생의 안전을 얼마나 중요하게 생각하고 있는지도 관심 있게 살펴본다.

3. 재정 지원과 장학금

미국 대학의 등록금이 높다는 것은 이미 알려져 있다. 여기에 주립대학들이 상대적으로 더 낮은 등록금을 스티커 가격(sticker prices)으로 제시하고 있는 것이 사실이다. 그래서 학생들이 주립대학에 중점을 두고 대학 리스트를 시작하는 것을 자주 보게 된다.

그러나 학생들에게 재정 지원(financial aid)을 하는 사립대학들이 꽤 많이 있다. 따라서 학생들이 학교에 지불하는 실제 금액은 이러한 사립대학들이 더 적을 수 있다는 점도 고려해야 한다. 또한 학교에 따라서는 일부 주립대학은 인터내셔널 학생에게 재정 지원과 장학금을 제공한다. 각 대학의 재정 지원과 장학금에 관한 상세한 조사가 필요하다.

4. 학생에 대한 객관적인 판단

대학의 네임 밸류인 '명성'과 함께 학생 자신에게 적합한지 신중하게 고려해야 한다. 테스트 옵셔널(test optional) 이후 상위권 대학에 지원하는 학생 수가 크게 증가했다. 테스트 점수를 내지 않아도 된다고 해서, 대학에 합격하기가 더 쉬워지는 것은 절대 아니다. 그럼에도 불구하고, 상위권 대학으로 갈수록 지원자 증가 폭이 커지고 있다. 이러한 현상은 경쟁률을 높이고, 입학률을 저하시키는 결과를 낳았다.

대학은 학생의 성적과 시험 점수, 과외 활동, 에세이를 포함한 다양한 요소를 고려해 입학 결정을 내린다. 따라서 학생들은 자신이 해당 학교에 맞는 학생인가에 대해 스스로 객관적인 판단을 해야 한다.

몇 개 대학에 지원해야 하는가

점점 더 많은 학생들이 더 많은 대학에 지원하고 있다. 지원할 대학의 수를 결정하기 전에 학생들은 먼저 어떤 대학이 자신의 학문적, 사회적, 재정적 필요에 맞는지, 그리고 그렇게 선택한 대학에 입학할 가능성이 있는지를 살펴봐야만 한다. 컨설턴트들은 처음에는 20개 정도의 관심 있는 대학들로 시작하여 각 학교에 대해 자세히 조사한 후 일반적으로 10~12개 대학들로 구성된 대학 리스트를 만드는 것을 권유한다. 되도록 15개 이상이 되는 대학 리스트는 피하도록 하는데, 이는 원서에 집중되어야 할 시간과 노력을 분산시킨다는 면에서 효율적이지 않기 때문이다.

지원할 대학 리스트는 세이프티, 타깃, 리치 스쿨들을 골고루 포함하여야 한다. 이를 정하는 기준으로 일반적으로 GPA와 SAT/ACT 점수를 포함한 아카데믹 프로파일(academic profile)이 있다.

- 세이프티(Safety) 또는 라이클리(likely): 학생의 아카데믹 프로파일이 입학생의 75%보다 우위에 있는 대학들
- 타깃(Target): 학생의 아카데믹 프로파일이 입학생의 50~75%와 유사한 대학들
- 리치(Reach): 학생의 아카데믹 프로파일이 입학생의 50%보다 낮은 대학들

이때, 아이비리그 및 MIT, 스탠퍼드, 칼텍과 같이 합격률이 10% 미만인 최상위권 대학들은 학생의 프로파일에 관계없이 항상 리치(reach) 스쿨로 간주되어야 한다. 학생의 뛰어난 스펙과 에세이가 학생의 입학 확률을 높이는 데 도움이 되지만, 이러한 학교는 완벽한 성적과 시험 점수를 가진 학생도 불합격시키는 경우가 많기 때문에 누구에게도 안전한 선택으로 분류되기 어렵다.

하이 스쿨의 카운슬러와 컨설턴트에 따라 조언하는 각 카테고리의 대학 수들은 달라질 수 있다. 여기서의 핵심은 균형을 유지하는 것이다. 또한 리스트를 작성할 때 학생이 자기 자신의 합격 가능성을 정확하고 냉철하게 평가해야 추후에 후회하는 결과를 피할 수 있다는 점을 유의해야 한다.

나에게 맞는 대학 - 최상의 'FIT'을 찾아야 한다

학교의 명성 이상으로 '학생 자신에게 적합한 학교인가'가 신중하게 고려되어야 한다. 명성을 가지고 있는 대학이라고 해서 반드시 그곳이 학생에게 적합한 곳이라는 것을 의미하지는 않는다. 다양한 학교에서 훌륭한 교육 기회를 제공하지만, 학생은 자신의 필요와 관심사에 잘 부합하는 대학에 진학할 때 최대한 많은 것을 얻을 수 있다.

대학 적합도(college fit)는 대학이 학생의 학문적, 사회적, 재정적 및 기타 필요와 관심을 충족시키는 정도를 일컫는다. 이는 대학의 위치, 학업 프로그램, 수업 규모, 학생의 졸업률 및 취업률, 지원 서비스 등 다양한 요소를 기반으로 한다. 이를 위해서는 대학에 대한 심층적인 연구와 분석이 필요하지만, 이러한 노력은 궁극적으로 학생들이 자신의 능력을 개발하고 대학 생활을 즐길 수 있는 밑거름이 될 수 있다. 또한 학생들은 진정으로 최선의 선택을 하기 위해 자신의 목표와 관심사에 대해 스스로 올바른 판단을 해야 한다. 학생은 자신과 대학이 원하는 것이 얼마나 일치하는지 알아보는 시간을 충분히 가져야 한다. 이것은 자신에게 적합한 최고의 대학에 진학할 가능성을 높일 것이다.

미국 대학 자료 검색 정보(College Search Resource)

다음은 학생들이 대학 리스트를 만드는 데 필요한, 대학에 대한 정보를 찾을 수 있는 리소스들이다. 실제로, 찾을 수 있는 정보는 부족하지 않다. 계속해서 나오는 새로운 정보, 과대 광고, 오래되고 잘못된 정보를 분류하고 분석하여, 나에게 필요한 의미 있는 정보로 정리하는 것이 커다란 과제이다.

- 대학 가이드북은 미국 대학에 대한 포괄적인 참고 자료로서 기본 정보 검색을 위한 훌륭한 출발점이다. 매년 발행되며 대부분의 서점에서 구매할 수 있고 도서관 또는 하이 스쿨의 카운슬러 오피스에서 볼 수 있다. 정확한 정보를 위해 가장 최신의 개정판을 참고하기를 권한다.

- 온라인의 대학 검색 사이트의 도움을 받는다. 하이 스쿨 카운슬러와 전문 카운슬러(independent college consultant)는 일반적으로 대학입시를 위해 별도로 고안된 소프트웨어를 구입하여 사용하지만, 학생과 학부모를 위한 여러 유용한 사이트가 무료로 운영되고 있으므로 이곳의 정보를 활용하도록 한다.

  Unigo http://www.unigo.com

  College Board https://www.collegeboard.org

  Niche https://www.niche.com/colleges/search/best-colleges

  College Confidential https://www.collegeconfidential.com

  U.S. News & World Report Best Colleges http://www.usnews.com/best-colleges

- 학생이 재학하고 있는 하이 스쿨의 카운슬러 오피스는 대학에 대한 정보가 가득한 곳이다. 또한 칼리지 카운슬러는 학생의 학업

성취도와 장래의 목표에 맞는 적합한 대학을 추천하고 안내할 수 있다. 이때 학생의 대학에 대한 선호도가 구체적일수록 더 적합한 대학을 추천해줄 수 있으므로, 학생들은 저학년부터 칼리지 카운슬러와 친숙하게 지내는 것이 필요하다.

- 대학에 대한 가장 신뢰할 수 있는 정보 출처는 대학의 자체 웹사이트이다. 대학 웹사이트는 입학 요건, 마감일, 지원 방법을 포함하여 입학 절차에 대한 정보를 제공할 뿐만 아니라, 대학 생활과 수업에 대해서도 알 수 있다. 가상 캠퍼스 투어를 하고, 대학에서 개설되는 수업을 확인하고, 입학 담당자와 재학생에게 질문을 할 수 있다.

- 지역에서 열리는 대학 박람회(college fair)는 다양한 대학에 대한 많은 정보를 무료로 한 곳에서 얻을 수 있는 좋은 기회이다. 각 대학을 대표하는 입학처의 담당자와 대화를 나누고 대학에 대해 질의를 할 수 있다.

- 대학 입학 담당관(college representatives)이 직접 하이 스쿨을 방문하여 대학에 관한 간단한 프레젠테이션을 하기도 한다. 일반적으로 30분에서 1시간 정도로 진행되며 질문에 답변하는 시간이 주어진다. 이에 관한 일정은 하이 스쿨의 카운슬러를 통해 알아볼 수 있다.

- 가족, 친지, 그리고 가까운 지인들과 자유로운 토론을 한다. 학생의 관심사와 목표에 대해 이야기하고 그들의 대학에서의 경험에 대해 묻는다. 특정 전공이나 직업을 목표로 한다면 해당 분야 관계자들의 의견을 들어본다. 또 주변에, 자신이 관심을 두고 있는

대학을 졸업했거나 진학한 지인이 있다면 궁금한 점을 묻고 그 정보를 참고한다.

- 캠퍼스를 직접 방문하여 그곳을 거닐며 대학 생활을 상상하고 느껴보는 것은 그 대학이 나와 적합한지 알아볼 수 있는 데 큰 도움이 된다.

하버드 대학교

미국 최고의 고등 교육 기관인 하버드 대학교는 지난 380년 동안 탁월함, 명성, 성취와 동의어가 되며 다른 모든 대학들과 비교되는 기준이 되어왔다. 하버드의 영향력은 도널드 트럼프 미국 행정부가 2020년 가을 학기에 100% 온라인 수강하는 외국인 유학생들의 비자를 취소하는 논란의 이민 정책을 불과 일주일여 만에 취소하게 만들면서 다시 한번 입증되었다. 하버드의 일부 학과들은 다른 대학의 학과들보다 적지만 모두 저명한 교수를 보유하고 있으며 그중 다수는 해당 분야에서 교과서를 집필한 경험이 있다.

캠퍼스는 유명한 하버드 야드(Harvard Yard)에 중심을 두고 있다. 윌리엄 제임스(William James), 헨리 아담스(Henry Adams) 등 지식인들의 목소리가 울려 퍼지는 듯한, 하버드 야드를 둘러싼 조지아식 벽돌 건물들은 신입생들의 기숙사이다. 1학년 학생들은 공용 스위트룸(shared suites)이 있는 기숙사에서 생활을 한다. 존 하버드 동상(John Harvard Statue)이 그곳에 있어서 관광객이 가장 많이 모이는 곳이기도 하다. 하버드 야드 외에도 신입생을 위한 기숙사가 있지만, 많은

Harry Elkins Widener Memorial Library, Cambridge, Massachusetts, Harvard University

Harvard Memorial Hall, Harvard University

Harvard Science & Engineering Complex (SEC)

Harvard Science & Engineering Complex (SEC), 내부 전경

1학년 학생들은 하버드 야드에 인접한 기숙사에서 하버드의 생활을 시작한다. 하버드 야드는 자동차의 출입이 통제된다. 하지만, 학생들이 기숙사에 입실하는 날(move-in day)에는 차량 통행이 허용되며 학생들의 짐을 차에서 내릴 수 있도록 건물 앞까지 갈 수 있다. 나의 기억으로는 엘리베이터가 없는 건물이 많아 학생들이 짐을 들고 높은 층수까지 옮겨야 한다. 기숙사의 벽난로와 목재 책상, 책장에서도 학교의 오랜 전통을 느낄 수 있다.

신입생들은 기숙사에서 1학년 학생들을 위해 만든 다양한 활동들을 통해 다른 신입생들과 교류할 수 있는 기회를 갖게 된다. 학생들은 다른 1학년 학생들(suitemates)과 방을 같이 쓰며 유대감을 형성하고, 기숙사 내에서 20~40명의 학생들은 한 층이나 구역을 공유하는 엔트리웨이(entryway)라는 그룹에 속하게 된다. 이러한 여러 커뮤니티는 신입생을 위한 강력한 지원 네트워크를 만드는 데 도움이 되고 있다. 학생들은 1학년을 마치면 하버드의 12개 하우스 중 하나에 배정된다. 하우스 시스템은 하버드의 가장 잘 알려진 전통 중 하나로서 학부 경험의 기반이 된다. 각 하우스에는 350명에서 500명 사이의 학생들이 거주하며 자체 식당, 휴게실, 학업, 레크리에이션, 문화 활동을 위한 시설을 갖추고 있다. 하우스 시스템은 학습과 생활 사이의 연결을 구축하는 것을 목표로 다양한 지적 활동과 전통을 제공한다.

하버드의 대표적인 건물 중의 하나는 메모리얼 홀(Memorial Hall)이다. 이곳에는 아넨버그(Annenberg Hall)와 샌더스 극장(Sanders Theater)이 있다.

신입생들이 기숙사로 들어가는 날(move-in day), 신입생과 학부모들을 위한 학교의 공식적인 행사는 샌더스 극장에서 이루어졌다. 하버드 밴드의 짧은 공연 뒤에 당시 하버드 신입생 학장(Dean of Freshmen)이었던 톰 딩먼(Tom Dingman)의 연설과 학부모 대표의 연설이 이어졌다. 또한 그날 저녁, 신입생들의 학부모들은 아넨버그 홀에서 식사를 할 수 있는 기회가 주어졌다. 아넨버그 홀은 1학년 학생들만을 위한 카페테리아로 해리 포터의 그레이트 홀처럼 멋진 모습을 갖고 있었다. 스테인리스 글래스와 각 기숙사를 상징하는 깃발들이 인상적인 곳이었다.

하버드의 널리 잘 알려진 학과들은 큰 규모를 자랑한다. 경제학, 정치학, 컴퓨터 사이언스, 응용 수학, 심리학, 역사, 생물학은 학부 전공의 많은 부분을 차지한다. 그러나 여러 소규모 학과들도 수준이 높다. 그리고 학부 학생들은 몇몇의 하버드 자체 대학원과 MIT에 교차 등록이 가능하다. 하버드는 신입생들에게 첫해 동안 다양한 학과를 탐구하도록 권장한다.

하버드는 성취를 위해 노력하는 학생들에게 무한한 가능성을 열어주는 곳으로, 세계 최고의 교수진이 있는 수업은 도전적이며 학생들이 자신의 기술과 지식을 개발하도록 장려한다. 세계 각국의 다양한 배경과 문화를 가진 우수한 동료 학생들로부터 서로 배우며 다양한 관점을 논의할 수 있는 활기차고 자극적인 환경을 조성해놓았다. 그러나 하버드에 다니는 것은 큰 기회가 될 수 있지만, 나름대로 어려움도 따른다. 높은 학업 수준과 치열한 경쟁을 견뎌야 한다. 또한 성취도가 높은 학생들 사이에서 자신이 뒤처졌다고 느끼거나 탁월해야 한다는 압박감을 느낄 수 있다.

Chapter 12

대학에 표현하는 관심

대학이 학생들을 입학 사정하는 데 고려하는 여러 가지 사항들이 있다. 아카데믹, 액티비티, 추천서, 리더십 등의 항목은 이미 잘 알려져 있으며, 학생들도 신중하게 준비한다. 이와 함께 Demonstrated Interest, 직역을 하자면 "입증된 관심"은 함께 살펴보아야 하는 중요한 항목이다.

1. 의미

입증된 관심은 학생이 얼마나 대학에 관심을 보이는지를 나타낸다. 일반적으로 HYPSM(Harvard, Yale, Princeton, Stanford, MIT)을 포함하는 최상위권 대학들은 학생이 대학에 얼마나 관심을 보이는지가 합격에 영향을 미치지 않는 것으로 알려져 있다. 그러나 실제 많은 대학들은 캠퍼스 방문, 대학 박람회 참석, 고교 방문한 입학 관계자와 만난 기록 등 학생이 대학에 보여준 '입증된 관심'의 사례를 모으고 있다.

2. 중요성

그렇다면, 왜 대학에게 보여준 관심이 대학에게는 중요한 사항일까? 대학에 보여준 관심을 입학 사정에서 고려하는 A대학의 예를 살펴보자.

A대학에 특별히 관심을 보이는 학생은 해당 대학에 합격한다면 그곳으로 진학할 가능성이 더 높다. 다시 말해, 학생이 A대학을 비롯한 몇 개의 대학에 합격을 하여도 더 관심을 가졌던 A대학으로의 진학을 결정하게 된다. 따라서 A대학 입장에서는 입학을 결정하는 다른 여러 요소들과 함께 등록률(yield rate)을 높이기 위해 학생의 실제 등록 가능성을 결정짓는 '대학에 보여준 관심'을 고려하게 된다.

- 합격률(Acceptance Rate): 특정 학교에 지원한 후 해당 학교에 합격한 학생들의 비율
- 등록률(Yield Rate): 특정 학교에 합격한 후 해당 학교에 등록한 학생들의 비율

등록률(yield rate)은 합격률과는 다른 지표로 대학 입학 담당자들이 항상 중요하게 생각하는 지표이다. 대학이 학생들 사이에서 얼마나 경쟁력이 있는지 나타내는 지표가 되기 때문에 학생들이 대학을 선택하는 데 도움이 된다. 등록률을 통해 대학들은 등록할 학생 수를 예측할 수 있으며, 높은 등록률은 대학을 더 선별적인 대학으로 만든다.

Ray and Maria Stata Center for Computer, Information, and Intelligence Sciences,
Building 32, MIT

대학들은 등록률을 높이기 위해 실제 등록할 가능성이 높은 학생들에게 합격 허가를 내주려는 경향을 나타낸다. 다시 말해, 대학은 입학 허가서를 받았을 때 그곳에 진학하기로 결정할 학생을 입학시키고 싶어 한다. 따라서 특정 대학에 대한 관심을 표명한 학생은 그렇지 않은 학생보다 합격할 확률을 높일 수 있다.

3. 입증된 관심(Demonstrated Interest)을 나타내는 방법

대표적인 방법은 대학의 입학 담당자와 이메일을 통해 연락하여 질문을 던짐으로써 담당자가 학생을 알게 만드는 것이다. 이때 계획을 미리 세우고 주의 깊게 질문을 작성하는 것이 필요하다. 학교 방문

(campus visit)은 대학에 대해 알게 될 뿐 아니라 학생을 알리는 기회가 된다. 또한, 지역의 대학 행사에도 적극적으로 참석한다. 관심 있는 학교의 담당자를 만날 기회가 있다면 직접 만나서 자신을 인식시키도록 한다. 학생이 다니는 고등학교, 또는 다른 학교에서 열리는 대학 박람회에 참석하는 것을 의미한다. 참석하는 모든 행사에서 연락처 카드를 작성한다.

미국 대학 입시에 영향을 미치는 모든 부분이 그러하듯 학생이 대학에 관심만 표명한다고 해서 바로 합격으로 이어지지는 않는다. 그러나 그 대학에 열정과 노력을 표현함으로써 대학에 가고자 하는 의지를 보여주는 것은 입시를 위해 학생이 할 수 있는 최선이 될 수 있다.

Chapter 13

대학 방문

학생들은 학과 수업, 시험, 과외 활동, 지원 에세이와 같은 다른 일정으로 인해 미래의 4년을 생활하게 될 캠퍼스 방문을 미루는 경우가 많다. 그러나 캠퍼스 방문은 대학 리스트를 작성하고 선택하는 과정에서 독특하고 큰 의미를 갖는다. 대학의 카탈로그, 웹사이트, 인터넷 정보는 많은 것을 알려줄 수 있다. 그러나 학생들이 실제로 캠퍼스를 거닐고, 강의실을 둘러보고, 기숙사를 방문한다면 학생들은 보다 실질적으로 학교를 더 가깝게 느낄 것이다. 캠퍼스 투어는 학생들이 미리 조사해놓은 대학에 대한 정보를 보완하여 대학 생활을 구체적으로 경험해볼 수 있는 기회가 된다.

종종 학생들은 캠퍼스 방문 후 대학에 대한 확신을 더 갖게 되는 계기가 되기도 하고, 혹은 실제 방문해보고는 좋아하지 않게 되어, 대학 리스트에서 제외하기도 한다. 대학 방문을 통해 문서나 온라인 검색이 아닌 학생들과 교직원 등 학교 사람들을 직접 만나보고, 대학 주변의 커뮤니티를 살펴보고, 또한 캠퍼스의 실제 학습 환경을 체험해볼 수 있다. 학교를 둘러보면서 받은 느낌을 기억하고, 캠퍼스와 대학생들 사이에서 자신의 모습을 상상해볼 수 있다. 이러한 경험들은 그 대학의 학생이 된 후에 생활을 미리 알아보고 자신에게 적합한지 판단하는 데 중요한 역할을 한다.

또한 캠퍼스를 직접 방문하는 것은 학생이 대학에 입증된 관심(demonstrated interest)을 갖고 있다는 것을 보여줄 수 있는 가장 확실한 방법으로 큰 의미를 갖는다. 진정으로 관심을 가진 학생만이 그 대학을 직접 방문하기 때문에 캠퍼스를 찾아가는 것은 대학 측에 가장 강력하게 관심을 표명하는 지표 중 하나로 간주된다.

1. 입학 설명회(Information Session)

캠퍼스 방문과 함께 대학에서 주관하는 입학 설명회에 참석한다면, 대학 측이 직접 설명하는 깊이 있고 신뢰성 있는 정보를 얻을 수 있다. 일반적으로 입학 사정관(admission officer) 또는 입학처장(Dean of Admissions)이 진행하며, 에세이 작성, 입학 절차, 재정 지원, 과외 활동, 캠퍼스 생활과 같은 주제를 다룬다. 학교에 따라 이러한 세션의 형식과 구성에 차이가 있으며, 재학생이 학교를 다니면서 느꼈던 점들을 이야기하는 경우도 있다. 대부분 대학의 입학 설명회에는 질문과 답변(Q&A) 시간이 포함되어 있으므로 궁금했던 사항을 질의하고 답변을 바로 들을 수 있는 기회를 함께 가질 수 있다.

2. 가상 투어(Virtual Tour)

물리적, 재정적인 이유로 인해 직접 방문이 어려운 경우 가상 투어는 훌륭한 대안이 된다. 또한 학교를 처음 살펴보려는 학생들에게도 가상투어를 추천한다. 팬데믹 이후, 많은 대학에서 캠퍼스 생활에 대한 새로운 비디오, 재학생 및 교수진과의 온라인 패널 토론, 대화형 가상 투어를 만들었다. 특히 가상 투어는 캠퍼스를 직접 방문할 수 없는 유학생에게 온라인상에서 대학과 친숙해질 수 있는 방법을 제시해주면서 큰 도움을 주고 있다.

3. 방문 시기

언제 대학 방문을 시작해야 하는지에 대한 정확하고 간단한 대답은 없다. 9학년부터 시작하여 12학년까지 언제라도 방문할 수 있다. 일반적으로 많은 학생들이 11학년 가을부터 시작해서 12학년까지 대학 리스트에 있는 학교를 방문하는 것을 목표로 한다. 그러나 캠퍼스 방문은 더 일찍 시작하는 것이 현명하다. 9학년은 대학 방문을 시작할 수 있는 좋은 시기가 될 수 있고, 11학년은 매우 바쁜 해이기 때문에, 아직 시작하지 않았다면 10학년 말이나 11학년 전 여름에 대학 방문을 시작하는 것을 권한다.

우선 대학 캠퍼스에 어떤 것이 있는지, 내가 원하는 것이 무엇인지, 무엇을 찾아야 하는지에 대해 파악하는 것이 중요하다. 대학 조사와 캠퍼스 투어를 일찍 시작하면, 대학 검색 범위를 좁혀 자신에게 가장 잘 맞는 학교를 찾을 수 있게 된다. 또한 대학 지원서를 작성해야 할 때 스트레스를 덜 받게 되고, 관심 있는 학교에 대해 좋아하는 것과 싫어하는 것을 알게 될 것이다.

학생들은 대학이 수업을 진행하고 있는 가을이나 봄 동안 대학을 방문하는 것이 가장 이상적이다. 다만, 하이 스쿨 수업 일정으로 그 시기의 방문이 어렵다면, 미리 예약을 한 뒤 방학을 이용하여 방문하도록 한다. 현재 대학 입학을 준비하는 형제자매가 있다면 대학 진학에 대해 진지하게 생각해볼 기회를 갖도록 함께 갈 계획을 세우는 것도 추천한다.

4. 캠퍼스 방문의 팁

캠퍼스 방문 시, 아래의 사항에 유의하여 학생에게 의미 있는 시간을 갖도록 한다.

1) 대학에 대해 사전 조사

캠퍼스 방문을 계획할 때 사전 조사는 필수 사항으로 학생들이 캠퍼스에 있는 동안 가야 할 장소뿐만 아니라, 학교에 관한 기본 정보를 질문하지 않도록 관심 있는 프로그램과 교수, 입학 절차 및 요구 사항 등에 대해 충분한 조사가 선행되어야 한다.

2) 입학처(Admission Office) 방문 및 설명회(Information Session) 참석

입학 설명회는 대학에 따라 사전 등록을 요구하는 경우가 많다. 따라서 방문을 계획하기 전 참석을 위한 사전 등록을 해야 한다. 대학의 입학처 홈페이지를 통해 언제 설명회가 있는지 또 자리가 남아 있는지 등 일정을 미리 확인한다.

3) 학생 주도의 캠퍼스 투어(Student-led Tour) 참여

대부분의 대학은 공식적인 대학 방문의 일환으로 하이 스쿨 학생들과 가족들을 위해 가이드와 함께 캠퍼스를 둘러보는 일정을 제공한다. 10~15명 정도를 한 그룹으로 하여 그 대학의 재학생인 가이드가 인솔하여 대략 1시간가량 대학을 함께 걸으며 학교의 역사, 전통, 기숙사, 교내활동 등을 설명한다. 이때 가이드의 경험적인 답변을 통해 캠퍼스 생활에 관한 여러 가지 궁금증을 해소할 수 있다.

4) 적절한 방문 횟수

하루에 두 개 이상의 학교를 방문하지 않는 것이 좋다. 입학 설명회, 가이드 투어, 학생 또는 교수와의 만남, 캠퍼스를 둘러볼 시간이 필요하다. 하루에 3~4개로 대학 방문을 빡빡하게 시도하면 캠퍼스를 제대로 알 시간이 거의 없고 각 방문의 세부 사항이 흐트러질 수 있다.

5) 대학 체험

대학의 카페테리아에서 학생들과 점심을 함께 먹고, 체육관과 극장도 가보도록 한다. 또한 기숙사와 도서관을 견학할 수 있는지 입학 사정관에게 문의해본다. 캠퍼스에서 학생들이 모이는 장소를 찾아 그곳에서 시간을 보내며 대학의 성격을 느껴보도록 한다.

6) 학생과의 대화

대학이 어떠한지 알 수 있는 가장 좋은 방법 중 하나는 해당 대학의 재학생들과 이야기를 나누는 것이다. 같은 대학의 학생이라도 관점과 경험이 다를 수 있으므로 가능한 한 많은 재학생들과 대화하도록 한다. 또한 학생회관에서 점심을 먹고 학생들이 서로 교류하는 것을 보면서, 그곳의 분위기를 느껴보는 것도 도움이 된다.

7) 노트 정리

각 학교의 캠퍼스를 방문할 때마다 그 특징을 일목요연하게 정리해 둔다. 이를 위해서는 캠퍼스를 방문할 때마다 언제든 노트를 할 준비가 되어 있어야만 한다. 특히 유사점이 많은 여러 대학들을 보게 되는 경우 대학에 대한 인상이 서로 섞이기 쉽다. 장단점을 기록한 메모는 각 대학을 좀 더 명확하게 기억하는 데 도움이 된다.

8) 학교 주변 탐방

캠퍼스 방문을 마무리하기 전에 캠퍼스 커뮤니티의 주변 지역을 살펴보는 것을 잊어서는 안 된다. 대부분의 시간을 캠퍼스에서 생활하며 수업에 참석하지만, 학생들이 주말 혹은 여유가 생길 때나 생필품 구매를 위해 캠퍼스 바깥으로 나갔을 때 주변 지역에서 무엇을 이용할 수 있는지 알아봐야 한다. 주변 지역의 안전성과 도시의 크기도 중요한 고려 사항이다.

Chapter 14

미국의 고등 교육 유형

리버럴 아츠 칼리지(liberal arts college)는 무슨 뜻일까? 왜 어떤 대학들은 공립이고 다른 대학들은 사립일까? 종합대학(university)과 리버럴 아츠 칼리지의 차이점은 무엇일까?

미국 대학을 검색할 때 학생들과 학부모들이 흔히 부딪히게 되는 질문들이다. 최근 미국 국립 교육 통계센터(National Center for Education Statistics, NCES)는 2020-2021년 기준 미국에 4년제와 2년제 대학을 포함하여 총 3,900개 이상의 학위를 수여하는 대학이 있다고 발표하였다.[14] 이렇게 많은 선택지 중에서 어떤 대학을 검색할지를 정하는 것은 매우 중요하다. 대학 간의 추구하는 방향, 학문적·사회적 환경을 비교하는 것은 학생에게 적합한 대학을 찾기 위한 필수적인 과정이다.

미국에서 고등 교육을 받기를 원하는 학생들은 자격증에서부터 대학 학위 취득에 이르기까지 다양한 선택권을 가지고 있다. 다음은 학생이 지원할 대학 리스트를 정할 때 알아야 할 미국 대학 유형이다.

1. 공립대학(Public Universities) VS 사립대학(Private Universities)

공립대학은 주 정부가 자금을 지원하는 학교 형태이므로 주립대학으로도 흔히 불린다. 사립대학에 비해 학급 규모가 크고 더 많은 학생을 보유하는 경향이 있다. 일반적으로 이러한 큰 규모 학급의 광범위한 요구를 충족시키기 위해 학생들이 선택할 수 있는 더 많은 전공을 가지고 있다. 공립대학은 또한 그 주에 거주하는 학생들의 비율이 더 높은 편이며, 통상적으로 그 학생들에게는 더 낮은 등록금 혜택을 적용한다. 미국의 모든 주에는 적어도 하나의 주립대학이 있다.

사립대학은 주로 수업료, 수수료 및 사립 재원에 의해 운영된다. 대부분의 사립 교육 기관은 공립 교육 기관보다 등록금이 더 높게 책정되어 있지만, 종종 많은 학생들에게 재정 지원을 제공하기도 한다. 사립대학의 학생 수는 수백 명에서 30,000명 이상까지 다양하다.

2. 종합대학(Universities)

종합대학은 대체적으로 큰 규모를 갖고 있으며, 학부 및 대학원 프로그램을 포함한다. 따라서 학사 학위 외에, 대학원 석박사 학위를 취득할 수 있는 학교 형태이며, 캠퍼스에서 학부생과 대학원생이 함께 어울리게 된다. 종합대학은 리버럴 아츠 칼리지보다 학문적 선택의 폭이 넓어서 더 다양한 전공을 선택할 수 있고, 리서치에 초점을 두는 성향이 강하다. 많은 입문 수업들이 강의 형태로 이루어지며, 도서관,

실험실, 미술 및 운동 시설 등 광범위한 시설을 갖춘 곳이 많다.

3. 리버럴 아츠 칼리지(Liberal Arts Colleges)

리버럴 아츠 칼리지는 학부생들의 교육에 초점을 맞추고 있다. 수업은 일반적으로 교수들에 의해 진행된다.

대부분의 리버럴 아츠 칼리지는 수업 규모가 작고 학생에게 개인적인 관심을 더 많이 집중하는 경향이 있다. 리버럴 아츠 칼리지에 다니는 학생들은 인문학, 사회과학, 과학 분야의 다양한 과정을 접할 수 있다. 대부분은 사립이며 학사 학위를 위한 4년 과정을 제공한다.

4. 테크니컬 인스티튜트(Technical Institutes)와 프로페셔널 스쿨(Professional Schools)

자신이 공부하고 싶은 것에 대해 명확한 결정을 내린 학생들이 선택하는 대학의 유형이다. 공학, 기술 과학, 예술 같은 분야의 교육에 초점을 두고 있다. 프로페셔널 스쿨은 예술에 중점을 두고 있는 예술 대학(arts colleges, institutes)과 음악원(conservatories)이 포함된다. 정규 과정 외에도 음악, 미술, 사진, 영화, 연극, 패션 디자인 등의 분야에 교육을 제공한다. 이러한 대학의 대부분은 전공 분야에서 준학사(associate degree) 또는 학사 학위(bachelor's degree)를 수여한다.

5. 여자 대학(Women's Colleges)

여자 대학은 여성에게 교육을 제공하기 위해 설립된 교육기관이다.

상대적으로 더 많은 수의 여성 교수진과 관리자가 있는 여자 대학은 여성의 직업 잠재력에 대한 인식을 높이고 있으며, 여학생에게 자신감을 심어주고 다양한 학생 리더십 직책에서 봉사할 수 있는 기회를 제공하고 있다. 여자 대학은 대학원이나 전문 연구를 계속하는 학생들, 특히 과학 분야 전공자 양성에 힘쓰고 있다.

6. 커뮤니티 칼리지(Community Colleges)와 주니어 칼리지(Junior Colleges)

커뮤니티 칼리지와 주니어 칼리지는 일반적으로 2년제 학위 프로그램을 제공한다. 이 대학들의 커리큘럼을 성공적으로 마치면 졸업생은 준학사 학위(associate degree)를 받을 수 있고, 또한 2년 이내 특정 직업에 대한 인증서(certificate)를 취득할 수 있다. 커뮤니티 칼리지는 등록금이 낮아서, 다수의 학생들이 4년제 대학으로 편입하기 전에 비용을 절약하기 위해 커뮤니티 칼리지에서 처음 2년을 공부하는 것을 선택하기도 한다.

7. 사관학교(Military Service Academies)

사관학교는 군사 교육과 고등 교육을 병행한다. 5개의 사관학교(Military Service Academies)가 있으며, 각 아카데미는 각기 다른 부서의 군 복무를 전담한다. 사관학교 졸업생은 학사 학위를 받고 해당 지부에서 임원으로 임명되며 졸업 후 최소 5년 동안 봉사해야 한다. 사관학교는 매우 선별적인 입학 과정을 갖고 있고, 해안 경비대를 제외한 모든 사관학교는 입학을 위해 의회 추천서(congressional nomination)를 요구한다. 사관학교로는 다음과 같은 유형이 있다.

- 미국 육군사관학교 US Military Academy(West Point, NY)
- 미국 해군사관학교 US Naval Academy(Annapolis, MD)
- 미국 공군사관학교 US Air Force Academy(Colorado Springs, CO)
- 미국 해안경비대 아카데미 US Coast Guard Academy(New London, CT)
- 미국 상선 아카데미 US Merchant Marine Academy(Kings Point, NY)

이외에도 tribal colleges, historically black colleges and universities, proprietary institutions와 같은 유형의 대학들이 있다.

Chapter 15

대학 유형별 분석

미국 고등 교육의 여러 유형 중 미국 대학 진학을 고려하는 학생들이 가장 관심을 갖는 대학들에 대해 조금 더 자세히 살펴보겠다.

아이비리그 및 HYPSM

1. 아이비리그(Ivy League)

아이비리그는 수세기에 걸친 역사, 전통, 명성을 자랑한다. 대표적인 대학인 하버드 대학교(Harvard University)는 1636년에 설립된 미국에서 가장 오래된 고등 교육 기관이다.

아이러니하게도 아이비리그는 8개 사립대학으로 구성된 스포츠 리그로 시작했다. 하지만 요즘 아이비리그는 대학 운동 경기 그 이상을 의미한다. 아이비리그라는 용어는 1933년 스탠리 우드워드(Stanley Woodward)라는 스포츠 작가가 "아이비 스쿨"(ivy school)의 미식축구 시즌에 대해 글을 썼을 때부터 사용되기 시작하였고, 그 이름은 빠르게 인기를 얻었다. 그 이후 스포츠 리그인 아이비리그는 20년 후인 1954년에 공식적으로 시작되었다. 지금은 대부분의 사람들이 "아이비리그"라는 용어를 매우 경쟁이 치열한 학문적 우수성과 연관시키며, 이는 미국 교육의 궁극적인 상징으로 간주되고 있다.

아이비리그 대학들은 U.S. News & World Report에서 종합대학 상위 20위 안에 꾸준히 들어갔다. 존경받는 학문적 명성과 막대한 기부금, 자산을 자랑한다. 대학들은 이 기부금으로 최신 시설을 구축하고, 저명한 교수진을 고용하고, 재정 보조금을 통해 학생들을 지원한다.

미국 국립 교육 통계센터(National Center for Education Statistics, NCES)에 따르면 하버드 대학교는 2020 회계연도 말 현재 약 420억 달러의 기부금(endowment)을 보유하고 있어 미국 고등 교육 기관 중 1위 기부금 보유 대학으로 평가되었다. 예일 대학교, 스탠퍼드 대학교, 프린스턴 대학교도 200억 달러 이상의 기부금으로 높은 순위를 차지했다.[15]

아이비리그의 강력한 동문(alumni) 네트워크는 대학 입학에서부터 졸업 후에도 아이비리그의 강력한 장점이 된다. 예를 들어, 프린스턴 대학교 동문회(Alumni Association)의 초대 회장은 1771년에 졸업한 전 미국 대통령 제임스 매디슨(James Madison)이었다. 미국 대통령의 3분의 1 이상이 아이비리그 출신이며 다수의 노벨상 수상자가 배출되었다.

대학 명	총 지원자 수 (2023입학년도/ Class of 2027)	총 합격자 수 (2023입학년도/ Class of 2027)	합격률 (2023입학년도/ Class of 2027)	합격률 (2022입학년도/ Class of 2026)
하버드	56,937	1,942	3.41%	3.19%
예일	52,250	2,275	4.35%	4.46%
프린스턴	미공개	미공개	미공개	미공개
유펜	59,000	미공개	미공개	미공개
컬럼비아	57,129	2,246	3.9%	3.73%
다트머스	28,841	1,798	6.0%	6.2%
브라운	51.302	2,609	5.08%	5%
코넬	미공개	미공개	미공개	6.9%

- 미국 대학은 한국과는 달리 입학년도가 아닌 졸업년도를 기준으로 학번을 적용하고 있다. 따라서 Class of 2027은 2023년도에 입학한 학생들을 의미한다.
- 각 대학이 발표한 자료를 기준으로 하고 있다.

아이비리그 대학에 입학하는 것은 쉽지 않다. 아이비리그 대학에 지원할 계획이라면 입학 가능성에 대해 현실적으로 생각해야 한다. 한 자릿수 합격률을 보이는 대학은 학업 성적과 SAT/ACT와 같은 표준 시험 점수가 부합해 보이더라도 리치(reach) 학교 범주에 넣고 전체 대학의 리스트를 구성해야 한다.

코넬 대학교(Cornell University)를 제외한 모든 학교가 학부 지원자의 7% 미만을 클래스 오브 2025(Class of 2025, 2025년도 졸업 예정자)로 받아들였다. 더 최근에는 가장 까다로운 아이비리그 중 하나인 하버드 대학교는 지원한 56,000명 이상의 지원자 중 3.41%만이 클래스 오브 2027(2027년도 졸업 예정자)로 합격했다. 앞의 표는 최근의 아이비리그 대학들의 합격률이다.

2. HYPSM란?

미국 고등 교육의 우수성은 아이비리그에 국한되지 않는다. 스탠퍼드 대학교, MIT(Massachusetts Institute of Technology), 칼텍(California Institute of Technology, Caltech) 등의 대학들은 아이비리그는 아니지만, 높은 평판과 명성을 누리는 학교들이다.

일류 대학 진학을 꿈꾸는 높은 성취도를 보이는 고등학생들은 종종 미국에서 가장 권위 있고 선별적인 5개 대학인 하버드(Harvard), 예일(Yale), 프린스턴(Princeton), 스탠퍼드(Stanford), MIT를 목표로 삼는다. HYPSM 학교는 위의 학교들을 일컫는 말로 일반적으로 미국 최고의 학교들로 간주된다. 이 대학들은 지속적으로 상위 10개 종합 대학에 속하며 미국에서 가장 입학하기 어려운 대학들이다.

처음 세 대학인 하버드, 예일, 프린스턴을 일컬어 HYP 또는 "Big Three"라고 부른다. 이 세 대학은 모두 아이비리그로 훌륭한 명성을 가지고 있으며 미국에서 가장 오래된 대학 중 하나이다. HYPSM의 마지막 두 학교는 스탠퍼드와 MIT이다. 스탠퍼드와 MIT는 모두 아이비리그에 속하지 않지만 명성과 입학률은 아이비리그 못지않다. 실제로 MIT와 스탠퍼드는 아이비리그가 아니지만 종종 아이비리그로 오인되기도 한다. MIT의 Class of 2027의 입학률은 4.68%이다.

Blair Arch, Princeton University

리버럴 아츠 칼리지(Liberal Arts College)

리버럴 아츠 칼리지는 예술, 과학, 인문학, 사회과학에 중점을 둔, 교육에 폭넓은 접근 방식을 취하는 4년제 학부 교육 기관이다. 일반적으로 대학원 없이 학부 프로그램에 초점을 맞춘 커리큘럼으로 자율성을 높이고 폭넓은 지식 기반을 우선시하는 교수법을 강조한다는 점에서 다른 주립대학 혹은 사립대학과 다르다고 볼 수 있다.

리버럴 아츠 칼리지는 학생 수가 상대적으로 적은 경향이 있다. 상위권 리버럴 아츠 칼리지들에는 2,500명 미만의 학부생이 등록되어 있다. 이는 교수들과 학생들 사이에 공동체 의식을 향상시킬 수 있다는 이점을 보여준다. 다른 교육기관의 학생과 마찬가지로 리버럴 아츠 칼리지의 학생들은 비판적 사고, 문제 해결 능력, 추론 능력을 강조하는 교육을 받게 된다.

리버럴 아츠 칼리지는 이름 때문에 리버럴하다는 오해를 자주 불러일으킨다. 여기에서 "리버럴"이라는 단어는 라틴어 "예술가"라는 용어에 뿌리를 두고 있으며, "자유로운 사람"(자유주의자)으로서 사회에 의미 있게 기여하기 위해 숙달하는 데 필요한 일반적인 기술을 가리킨다고 한다.

리버럴 아츠 칼리지는 미국 전 지역에 위치하고 있지만, 뉴잉글랜드와 중대서양 주에 가장 많이 집중되어 있다.

미국 상위권 리버럴 아츠 칼리지로는 매사추세츠의 윌리엄스 칼리지(Williams College), 애머스트 칼리지(Amherst College), 펜실베이니아의 스와츠모어 칼리지(Swarthmore College)가 언급된다. 일반적으로 상위 사립학교를 HYP(Harvard, Yale, Princeton)이라고 일컫듯이, 이 세 개의 상위 리버럴 아츠 칼리지들을 일컬어 WAS(Williams, Amherst, Swarthmore)라고 부른다.

리버럴 아츠 칼리지의 주변 환경에 관해서도 자주 언급이 되곤 한다. 윌리엄스가 매사추세츠 시골의 작은 도시에 있는 반면, LA 옆에 위치한 클레어몬트 매케나 칼리지(Claremont McKenna College), 포모나 칼리지(Pomona College), 그리고 보스턴 옆의 웰즐리 칼리지(Wellesley College), 애머스트 칼리지(Amherst College)처럼 도시 근교 학교들도 많다. 물론 뉴욕시에 위치한 학교들도 있다. 이런 다양한 위치는 리버럴 아츠 칼리지뿐만 아니라 사립학교들에서도 찾을 수 있다. 한 예로 코넬 대학교(Cornell University)는 뉴욕주의 작은 도시에 위치하고 있다.

리버럴 아츠 칼리지들 중에 공과대학을 가지고 있는 학교들도 있다. 그 대표적인 예로는 스미스 칼리지(Smith College), 스와츠모어 칼리지(Swarthmore College), 하비 머드 칼리지(Harvey Mudd College)가 있다. 반면, 별도의 엔지니어링 프로그램이 있지는 않지만, 경쟁력 있는 컴퓨터 사이언스 프로그램을 갖고 있는 리버럴 아츠 칼리지들이 꽤 있다. 거기에는 윌리엄스 칼리지(Williams College), 애머스트 칼리지(Amherst College), 포모나 칼리지(Pomona College), 칼턴 칼리지(Carleton College) 등이 포함된다.

리버럴 아츠 칼리지의 장점

요즘 점점 리버럴 아츠 칼리지에 관한 관심이 커지고 있다. 리버럴 아츠 칼리지의 장점에 관해 자세히 알아보자.

1) 학부 중심제 시스템

리서치 대학과 같은 대규모 대학은 대학원생에게도 많은 시간과 노력을 쏟는다. 리버럴 아츠 칼리지의 경우 대부분이 학부 프로그램만을 두고 학부생을 가르치는 데 중점을 두고 있다. 따라서 캠퍼스에서 일어나는 모든 일은 학부 학생 중심으로 이루어진다.

2) 소규모 수업 사이즈

리버럴 아츠 칼리지의 평균 수업 규모는 보통 30명 미만이다. 이는 학생들이 좀 더 수업에 깊이 있게 참여할 수 있게 할 뿐 아니라 클래스메이츠(classmates)와 교수를 잘 알 수 있게 한다. 또한, 소규모 클래스는 일부 학생들이 더 정기적으로 출석하도록 유도할 수 있고, 학생들이 클래스에서 어려움을 겪고 있을 때 교수가 이를 신속하게 알아채고 너무 늦기 전에 그들에게 다가갈 수 있게 한다.

3) 교수와의 친밀성

규모가 큰 대학의 경우 입문 과정 과목들은 종종 많은 학생들이 수강을 하게 된다. 이 수업은 대개 학생들에게 정보가 전달되는 강의 방식이고 조교(teaching assistants)가 가르치는 경우도 자주 볼 수 있다. 반면, 리버럴 아츠 칼리지는 일반적으로 교수가 직접 가르치기 때문에 학생 개개인에게 더 많은 시간을 할애하고 멘토 역할을 할 수 있다. 학생들은 다양한 관점을 듣고, 자신의 생각과 아이디어를 전달하고, 비판적으로 생각할 기회를 얻는다.

4) 전인교육

리버럴 아츠 칼리지는 학생들이 학생의 전공 외에 여러 분야에서 수업을 들을 수 있도록 한다. 다시 말해, 학생들에게 예술, 인문학, 수학, 자연과학, 사회과학 등 다양한 분야를 공부하도록 한다는 것을 의미한다. 학생들은 때로는 개인의 관심사를 충족시키는 자신만의 프로그램을 만들 수 있다.

5) 캠퍼스 활동

리버럴 아츠 칼리지에서는 학생 수가 적으므로 학생들은 대학에서 대부분의 학생들과 많은 시간을 함께 보낼 수 있어, 학생들끼리 친밀감을 느끼며 대학 생활을 할 수 있다. 교수들과 학생들 간의 유대관계도 좋아 주말이나 공휴일에 자연스레 식사나 파티에 초대되거나 혹은 추수감사절에 교수의 집에 초대받는 경우도 흔히 볼 수 있는 광경이다.

6) 학생 활동

리버럴 아츠 칼리지는 일반적으로 리서치 대학보다 학생 조직과 활동이 적지만 참여도는 더 높은 경향을 보인다. 또 학생 수가 적기 때문에 리더십 위치에 갈 기회를 더 많이 가질 수 있다. 전공 이외의 분야 활동에도 적극적으로 참여할 수 있다는 장점도 있다. 예를 들어, 저널리즘 전공 학생이 아니더라도 학교 신문에서 활동할 기회도 얻을 수 있다.

7) 재정 보조

리버럴 아츠 칼리지의 대부분은 주립대학보다 높은 "스티커" 가격을 가진 사립대학이다. 반면에 이러한 리버럴 아츠 칼리지 중 다수는 매우 관대한 재정 보조(financial aid)를 제공하여 학생들의 실제 부담을 낮추고 있다. 즉, 학생들은 주립대학에 다니는 것보다 거의 같거나 더 적은 돈을 내고 학교에 다닐 수 있다.

8) 대학원 준비

리버럴 아츠 칼리지 학생들은 많은 학생들이 졸업 후 로스쿨과 의대를 비롯해 다양한 분야의 대학원에 진학한다. 진학률이 상당히 높다. 그리고 대학원 진학 준비를 위한 프로그램도 대체로 잘 되어 있다.

리버럴 아츠 칼리지는 많은 장점을 갖고 있지만 모든 학생들에게 최선이 될 수는 없다. 학생 수가 적은 것은 어떤 학생에게는 장점이 될 수 있지만, 어떤 학생에게는 누구나가 다 자신을 아는 것에 불편함을 느껴 큰 부담이 될 수도 있다. 학생들은 대학 리스트를 작성할 때 리버럴 아츠 칼리지의 장단점들을 인지하고 함께 고려할 수 있어야 한다. 자신이 원하는 대학의 규모와 커리큘럼, 수업 형태를 자문해보아야 한다.

리서치 대학(Research University)

미국의 4년제 대학의 또 다른 대표적인 형태로 리서치 대학이 있다.

리서치 대학은 학부(undergraduate) 및 대학원(graduate) 학위를 모두 제공하는 종합대학으로 리서치에 비중을 많이 두는 연구 중심 대학이다. 1970년에 시작되어 현재까지 권위를 자랑하는 카네기 분류(Carnegie Classifications)는 R1 대학을 가장 연구 집약적인 교육기관으로 인정하고, 많은 대학들이 R2, R3 카테고리에서 R1으로 가기 위해 노력하고 있다. 2021년 아이비리그와 주립대학들을 포함하여 137개의 미국의 상위권 사립과 공립대학들이 여기에 포함되었다.[16] 이 대학들은 매년 최소 20개의 연구와 장학금을 기반으로 하는 박사 학위를 제공하고, 매년 최소 500만 달러 이상의 막대한 비용을 연구에 투자한다.

리서치 대학은 큰 규모와 다양성으로 인해 학생에게 주는 전공 선택의 폭이 넓다. 대규모 입문 과정 수업은 실제 교수가 아니라 대학원생이 전체 또는 부분적으로 가르칠 수 있다. 그러나 이러한 대규모 수업들은 다른 학생이나 대학원생들과 상호작용을 하기 용이한 면이 있다. 또한 학년이 올라가서 높은 레벨의 수업을 수강하게 되면 클래스 규모도 줄어들게 된다.

리서치 대학의 또 다른 이점으로는 해당 전공과 관련된 대학원 프로그램이 있으므로 학부생으로서 해당 전공에 대해 대학원생과 학문적 교류 혹은 전공에 대한 조언을 얻을 수 있어 자신의 전공을 한층 깊이 있게 공부해나갈 수 있다. 이것을 통해 미래에 대한 통찰력을 얻을 수 있고, 더 높은 수준의 학생들이 수행하는 연구 프로젝트에 공동 연구자로 참여하는 기회를 얻을 수도 있다. 또한 리서치 대학이 보유한 최첨단 연구 시설은 이공계열 학생들에게 최신 기술을 접하게 한다는 큰 장점이 있다.

이름에서 짐작할 수 있듯이 리서치 대학은 교수와 대학원생의 연구에 큰 비중을 두고 있는 대학이다. 교수진은 첨단 연구를 추진하는 활발한 연구자이기도 하다. 이는 교수가 강의와 연구 사이에 시간을 나누어야 하므로 개별 학생에게 주어진 시간이 적어질 수 있음을 의미한다.

그러나 스스로 정보와 기회를 찾을 의지와 능력이 있는 학생들에게는 여전히 훌륭한 경험을 누릴 수 있는 교육의 장소이다. 학생은 관심 있는 분야에서 중요한 사람들과 네트워크를 형성할 수 있다. 또한, 학생들은 연구에 참여하고, 연구를 통해 목표를 달성하고, 학술 논문에 자신의 이름을 게재할 수 있는 기회를 가질 수 있다.

아너 프로그램(Honor Programs)

리서치 대학 중 일부는 우수한 학생들에게 보다 선별적인 교육 환경을 제공하기 위해 아너 프로그램을 운영한다. 더 높은 수준의 수업을 원하는 의욕적인 학생들에게 아너 프로그램은 학생의 전반적인 학부 경험을 향상시킬 수 있다. 아너 프로그램은 일반적으로 대학의 정규 입학 기준보다 더 높은 사항을 요구하기 때문에 추가 에세이와 함께 별도의 신청서를 작성해야 하는 경우가 흔하다. 많은 주의 주립대학들은 장학금, 인턴십, 리서치 등과 같은 다양한 혜택을 부여하는 아너 프로그램을 통해 주의 최우수 학생들을 그들의 대학으로 유치하고 있다.

대부분의 대학에서 아너 과정(honors courses)은 토론 기반의 소규모 수업으로 구성되며, 이러한 과정 중 다수는 아너 프로그램에 속한 학생들만 이용할 수 있다. 소규모 수업 환경에서는 더 많은 상호 작용이 가능하고 깊이 있는 토론이 이루어진다. 많은 경우에 아너 프로그램에 속한 학생들은 별도로 아너 기숙사에서 서로 떨어져 생활하며 독특한 커뮤니티를 경험하게 된다. 또한 학생들은 수강신청 시 우선권을 가지며 논문 작성 및 대학원 입학을 위해 어드바이저(honors advisors)나 멘토(mentors)로부터 조언을 구할 수 있는 혜택을 갖는다.

제니의 한마디

윌리엄스 칼리지

리버럴 아츠 칼리지(liberal arts college) 중 가장 유명한 학교 중의 하나가 윌리엄스 칼리지이다. 아이비리그 중에서 한 학교를 갈 것이라 생각해왔던 큰아이가 선택한 학교는 리버럴 아츠 칼리지인 윌리엄스 칼리지였다. 큰아이가 학교 카운슬러 및 선생님들과 여러 차례 상담을 통해 내린 결정이었다. 그때까지 미국 대학원에서 오래 공부하고 대학에서 일했지만, 내게 리버럴 아츠 칼리지는 여전히 생소했다. 하지만, 지금은 윌리엄스 칼리지의 장점을 몇 시간이고 이야기할 만큼 좋아한다. 직접 보내본 학부모의 이야기이니, 신뢰감을 줄 수 있으리라 기대해본다.

윌리엄스 칼리지는 매사추세츠주 윌리엄스 타운에 위치한 미국에서 가장 오래된 대학 중 하나이다. 세계에서 가장 오래된 동창회(alumni society)는 막강한 영향력을 자랑하고 있다. 윌리엄스는 다른 리버럴 아츠 칼리지처럼 학생 수가 적은데, 총 학생 수가 2,000명이 조금 넘는다. 이는 학생과 교수의 비율을 매우 낮게 하여, 학생 대 교사 비율이 7 대 1인 소규모 수업을 제공한다. 대부분의 수업이 20명

Hopkins Hall, Williams College

미만의 학생들로 이루어지고 있고, 모든 수업을 대학원생이 아닌 교수가 가르친다.

　큰아이가 이과 수업에서 조금 어려운 과목을 들을 때였다. 교수님이 주말에도 학교에 나와서 학생의 학업을 도와주기도 했다. 윌리엄스는 윈터 스터디(Winter Study)라는 재미있는, 그리고 유익한 시스템을 갖고 있다. 가을과 봄 학기 사이, 1월에 있는 짧은 수업이다. 요가, 체스, 뉴올리언스 스타일 재즈, 라이트 앤 홀로그래피, 짐바브웨 음악 등의 수업이 개설된다. 혹은 지도교수가 실행을 승인하면 혼자서 자신의 클래스를 만들어갈 수도 있다. 윈터 스터디는 이전에 경험하지 못했던 윌리엄스만의 특색을 볼 수 있는 좋은 기회이다.

　윌리엄스의 옥스퍼드 스타일 튜토리얼(Oxford-Style Tutorials)은 한

Williams College Calendar

학기 동안 두 학생이 교수 한 분의 지도를 받으며 지적 호기심과 토론 정신을 키울 수 있는 독특한 학습 기회를 제공한다. 매주 두 명의 학생이 번갈아가며 독립적으로 에세이, 실험 결과 보고서, 삽화 및 비평을 작성한다. 또한 커리큘럼을 통해 매년 60~70개의 클래스를 제공한다. 소규모 수업에서 교수의 지원과 지도를 통해 비판적 사고력을 높이고, 작문 능력을 향상시키며, 아이디어를 개발하게 된다. 이 방법은 탐구심을 고취시키고 학생들의 자율 학습 독립성을 촉진한다. 또 미국 직장에서 가장 필요로 한다는 3가지 능력인 의사소통 능력, 분석력, 팀워크 능력을 키우게 해준다.

윌리엄스의 가장 큰 장점 중의 하나는 탁월한 대학원 진학 준비 과정과 진학률로 볼 수 있다. 일반 대학원, 로스쿨, 의대 진학 상담을 자세히 받을 수 있고, 하나하나 그 과정을 도와준다. 윌리엄스의 많은 졸업생들은 교육, 법률, 의학 분야의 전문 학위인 대학원 또는 비즈니스 대학원(MBA) 학위를 가지고 있다. 실제로 상위 로스쿨이나 의대를 보면 윌리엄스 학부 출신이 많다. 윌리엄스의 한 학년당 학생 수가 적은 것을 고려하면 진학률이 상당히 높다.

윌리엄스는 현재 150개 이상의 클럽, 32개 바시티 운동 팀(varsity), 주니어 바시티 운동 팀(junior varsity), 클럽 등이 있고, 학생의 96%는 4년 동안 대학에서 제공하는 액티비티에 참여한다. 그중에서 음악은 윌리엄스의 중요한 일부분이다. 총 학생 수 2000명 중 매년 500명 가량의 학생이 윌리엄스에서 음악 관련 활동에 참여한다. 학생 리사이틀에서 앙상블에 이르기까지 국내외 규모의 아티스트들을 위한 약 125편의 콘서트를 제공한다. 전공이 음악이 아닌 큰아이도 4년간 바이올린 수업을 받고 교수님들과 함께 지역 오케스트라와 실내악단에서 계속 연주할 기회를 가졌다.

리버럴 아츠 칼리지가 재정 보조(financial aid)를 많이 한다는 것은 이제 많이 알려져 있다. 윌리엄스의 뮤직 레슨에 등록한 학생에게는 대학의 수업료 이외의 비용은 청구되지 않는다. 이는 이 과정을 수강하는 모든 학생들에게 별도의 수업료를 받지 않는다는 것을 의미한다. 또한, 윌리엄스는 재정 지원을 받는 학생들에게 필요한 모든 교과서를 무료로 지원한다.

Chapter 16

미국 대학 순위

미국 대학 진학을 준비하는 많은 학생들은 "좋은" 대학에 진학하는 것을 궁극적인 목표로 삼는다. 그럼, "좋은" 학교는 무엇을 의미할까? 개인의 관심과 추구하는 가치가 다르기 때문에 그에 대한 대답은 주관적일 수밖에 없다. 그러나 보다 객관적이며 데이터에 기반한 답변을 찾게 되면서 지난 20년 동안 대학 순위에 대한 관심이 크게 높아졌다. 아이비리그를 비롯해 각종 기관 순위에서 상위권을 차지하는 대학들이 명문대로 인정받고 있다는 사실이 이를 증명한다.

미국 대학 순위 사이트

매년 여러 기관에서 다양한 방법과 기준을 통해 미국 대학의 순위를 발표한다. 그중 신뢰할 수 있는 정보를 주는 것으로 알려진 미국 대학 순위들은 다음과 같다.

- U.S. 뉴스 & 월드 리포트(U.S. News & World Report)
- 포브스(Forbes)
- 니취(Niche)
- 프린스턴 리뷰(Princeton Review)

U.S. 뉴스 & 월드 리포트(U.S. News & World Report) 대학 순위는 가장 잘 알려져 있으며 보편적으로 대학 순위의 표준으로 간주되는 경향을 보인다. 1983년 처음 시작된 이후 U.S. 뉴스가 대학 순위를 결정하는 데 사용하는 기준은 상당히 발전했지만 상위권에 들어가는 대학은 여전히 비슷하게 유지되어오고 있다.

U.S. 뉴스가 대학을 평가하기 위해 사용하는 방법과 기준에 대해 비판이 거세지고 있음에도 불구하고, U.S. 뉴스 순위의 영향력은 부인할 수 없다. 고등학생들은 어떤 대학에 진학할지 결정하기 위해 가장 먼저 여기 순위를 찾아보고, 재학생과 졸업생들도 자신의 학교 순위에 관심을 갖는다.

종합 대학(National Universities), 리버럴 아츠 칼리지(National Liberal Arts Colleges), 리저널 유니버시티(Regional Universities), 리저널 칼리지(Regional Colleges)라는 네 가지 주요 카테고리와 함께 커뮤니티 칼리지(Community College)의 순위가 매겨진다. 인기 있는 전공에 대한 전공별 순위도 별도로 발표하고 있다. U.S. 뉴스의 대학 랭킹

사이트에서 전공 분야 또는 개별 대학별로 검색할 수 있고, 역사, 위치, 입학 정보, 수업료, 재정 지원 등의 개별 대학 프로파일을 볼 수 있다. 1,850개가 넘는 칼리지와 대학교의 데이터를 더 쉽게 선별할 수 있게 함으로써 학생들의 비교 선택을 돕는다.

U.S. 뉴스의 순위를 결정하는 지표들로는 학생들이 얼마나 졸업하느냐를 나타내는 졸업률(graduation rate), 학생들이 학업을 얼마나 잘 지속하는지를 나타내는 유지율(retention rate), 학부의 명성(undergraduate reputation), 교수진의 리소스(faculty resource) 등을 포함한다.

다음으로 미국의 경제 잡지로 명성이 높은 포브스(Forbes)의 최고 대학 순위를 들 수 있다. 포브스는 대학 랭킹 선정 시 훌륭한 교육을 저렴한 비용으로 제공하고, 학생들이 졸업 시 높은 연봉을 받고, 성공적인 기업가 및 해당 분야에서 영향력 있는 리더가 될 수 있도록 탄탄한 밑거름을 제공하는 학교를 집중 조명한다고 밝히고 있다.[17] 포브스가 2023년 봄에 발표한 칼리지 리스트(Forbes America's Top Colleges List 2022)에서는 MIT가 처음으로 1위를 차지했다.

대학 순위의 장단점

대학 순위를 통해 학생들은 생소하거나 알지 못했던 대학을 발견하고 자신에게 잘 맞는 대학을 찾을 수 있다. 또한 대학 순위 리스트는 비교할 수 있는 광범위한 대학들에 관한 데이터를 한 곳에서 제공한다. 하나의 목록에서 평균 클래스 규모, 고등학교 GPA, SAT/ACT 점수, 비용과 같은 여러 대학에 대한 통계를 볼 수 있는 장점이 있다. 여러 대학의 평판에 대한 대략적인 정보를 제공하는 순위도 있어서 학생들이 학교를 선택하는 데 또 다른 도움이 된다. 리스트 상에서 1위 학교와 5위 학교 사이에는 거의 차이가 없겠지만, 10위권 안팎의 학교들이 50위권 밖의 학교보다 더 나은 명성을 갖는다는 것은 확인된다.

대학 순위는 특정 대학의 경쟁력 있는 지원자가 되기 위한 필요 요건에 대해 전반적인 아이디어를 제공할 수 있다. 대학 순위와 함께 집계된 학교의 데이터에는 보통 평균 GPA, 표준화된 시험 점수, 고등학교 수업에서 상위 10%~25%로 졸업한 학생의 비율을 포함한다. 이 수치를 통해 자격을 갖춘 지원자가 되기 위해 달성해야 할 사항을 참조할 수 있다.

그러나 대학 순위가 미치는 부정적인 영향도 있다. 순위를 집계하는 데 사용하는 일부 기준은 매우 주관적이며 설문 조사 응답을 기반으로 한다. 설문조사에 응답하기로 선택한 사람들이 반드시 모든 대학 대표와 고등학교 카운슬러를 대표하지 않는다는 면도 고려해야 한다. 또한 일부 대학은 대학 순위 목록에 참여를 원치 않아 정보 제출을 하지 않은 경우도 있기 때문에 순위의 정확성을 무조건적으로 신뢰하는 것은 금물이다. 마지막으로, 학생들은 자신에게 가장 적합한 학교를 찾는 대신 순위에 너무 집중할 수 있다. 5위 학교와 10위 학교의 교육 질에는 큰 차이가 없을 것이므로, 순위보다는 학교에 관한 직접적인 조사에 좀 더 열중하여야 한다. 어느 곳이 가장 학생의 개인적인 목표와 필요에 잘 맞게 부합하는가를 생각해야 한다.

다음은 2022년 8월 U.S. News & World Report가 대학 유형에 따라 발표한 대학 랭킹이다.

2022-2023 U.S. News 종합대학 순위(U.S. News Top 10 Best National Universities)[18]

1. Princeton University(Princeton, New Jersey)
2. Massachusetts Institute of Technology(Cambridge, Massachusetts)
3. Harvard University(Cambridge, Massachusetts)
3. Stanford University(Stanford, California)
3. Yale University(New Haven, Connecticut)
6. University of Chicago(Chicago, Illinois)
7. Johns Hopkins University(Baltimore, Maryland)
7. University of Pennsylvania(Philadelphia, Pennsylvania)
9. California Institute of Technology(Pasadena, California)
10. Duke University(Durham, North Carolina)

2022-2023 U.S. News 리버럴 아츠 칼리지 순위(US News Top 10 National Liberal Arts Colleges)[19]

1. Williams College(Williamstown, Massachusetts)
2. Amherst College(Amherst, Massachusetts)

3. Pomona College(Claremont, California)

4. Swarthmore College(Swarthmore, Pennsylvania)

5. Wellesley College(Wellesley, Massachusetts)

6. Bowdoin College(Brunswick, Maine)

6. Carleton College(Northfield, Minnesota)

6. United States Naval Academy(Annapolis, Maryland)

9. Claremont McKenna College(Claremont, California)

9. United States Military Academy(West Point, New York)

*사관학교(Military Service Academies)는 리버럴 아츠 스쿨에 포함된다.

University of Texas at Austin, McCombs School of Business

2022-2023 U.S. News 공립대학 순위(US News Top 10 Public Schools)[20]

1. University of California, Berkeley(Berkeley, California)

1. University of California, Los Angeles(Los Angeles, California)

3. University of Michigan-Ann Arbor(Ann Arbor, Michigan)

3. University of Virginia(Charlottesville, Virginia)

5. University of Florida(Gainesville, Florida)

5. University of North Carolina at Chapel Hill(Chapel Hill, North Carolina)

7. University of California, Santa Barbara(Santa Barbara, California)

8. University of California, Irvine(Irvine, California)

8. University of California, San Diego(La Jolla, California)

10. University of California, Davis(Davis, California)

10. University of Texas at Austin(Austin, Texas)

10. University of Wisconsin-Madison(Madison, Wisconsin)

Chapter 17

의대, 치대, 약대 준비

미국의 보건/의료(healthcare)는 빠르게 성장하는 광범위한 분야로 현재 200개가 넘는 의료 관련 직업이 있다. 학생의 적성, 흥미, 역량, 직업 환경, 교육 기간, 기대하는 수입 정도 등의 요인들이 이들 직업 중 어떤 진로를 선택해야 하는지에 영향을 미칠 수 있다. 학생에게 맞는 직업을 선택하기 위해서는 정확한 직업 정보 조사, 의사 따라다니기, 강의 및 수업 참석이 필요하다.

프리헬스(Pre-Health)

보건/의료 분야의 폭넓은 직업군이 있는 만큼 그에 맞는 자격 요건을 갖추기 위한 방법들도 다양하다. 가장 대표적으로 알려진 방법은 학생들이 대학에서 프리헬스(Pre-Health) 과정에 들어가서 4년 동안 학사 학위를 마친 후 의학, 치의학, 수의학, 또는 다른 보건 전문 스쿨에 진학하는 것이다. 프리헬스를 하는 학생들이 궁극적으로 종사하고자 하는 전문 의료(Health Professions) 분야는 일반적으로 다음을 포함한다.

- 의학(Medicine : Physician and Surgeon)
- 치의학(Dental Medicine : Dentist)
- 약학(Pharmacy)
- 보조 의사(Physician Assistant(PA))
- 간호학(Nursing)
- 수의학(Veterinary Medicine)
- 공중 보건학(Public Health)
- 검안(Optometry)

프리헬스 학생은 전문 의료 분야에서의 직업을 목표로 하는 학부생을 칭하는 용어이다. 프리헬스 과정의 학생들은 대학에서 어떤 전공이든 선택할 수 있지만, 그들은 전문 스쿨(professional school) 입학에 필요한 일련의 과정을 이수해야 한다. 즉, 학생들은 학부에서 자신의 전공 요구 사항과 동시에 특정 의료 분야의 전문 스쿨에 지원할 때 요구되는 과정들을 함께 충족시켜야만 한다. 많은 프리헬스 과정의 학생들이 생명과학, 화학과 연관된 전공을 선택하여 전문 스쿨의 요구 사항을 만족시키면서 경험 또한 쌓고자 노력한다.

보건/의료 전문 스쿨에 지원하기로 결정한 경우 대학이 도움을 줄 수 있는 가장 중요한 세 가지 영역은 추천서, 인터뷰, 자기소개서 작성이다. 메디컬 스쿨과 덴탈 스쿨을 비롯한 보건/의료 전문 스쿨은 교수진 또는 리서치 어드바이저(research advisor)의 개별 추천서를 요구한다. 학생이 다니는 대학에 프리헬스 커미티(pre-health committee) 또는 헬스 프로패션즈 커미티(health professions committee)가 구성되어 있다면 이곳에서 추천서 패킷을 요청할 수 있다.

인터뷰는 학교가 학생의 다양한 역량에 대해 파악하고 의료 전문가가 되기 위한 자질을 갖고 있는지 확인하기 위해 고안된 필수 과정이다. 인터뷰는 먼저 제안을 받으면 긍정적인 신호로 받아들인다. 재학 중인 대학의 풍부한 경험을 가진 프리헬스 어드바이저와의 협력은 학생의 지원 과정을 돕게 된다.

학부 졸업 후 보건/의료(health professions) 전문 분야를 목표로 두고 있는 학생은 프리헬스 프로그램과 프리헬스 어드바이징(pre-health advising)이 잘 갖추어진 대학을 대학 리스트로 검색해보아야 한다. 또한 학생 수가 적어 교수와 더 가깝게 많은 시간을 보내게 되는 리버럴 아츠 칼리지들의 의대 입학률이 높다는 점도 대학 선택 시 주시해야 한다.

프리메드(Pre-Med): 미국 의대 준비 과정

의사를 미래의 직업으로 생각하는 많은 수의 하이 스쿨 학생들이 대학에서의 "전공"을 프리메드(pre-med)로 하겠다고 이야기하는 것을 종종 듣는다. 그러나 프리메드는 전공이 아닌, 학생들이 가장 많이 선택하는 프리헬스 과정 중의 하나로 의과대학 준비를 위해 대학에서 듣는 일련의 수업 과정(트랙) 혹은 프로그램이다. 따라서 대학에 입학할 때에는 프리메드가 아닌 다른 전공을 선택해야 한다. 물론 학생에 따라 전공을 선택하지 않고 "언디사이디드"(undecided)로 입학하는 경우도 있다.

1. 미국 의대 준비를 위한 학부 전공 선택

프리메드가 전공이 아니라면 의대 진학을 위해 학부에서 어떤 전공을 선택하는 것이 좋을까. 통계 자료를 토대로 프리메드 학생에게 제일 좋은 전공은 무엇인지 알아본다.

연간 미국 의대에 지원하는 학생들 중 가장 많은 학부 전공은 생물학(biological science)이다. 미국 의과대학 협회(Association of American Medical Colleges, AAMC)의 발표에 따르면 2022-2023년 전체 의대 지원자 55,188명 중 31,540명이 생물학 전공자였다. 이 중 12,865명이 입학 허가를 받았다. 그외에 인문학, 수학, 사회과학, 물리학을 포함한 다양한 전공의 학생들이 의대를 지원했다.[21]

반면, 다양한 학부 전공자들의 MCAT 성적을 분석한 AAMC 통계에 따르면 MCAT 점수가 가장 높은 학부 전공은 수학과 통계학, 그리고 물리학(physical sciences) 전공으로 나타났다. 또한, 물리학 및 수학과 통계학 전공자들은 수적으로 적었지만, 합격률에 있어서는 가장 좋은 결과를 보였다. 물리학 전공자들은 4,636명이 지원하여 2,151명이 합격했고, 수학과 통계학 전공자들은 381명이 지원하여 172명이 합격했다. 이런 통계 결과를 바탕으로 AAMC와 다른 전문가들은 학부 전공이 반드시 MCAT와 입시 결과를 결정하는 것은 아니라고 분석하고 있다.

그렇다면, 학부 전공을 선택할 때는 무엇을 기준으로 해야 할까. 학부 전공을 선택할 때의 고려할 점을 세 가지로 나누어서 살펴보겠다.

• 관심 있는 전공 선택

학생이 즐겁게 열정을 가지고 공부해 나아갈 수 있을 때 더 잘할 가능성이 있다. 학생이 관심이 있고 좋아하는 과목, 전공을 찾아 학부에서 전공하는 것을 먼저 고려한다.

• 기회를 주는 전공 선택

의대 지원서에는 학생들이 경험을 상세히 설명할 수 있는 기회가 주어진다. 따라서 너무 적은 수의 경험보다는 최대한 깊고 폭넓은 경험을 가질 수 있는 전공을 선택한다. 그런 점에서 일부 학과가 다른 학과보다 더 활동적이라는 것을 유의하여, 학생이 의대 지원 시 필요한 여러 활동을 할 수 있게 도움을 주는 학과인지 살펴보는 것도 필요하다.

• 잘할 수 있는 전공 선택

첫 번째와 두 번째보다는 현실적인 고려 사항이라고 할 수 있다. 미국 의대 진학은 학과 공부 외에 여러 가지를 요구한다. 학생이 성적을 받기 위해 도서관에서만 시간을 보낸다면 바람직하지 않다. 물론, 대학을 진학하기 전에 장담할 수 없겠지만, 학생이 충분히 해당 과목을 잘 해왔고 앞으로도 그것을 전공으로 잘 해나가며 다른 액티비티도 할 수 있다는 자신감을 가지고 시작할 수 있는가를 고려해야 한다.

위의 모든 사항을 고려하여 프리메드를 하는 학생들이 가장 많이 선택하는 인기 있는 전공이 있다. 아마도, 의사가 되려는 학생들이 좋아하는 과목들이 많고 또 프리메드에서 요구 사항을 충족하기가 더 쉽기 때문일 것이다.

• 화학(Chemistry)
프리메드 학생들에게 많이 인기 있는 전공으로, MCAT에는 화학과 관련된 3가지 과목이 출제된다. 또한 화학 전공은 의대에서 사용할 수 있는 지식을 제공한다.

• 생물학(Biology)
가장 일반적인 프리메드 전공으로 알려져 있다. 인체 해부학(Human Anatomy), 건강(Health), 생리학(Physiology), 신경 생물학(Neurobiology) 등의 과목을 배운다. 역시 MCAT에 많은 도움이 된다.

• 생화학(Biochemistry)
생화학 전공 학생들은 프리메드 트랙에서 많은 도움을 받는다. 또한, MCAT에서는 생화학 전공에서 다루는 모든 생화학, 생물학, 일반 화학, 유기 화학에 대해 알아야 한다.

• 심리학(Psychology)

심리학 전공 학생들 중 많은 이가 프리메드 트랙을 거쳐 의대를 지원하고 있다. 특히 정신과 의사가 되기 위해 일찌감치 계획을 세우는 학생들이 꽤 있다.

미국 의대 진학은 긴 과정이다. 학생이 프리메드 과정부터 흥미 있는 전공을 찾아서 공부하는 것을 즐기고 차근차근 준비하며 좋은 결과를 만들어내는 것이 중요하다.

2. 미국의 의대(Medical School) 입학을 위해 요구되는 사항들

미국에서 의대 진학은 하이 스쿨에서 통합 의대로 바로 진학하는 경우를 제외하면 4년제 대학의 학사 학위를 받은 후 메디컬 스쿨(Medical School)로 진학해야 한다. 이를 위해서 학생들은 대학에서 학부 과정을 공부하는 동안 다음 항목을 준비해야 한다.

1) 의대 입학에 요구되는 필수 과목 수강

학부 과정에서 학생들은 의대 입학에 필요한 필수 과목을 수강해야 한다. 이러한 과정을 수강하는 프로그램을 프리메드(pre-med)라고 일반적으로 일컫는다. 이때 각 의대마다 요구 사항이 조금씩 다르므로, 반드시 관심 있는 의대의 필수 요구 과목들을 찾아 모든 사항을 충족하는지 확인해야만 한다. 다음은 미국 의대들이 제시하는 최소 필수 과목 리스트이다.

- 생물학(Biology)

- 물리학(Physics)

- 일반 화학(General chemistry)

- 유기화학(Organic chemistry)

- 생화학(Biochemistry)

- 영어(English)

- 수학(Math)

이외에 아래의 과목들은 추가 필수 과목들로 메디컬 스쿨에 따라서
요구되기도 한다.

- 심리학(Psychology), 통계학(Statistics), 해부학(Anatomy), 라이팅
(Writing), 사회과학(Social Sciences), 인문학(Humanities), 다양성
(Diversity), 윤리학(Ethics)

심리학, 통계학, 해부학, 글쓰기, 사회과학, 인문학, 다양성, 윤리학
이 자주 요구되는 과목이며, 특히 하버드 메디컬 스쿨의 경우 1년(2
학기) 동안의 라이팅 수업을 필수 과목으로 하고 있다. 많은 대학들의
프리메드 프로그램들은 위의 필수 과목들을 포함하고 있다. 따라서
프리메드 트랙에서 수업을 듣는 것은 메디컬 스쿨들이 요구하는 필수
과목을 충족시키는 동시에 MCAT, 즉 의과대학 입학 시험에도 큰 도
움을 준다.

2) MCAT Score

학생들이 미국 의대를 진학하기 위해서 치러야 할 의과대학 입학 시험으로 7.5시간의 컴퓨터 기반 시험이다. 총 4개의 영역으로 구성되어 있다. 생물학에서 심리학에 이르는 230개의 객관식 질문으로 구성되어 있다.

- Biological and Biochemical Foundations of Living Systems
- Chemical and Physical Foundations of Biological Systems
- Psychological, Social, and Biological Foundations of Behavior
- Critical Analysis and Reasoning Skills

3) 의료와 연관된 교외 활동

미국 의대에 진학하기 위해서는 학점을 제출하고 의과대학 입학시험(MCAT)을 치르는 것 이상의 것이 필요하다. 대학은 학생들이 병원이나 다른 의료 환경에서 일종의 리서치 경험 및 자원봉사 경험을 가질 것을 기대한다. 또한 학생들은 닥터 섀도잉(doctor shadowing)과 그외에 의료와 연관된 임상 경험(clinical experience)이 있어야 한다. 물론, 인턴십과 일한 경험(work experiences)을 갖추고 있다면 학생의 프로파일을 더욱 강화시킬 수 있다. 의사가 되기 위해서는 학업 능력뿐만 아니라 실제로 다른 커뮤니티에서 함께 나누고 응용하는 능력이 있다는 것을 보여주어야만 한다.

4) 추천서와 인터뷰

대학에 지원할 때 추천서가 필요한 것 이상으로 의대 지원 시 추천서는 핵심 구성 요소이다. 그리고 원서가 통과된 뒤 입학 사정관들과 갖게 되는 인터뷰도 때로는 당락을 좌우할 수도 있을 만큼 상당한 비중을 가지고 있다.

통합의대(BS/MD Program)

일찌감치 확고하게 의대 진학을 결심한 학생들에게 통합의대(BS/MD program)는 훌륭한 선택지가 된다. 대학에 따라 다소 차이는 있지만, BS/MD 프로그램은 학생들이 별도의 의대 입학 절차 없이 대학과 의대를 동시에 지원할 수 있게 한다. 프로그램은 일반적으로 4년의 학부와 4년 의대를 합하여 총 8년, 혹은 3년의 학부와 4년의 의대를 합하여 총 7년으로 구성된다. 드물게는 2년의 학부와 4년간의 의대를 합하여 총 6년의 기간에 걸쳐 진행되는 경우도 있다.

대다수의 통합의대 프로그램은 규모가 작고 합격률이 매우 낮기 때문에 높은 경쟁력을 갖춘 지원자라도 입학이 보장되지 않는다는 점을 명심해야 한다. 그러나 통합의대 프로그램은 의과대학에 진학하는 일반적인 경로에 비해 몇 가지 이점을 제공한다.

무엇보다도 스트레스가 많고 경쟁이 치열한 의대 지원 과정을 피하면서 동시에 학사 학위를 마칠 수 있다는 점이다. BS/MD 학생들은 의대 지원에 수반되는 압박감과 불확실성에서 벗어나 미래를 위한 연구에 더 집중할 수 있는 경우가 많다. 마찬가지로 MCAT을 요구하지 않는 통합의대 프로그램에 다니는 학생들은 MCAT 시험 스트레스를 피할 수 있다.

또한 BS/MD 학생들은 의대 입시를 벗어나서 학문적으로 탐구할 수 있는 더 큰 자유로움을 느낄 수 있다. 일부 BS/MD 프로그램은 학생들에게 학습, 네트워킹 및 봉사를 위한 특별한 기회를 제공한다. 예를 들어 브라운 대학교(Brown University)의 PLME(Program in Liberal Medical Education)는 의료 중심의 해외 유학, 연구 조교 기회, 지역사회 봉사, 펠로우십 등을 포함하는 심화 활동을 제공한다.

이러한 많은 혜택에도 불구하고 BS/MD 프로그램이 의학에 관심이 있는 모든 학생에게 적합한 것은 아니다. 7~8년 동안 한 분야만을 중점을 두고 탐구해야 하며, 한 곳에서 생활해야 한다. 학생들은 대학에 진학하여, 다양한 학문을 접하고 나이가 들면서 장래의 목표가 바뀔 수 있다. 학생이 의학 분야의 직업에 완벽한 확신이 서 있지 않다면 전통적인 4년제 학부 후 의대를 지원하는 옵션을 함께 고려해보아야 한다.

베스트 통합 의대 프로그램

- Program in Liberal Medical Education(PLME), The Warren Alpert Medical School – Brown University
- Pre-Professional Scholars Program(PPSP) in Medicine, Case Western Reserve University School of Medicine – Case Western Reserve University

- Guaranteed Admission Program(GAP), University of Pittsburgh School of Medicine – University of Pittsburgh
- Baylor2Baylor Medical Program, Baylor College of Medicine – Baylor University
- Rochester Early Medical Scholars(REMS), University of Rochester School of Medicine & Dentistry – University of Rochester

Chapter 18

커뮤니티 칼리지 입학 후 편입

어릴 때부터 미국 유학을 준비한 학생들은 미국 대학 진학을 위해 고등학교 GPA, SAT 혹은 ACT 시험, 과외 활동 등을 준비하면서 고등학교 생활을 했을 것이다. 그러나 고교를 마칠 무렵이나 고등학교를 졸업한 후에 미국 대학에 진학하기로 결정한 학생들은 어떻게 미국 대학에 진학해야 할지 막막하다. 이럴 때 생각해볼 수 있는 하나의 방법이 바로 편입이다.

편입은 한국 교육과정의 고등학교에 재학하는 학생들에게도 유용한 방안이 될 수 있다. 일반적으로 한국 교육과정으로 고등학교를 재학한 학생이 미국 대학으로 진학하려 할 때에는 미국 교육과정을 따르는 학교에 다니는 학생들보다 더 많은 준비가 필요하다. 따라서 학생들은 고등학교 졸업 후 갭이어(gap year) 동안 시간을 갖고 진학 준비를 하는 경우가 종종 있다. 이때 학생이 일 년 안에 원하는 성과를 얻어 자신이 희망하는 대학에 입학하게 되는 것이 최선의 결과이지만, 만약 여러 이유로 원하는 대학에서 합격통지서를 받지 못한 경우는 편입을 염두에 두고 편입하기 용이한 학교를 결정하는 방법을 고려할 수 있다.

위의 여러 경우처럼 일부 학생들에게는 4년제 대학에 바로 진학하는 것이 미래의 성공을 위한 최선의 결정이 아닐 수 있다. 이럴 때 하나의 전략으로 생각해볼 수 있는 것은 커뮤니티 칼리지에 입학한 뒤 4년제 대학으로 옮기는 방법이다. 그리고 커뮤니티 칼리지에서 교육을 시작하여 학사 학위를 취득하고 훌륭한 경력을 쌓을 수 있다는 것은 편입(transfer)이 주는 가장 큰 이점 중 하나다.

편입의 이점

커뮤니티 칼리지에 진학한 뒤 4년제 대학에 편입하는 것은 여러 이점이 있다.

1. 비용 절감

커뮤니티 칼리지에 다니는 일반적인 이유는 학비를 절감할 수 있다는 것이다. 2022-2023년 칼리지 보드에서 발표한 다음의 그래프를 보면 인스테이트(in-state) 학생들의 4년제 주립대학의 평균 연간 등록금은 $10,940, 그리고 아웃 오브 스테이트(out-of-state) 학생들의 주립대학 평균 연간 등록금은 $28,240이다. 게다가 사립대학의 평균 연간 등록금은 무려 $39,400이다. 반면에 커뮤니티 칼리지 등록금은 인스테이트 학생의 경우 연간 평균 $3,860로 다른 인스테이트 학생들을 위한 4년제 대학 평균 등록금보다 훨씬 저렴하다.

- **인스테이트(In-state):** 일반적으로 주에 살고 있는 거주민을 위해 제시된 학비로서, 학생이 미 시민권 또는 영주권을 소지하고 있어야 하며 대학이 위치한 주에 거주해야 한다는 것을 일반 요구 사항으로 하고 있다. 그러나 주마다 요구 사항에 차이가 있으므로 직접 학교에 문의하는 것이 가장 정확하다.
- **아웃 오브 스테이트(Out-of-state):** 일반적으로 in-state에 적용되지 않는 모든 학생들을 포함한다. 유학생, 외국인, 대학이 위치한 주에 거주하지 않는 미국인들은 여기에 속한다.

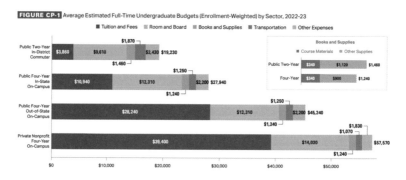

출처: College Board, Trends in College Pricing and Student Aid 2022[22]

커뮤니티 칼리지와 4년제 대학 간의 상당한 비용 차이는 대학을 졸업하는 총 기간이 4년인 것을 고려할 때 커뮤니티 칼리지에서 대학으로 편입하는 것이 비용 면에서 훨씬 효율적임을 시사한다. 따라서 4년제 대학의 높은 학비가 부담된다면 커뮤니티 칼리지 과정으로 시작하고 4년제로 편입하여 학사 학위를 취득하는 것이 교육비를 절약할 수 있는 좋은 방법이 될 수 있다.

2. 학교 혹은 전공 선택의 과도기

일부 학생들은 4년제 대학 진학 후에도 현재 다니고 있는 대학에서 기회가 부족하다고 느끼거나, 학교 분위기에 적응하지 못하거나, 또는 새로운 것을 원하게 되어 편입을 고려하게 된다. 4년제 대학에 바로 진학하는 대신 커뮤니티 칼리지에 다니게 될 경우, 커뮤니티 칼리지를 다니는 동안에 학생이 대학에서 원하는 바를 더 깊이 생각해볼 수 있는 기회가 생기게 된다. 커뮤니티 칼리지에서 기초과목을 수강하고 4년제 대학으로 편입하게 되면 대학 생활을 통해 구체적인 대학 선택의 기준을 세워 신중하게 최선의 대학과 학과를 선정할 가능성을 높일 수 있다.

3. 고등학교 평점(GPA)의 보충

고등학교 때 좋은 성적을 받지 못했다면 커뮤니티 칼리지에 다니면서 성적을 향상시킨 후, 고등학교 성적으로 갈 수 있는 대학보다 상위권 대학에 편입하는 방법을 활용할 수 있다. 또한, 고등학교를 졸업하고 지원했던 대학에서 입학 허가서를 받지 못한 경우의 학생들도 커뮤니티 칼리지에서 성적 관리와 과외 활동 등을 열심히 하여 원하는 학교로 편입하는 선택을 할 수 있다. 커뮤니티 칼리지에서 받은 탄탄한 GPA는 계획한 대학으로의 편입을 유리하게 하여, 1년이나 2년 동안 커뮤니티 칼리지에서 수업을 듣고 4년제 대학으로 편입하는 것이 가능하다.

4. 소규모 수업

커뮤니티 칼리지의 중요한 장점 중 하나는 소규모 수업이다. 커뮤니티 칼리지는 일반적으로 각 수업을 20~30명 미만의 학생으로 구성한다. 이는 학생들이 더 많은 그룹 토론에 접근할 수 있을 뿐만 아니라 다른 학생들과 깊은 교류를 할 수 있고 교수와 개인적인 연결이 되거나 멘토링을 형성할 수 있게 한다. 커뮤니티 칼리지에서 학생들은 질의 응답을 주고받기 쉬운 개별화된 방식으로 교육받을 수 있기 때문에 자신만의 학습 속도가 있는 학생들에게 긍정적으로 고려될 수 있다.

5. 교수의 질

커뮤니티 칼리지의 교수진은 해당 분야의 전문가들로 4년제 대학에서 수년간 가르친, 경험 있고 자격을 갖춘 교수들이다. 많은 교수진들은 학생들의 개별화된 교육을 위해 스터디 그룹, 과외 세션, 기타 개별 교육을 위한 수업 외 학습 기회를 만들고 학생들의 학문적 성장을 지원한다.

편입의 유용한 전략

커뮤니티 칼리지에 입학 후 혹은 4년제 대학을 다니면서 편입을 하고자 할 때 해야 할 일을 구체적으로 살펴보겠다.

1. 구체적인 편입 이유를 생각한다.

편입 지원서를 받은 대학은 지원 에세이를 통해 편입을 선택한 이유에 대해 알고 싶어 하므로 지원서 작성을 시작하기 전에 학생은 편입을 하고자 하는 이유를 미리 생각해야 한다.

다른 학생들 또는 학교 분위기와 어울리기 힘들어 고립되어 지냈는지, 그리고 이를 극복하기 위해 어떠한 노력을 하고 있는지를 알려준다면 공감을 얻을 수 있는 편입 사유가 될 것이다.

현재 다니고 있는 대학에 원하는 프로그램이 없거나, 전공을 바꾸기로 결정했는데 새로운 전공이 대학에 없을 때도 편입을 결정하는 타당한 이유가 될 것이다. 또한 준학사(associate degree) 학위 취득 후 학사 학위를 취득하는 것도 적합한 이유가 될 수 있다.

2. 전공을 결정한다.

아직 한 가지 전공을 정하지 못했다면 가고 싶은 분야를 되도록이면 빨리 선택하는 것이 유리할 수 있다. STEM(과학, 기술, 공학 및 수학) 또는 헬스, 간호 분야에서 전공을 하려는 경우는 대체적으로 기초 과목이 많으므로 해당 과목을 수강하면서 세부 전공을 계획해보는 것이 바람직하다.

분야를 정하기 전이라면 커뮤니티 칼리지의 첫 학기에 관심을 가지는 분야와 관련된 과정을 수강해본다. 이러한 과정을 통해서도 전공에 대해 확신이 서지 않는다면 커리어 센터의 상담원과 함께 진로상담 및 커리어 테스트를 통해 관심 있는 분야를 찾을 수 있다.

전공을 일찍 선택하는 것은 편입 과정에서 많은 도움이 된다. 편입을 하려는 대학 목록을 작성하거나, 학기마다 수강신청을 할 때 미래 전공에 따라 수강할 수 있기 때문이다.

3. 일반 교육과정만 너무 많이 수강하지 않는다.

4년제 대학에서 학생들은 일반적으로 졸업을 위해 기초 교양 과목인 일반 교육과정과 전공과목을 이수해야 한다. 커뮤니티 칼리지 학생들은 어차피 나중에 들어야 할 과목이라고 생각하기 때문에 전공을 결정하기 전에 일반 교육과정을 수강하는 경향을 보인다. 그러나 일반 과목을 너무 많이 수강하면 그중 일부는 편입 후의 대학에서 인정받지 못하는 경우도 있어 대학 졸업까지 시간이 더 소요될 수 있다.

전공을 선택하지 않았더라도 관심 있는 분야의 과목과, 전공하고 싶은 분야의 과목을 수강하여 해당 분야에 진정으로 관심이 있는지 확인해볼 수 있다. 이때 이수한 과정은 추후 해당 전공으로 편입하게 될 때 새로운 대학에서 수강한 것으로 인정되어 일부 과정을 생략할 수 있다는 유리한 측면도 있다.

4. 편입하고 싶은 대학을 조사하여 목록을 만든다.

편입 절차를 시작하기 전에 관심 있는 대학들에 대해 조사한다. 신입생의 입학과 달리 편입학 요건은 학교와 학과별로 차이를 보이기 때문에 지원하려는 대학의 학과별 지침을 확인하고 편입에서 요구하는 각각의 기준을 알면 편입 성공의 가능성을 높일 수 있다.

또한 대부분의 대학은 편입 지원 요건으로 다른 대학에서 이수해야 하는 최소 학점을 제시한다. 학교에서 원하는 과목을 이수하기 전에 편입을 결정하게 되면 편입 자격이 없으므로 이를 반드시 확인해야 한다. 이수 학점이 인정받는 경우 대부분의 학교에서는 2학년 또는 3학년으로 편입을 하게 된다.

5. 편입을 담당하는 어드바이저와 자주 연락한다.

대부분의 커뮤니티 칼리지에는 커뮤니티 칼리지에서 대학으로 편입하는 데 도움을 줄 수 있는 편입 어드바이저(transfer advisor)가 있는 편입 상담 오피스 혹은 센터가 있다. 편입을 고려하기 시작하면 그들과 만나 편입에 관한 필요한 사항을 확인하고 자주 연락을 취하도록 노력한다.

편입 어드바이저들은 학생이 선택한 대학의 편입 요건을 확인하는 데 도움을 줄 수 있다. 또한 이전에 다른 많은 학생들의 편입학을 지원해왔으므로 어느 시기에 무엇을 해야 하고 지원서에 무엇을 포함해야 하는지에 대한 현실적인 조언을 해줄 수 있다. 게다가 그들은 편입 시 인정되는 학점에 대해서도 구체적으로 알고 있기 때문에 편입하게 될 대학을 졸업할 때까지 걸리는 시간도 알려줄 수 있다.

6. 잠재적인 편입 대상 대학들을 비교한다.

편입을 지원하고자 하는 대학 리스트를 미리 작성해두었다면 리스트에 있는 학교들을 비교하기 위해 지원하려는 대학에 이미 편입학한 선배들이 그 학교에 대해 어떻게 생각하는지 알아보는 것은 효과적이다. 그들은 편입한 이후에 학생으로서 경험한 것에 대해 현실적으로 말해줄 가능성이 높다. 또한 편입하고자 하는 대학의 입학 사정관과 상담 일정을 갖고 이야기해보는 것은 최선의 선택을 하기 위한 방법이다. 기회가 있다면 캠퍼스를 방문하거나 온라인 투어를 해보는 것도 학교의 전체적인 분위기를 느끼는 데 도움이 된다.

대학을 선택하는 데 비용도 중요한 요소이므로 학교가 재정 지원을 얼마나 해줄지도 미리 확인해둔다. 편입을 희망하는 학교의 재정 지원 어드바이저와 상담을 하는 것을 추천한다. 또한 편입 합격률을 미리 확인하는 것은 학교를 비교할 때 필수적인 요소이다. 그리고 편입이 인정되는 학점을 미리 확인하는 것도 대학 비교 시 꼭 해야 할 사항이다.

7. 편입할 대학에서 인정받을 수 있는 학점을 확인한다.

편입 시 학생이 커뮤니티 칼리지에서 수강한 학점을 얼마나 인정받느냐는 어떤 커뮤니티 칼리지인지, 어느 대학, 어느 학과로 편입하는지에 따라 달라질 수 있다. 따라서 가장 정확한 방법은 학생이 현재 다니고 있는 대학의 성적증명서를 편입하고자 하는 대학으로 보내 확인을 받는 것이다.

또한 커뮤니티 칼리지의 편입 어드바이저에게도 이에 대한 조언을 받을 수 있으니 개별 미팅 예약을 하고 문의를 하도록 한다. 일반적으로 커뮤니티 칼리지의 어드바이저가 각각 담당해야 하는 학생들이 많기 때문에 상담 일정을 예약하기가 쉽지 않다. 그러나 커뮤니티 칼리지에서 취득한 모든 학점이 편입 후 4년제 대학에서 인정되는 것이 아니므로 매 학기 수업을 선택할 때 편입 어드바이저와 미리 상의하여 전략적으로 수업을 결정하는 것이 현명한 방법이다.

학생들이 커뮤니티 칼리지에 다니다 4년제 대학으로 편입하는 것은 매우 일반적이다. 커뮤니티 칼리지에서 취득한 모든 학점을 편입 후 대학에서 학사 학위를 취득할 때 인정받을 수 있으나, 일부가 인정되지 않는 경우가 있다. 이를 미리 확인하고 편입 지원을 할 대학 리스트를 작성할 때 이를 고려하면 학사 학위 취득 시까지의 시간을 절약할 수 있다.

8. 높은 GPA 유지

고등학교를 졸업하고 바로 4년제 대학을 지원하는 것보다 편입이 더 쉬울 것이라고 생각할 수도 있다. 그러나 신입생 입학에서 경쟁률이 높고 GPA가 큰 영향력을 미치는 상위권 대학은 편입학에서도 여전히 GPA는 중요하고 입학률도 신입생을 선발할 때보다 더 낮은 경우가 일반적이다.

따라서 일반 과정을 수강하든 전공 과정을 수강하든 GPA를 높게 유지하는 것은 합격에 결정적인 요인이 된다. 다니고 있는 대학에서의 성적이 편입학 허가를 결정하는 기준에 추가되므로 편입학 때 고등학교 성적이나 SAT 혹은 ACT 점수의 중요성은 신입생 입학 지원 때보다 낮아질 수 있다.

편입 지원 요건

편입은 신입생 입학과는 달리, 대학마다 학과마다 개별적인 지원 요소가 많기 때문에 편입을 고려하고 있는 대학과 해당 학과별로 하나하나씩 별도의 확인을 거쳐야 한다. 일반적으로 편입학 지원을 위해 필요한 요건들은 대학 지원서, 고등학교 성적 증명서(official high school transcript), 대학 성적 증명서(official college transcript), 칼리지 리포트, Mid-Term Report, 추천서, SAT 또는 ACT 점수 등이 포함된다. 그러나 위의 사항들은 대학에 따라 요구 사항으로 또는 추천 사항으로 제출될 수 있다.

미국 대학 졸업식 풍경

5월은 졸업의 시즌이다. 미국의 학부 졸업식은 미국 대학가에서 30년이 넘게 살아온 필자에게도 설레고 기대되는 행사이다. 아마도 한국에서 학부를 졸업하고 미국에서 대학원만을 다녔기 때문일 것이다. 입학식과 졸업식이 모두 중시되는 한국과 달리 미국은 졸업식에 조금 더 초점을 두고 있다. 입학 당시에는 한국의 입학식과 같은 별도의 행사를 크게 하지 않지만, 졸업 시에는 아이비리그를 비롯한 여러 대학에서 졸업 행사가 며칠 동안 진행된다. 필자가 참석했던 윌리엄스와 하버드 역시 그러했다.

단풍으로 물든 예쁜 캠퍼스가 기억으로 남는 윌리엄스는 졸업식 역시 학교의 정경이 가장 먼저 떠오른다. 졸업식은 6월 초 비 내린 후의 청명함 속에 야외에서 진행되었다. 매사추세츠주 버크셔 지역의 그레이락(Greylock) 산기슭에는 졸업식의 시작을 알리는 백파이프 소리가 울려 퍼졌고, 윌리엄스의 컬러인 "퍼플(purple)" 컬러가 학교를 감싸고 있었다.

큰아이의 윌리엄스 졸업식 때 연사로 나온 이는 치마만다 응고지

Thompson Memorial Chapel, Williams College

아디치에(Chimamanda Ngozi Adichie)였다. 나이지리아 출신의 아디치에는 작가로서도 유명하지만 여러 대학의 졸업식 등에서 강연과 연설로 강한 영향력을 미치고 있는 인물이다. 유머러스하면서도 심도 있게 현재의 교육, 사회문제를 되짚어보며 사회에 첫발을 내딛는 학생들에게 다짐과 함께 당부를 전했다. 그녀의 연설은 필자가 아끼는 졸업 연설 중의 하나로 아직까지도 너무 좋아서 가끔씩 영상을 보기도 하고 학생들에게 추천하고 있다. 대학생들의 순수한 열정, 그 연설을 들으면서 공감하던 함성과 모습들이 떠오른다.

리버럴 아츠 칼리지의 장점인 작은 학생 수 덕분에 모든 학생들은 윌리엄스 칼리지의 총장인 애덤 포크(Adam Falk)에게 학위를 직접 수여받았다. 졸업식의 마지막을 장식했던 동문회장 조던 햄튼(Jordan Hampton)의 연설이 인상적이었다. 복잡한 감정과 힘든 일은 모두 뒤로 하고 졸업생들의 고향(home)이 되는 윌리엄스로 언제든 돌아오라고 했다. 햄튼은 윌리엄스의 마스코트인 카우(cow)와 퍼플 컬러를 언급하며 윌리엄스 동문들이 뒤에서 항상 함께 연결되어 있음을 강조했다. 큰아이가 오랜 역사를 가진 특별한 가족의 일원으로 환영받고 있다는 것에 뿌듯함이 느껴졌다.

몇 년 뒤 참석하게 된 작은아이의 졸업식은 코비드 시기에 온라인으로 대체된 후 다시 캠퍼스에서 열리게 된 졸업식이라서 많은 이들을 설레게 하기 충분했다. 나 역시 이미 항공편과 호텔을 예약하면서 들떠 있었다. 보스턴과 그 근방에 위치한 대학들의 수가 30~40개 정도라고 하니 졸업 시즌에 항공편과 호텔을 예약하는 게 쉽지 않았다. 이미 몇 달 전 한 주간의 하버드 졸업식 주간(Commencement Week)

일정이 나왔다. 필자는 코로나로 인해 계획했던 대학 방문이 몇 년간 이루어지지 않았기 때문에 작은아이의 하버드 졸업식 참석 전에 보스턴 근처 여러 대학의 대학 설명회(information session)와 대학 견학을 계획하고 있었다.

그러나, 도착한 첫날 공항에서 아들의 전화를 받고 하버드의 학부인 하버드 칼리지(Harvard College) 졸업생을 위한 패밀리 리셉션(Family Reception)을 위해 사이언스 센터(Science Center Plaza)로 달려갔다. 졸업식 당일인 목요일은 아직 멀었지만, 벌써 졸업식 분위기가 가득했고, 졸업하는 학생들과 가족들로 분주했다. 하버드 밴드들의 연주는 계속되었고, 학부생들만의 모임이었지만 의외로 많은 사람들이 모여 있었다. 간단한 다과와 스낵을 들며 서로 인사하는 모습들이 보였고, 우리 가족도 작은아이가 소개해주는 친구들, 그리고 부모님들과 인사하고 대화를 나누는 즐거운 시간이었다. 돌아오는 길에 하버드 내의 이곳저곳에서 대학원의 행사 모습들을 볼 수 있었다.

하버드는 하버드 비즈니스 스쿨(Harvard Business School), 하버드 케네디 스쿨(Harvard Kennedy School), 하버드 메디컬 스쿨(Harvard Medical School), 하버드 로스쿨(Harvard Law School)과 같은 전문대학원과 일반대학원, 학부를 포괄하여 하버드 대학교(Harvard University)라는 이름으로 불린다. 하버드의 졸업식은 학부를 일컫는 하버드 칼리지(Harvard College)를 포함하여 모든 하버드 대학교의 졸업식이 전체적으로 진행된다.

클래스데이(Class Day) 행사는 크림슨 컬러의 런치박스에 들어 있는 샌드위치와 쿠키를 먹은 후 하버드의 올드 야드(Old Yard)에서 시

하버드 졸업식, Harvard Commencement

작되었다. 보스턴 최초 여성 시장인 미셸 우(Michelle Wu)는 자신의 연설에서 하버드의 모토인 베리타스(Veritas)가 자신의 삶에 스며든 다양한 방식을 언급하며 학생들이 해결하고자 하는 문제에 정면으로 뛰어들어 "진정한 것이 무엇인지 확인"하도록 격려했다. 하버드의 생활을 재치있게 이야기한 윰나 샤미에(Youmna Chamieh)의 아이비 오레이션(Ivy Oration)도 학생들로부터 많은 공감을 얻었다. 보스턴의 주차 사정이 어려워 아침 일찍부터 많이 걸어야 하는 바쁜 일정이었지만 저녁에는 근처에 사는 작은아이 친구 가족의 초대를 받아 다양한 친구와 가족을 만나 즐거운 시간을 보낼 수 있었다.

졸업식 날은 아침부터 엄청난 인파가 몰렸다. 입장하는 줄이 길다는 이야기에 일찍부터 호텔을 나섰지만, 이미 줄은 길었다. 졸업식장에 들어가기 전에 각 입장객의 모든 티켓과 소지품을 확인했다. 덴탈 스쿨 다니는 큰아이도 전날 자정 넘어 보스턴에 도착해 졸업식에 참석할 수 있었다. 학부생과 대학원생을 포함한 모든 졸업생들이 졸업식장인 올드 야드로 들어오는 데 1시간 이상이 걸렸지만, 그 과정 또한 재미있었다. 일찍부터 기다리고 있어 지칠 것 같은데도 모두가 축제 분위기였다. 대학원과 전문대학원 졸업생들은 각기 단과 대학별로 입장을 했다. 로스쿨의 경우에는 판사봉, 덴탈 스쿨은 앞쪽에 커다란 칫솔을 들고 입장하고, 케네디 스쿨의 경우는 지구본을 들고 입장했다.

하버드 총장 로렌스 바카우(Lawrence Bacow)로부터 전체적인 학위 수여가 있었다. 특히 눈길을 끈 것은 한국계인 줄리아 리우(Julia Riew)가 자신이 만든 곡 다이브(Dive)를 직접 부른 것이었다. 반응은 너무 좋았다. 한국인이라는 것이 한껏 자랑스러운 순간이었다. 졸업식의 마지막에 저신다 아던(Jacinda Ardern) 뉴질랜드 총리는 졸업생들에게 민주주의를 수호하기 위해 "진정한 토론과 대화(genuine debate and dialogue)"를 추구할 것을 주문했다.

전체 졸업식을 마치고, 졸업생들은 각자의 학위를 받기 위해 자신이 머물던 기숙사로 향했다. 사실 아이가 입학한 이후로 기숙사는 처음 가보는 것이어서 너무 소홀했던 것 같아 미안한 마음이 들었다. 기숙사 학장의 짧은 연설과 졸업장 수여가 이어졌다. 식을 마치고 친구들과 가족들과 기숙사 여러 곳에서 사진을 찍었다. 아들이 미리 준비해온 기숙사 식권으로 기숙사 카페테리아에서 식사를 할 수 있었다. 동생의 졸업으로 함께 신이 나 있는 딸에게 윌리엄스 기숙사가 조금 더 맛있었다고 하자, 매일 먹어보라고 얘기하며 딸이 웃었다.

아들은 찰스강에서 친구들과 사진을 찍기로 했다며 어서 가야 한다고 말했다. 이미 존 W. 윅스 브리지(John W. Weeks Bridge)에는 많은 학생들이 사진을 찍고 있었다. 찰스강에서, 봄날 오후의 햇살 아래 카누와 카약을 타며 노를 젓는 학생들을 볼 수 있었다. 멀리 하버드 캠퍼스를 뒤로 하고 카메라를 보며 우리 가족들은 함께 활짝 웃었다.

PART
5

차별화된
원서 작성

★★★★★

"이것은 중요하다─우리는 지원서의 일부로서 학생
자신, 교사, 카운슬러 및 인터뷰와 같은 다양한 소
스에서 정보를 얻는다. 정보가 들어오는 곳은 많지
만, 모든 정보가 항상 유용한 것은 아니다. 그것이
우리가 다양한 정보를 요구하는 이유이다."[23]

─ **스튜어트 슈밀** Stuart Schmill

MIT 입학처장
Dean of Admissions, MIT

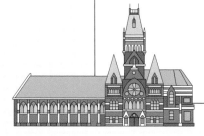

Chapter 19

대학 지원 시기

시니어가 되어 원서 쓰기까지 학생들은 열심히 달려왔다. 이제 그 모든 것─학생의 관심, 이제까지의 경험과 성취, 그리고 앞으로의 목표─을 대학 원서에 담아 학생이 그들의 대학에 적합하다는 것을 입학 사정관에게 알려야 할 시기이다.

학생이 대학에 지원할 때 중요한 결정 중의 하나는 지원서를 제출하는 시기이다. 대부분의 학교는 학생들에게 얼리 디시전(Early Decision), 얼리 액션(Early Action), 레귤러 디시전(Regular Decision) 등 지원서 제출 시기에 따른 몇 가지 옵션을 제시한다. 각 전형에 따라 특정한 마감일(deadline), 요구 사항 또는 제한 사항이 따르고, 이는 학생의 대학 선택은 물론 원서 준비에 필요한 시간과 합격 가능성에 영향을 미칠 수 있다.

대학을 지원하는 시기에 따라 미국 대학 전형은 크게 세 가지로 나뉘어진다.

- 조기 전형
- 정시 전형
- 롤링 전형

조기 전형은 또 다시 몇 가지로 세분화된다. 지원 형태별로 각각 자세한 사항과 차이점을 정확히 파악하고, 학생의 학업 및 과외 활동, 재정 상황 및 일정을 고려하여 학생에게 맞는 대학의 지원 시기를 결정하는 것이 필요하다.

조기 전형(Early Admission)

조기 전형은 학생들이 정시 전형보다 일찍 지원하고 일찍 입학 결정을 받을 수 있는 입시 전형이다. 조기 전형에 지원하는 것은 학업 및 과외 활동에 대한 자신감이 있는 학생들에게 좋은 선택이 될 수 있다. 또한 입학 절차를 일찍 끝내고 시니어 후반기에 다른 일에 집중할 수 있는 시간을 많이 갖게 되는 장점이 있다. 그러나 지원서를 완성하는 데 많은 시간이 필요하다면 얼리가 최선의 선택이 아닐 수 있다는 점도 인지해야 한다.

약 450개의 대학이 얼리 액션(Early Action) 또는 얼리 디시전(Early Decision)을 가지고 있으며, 일부는 두 가지의 옵션을 모두 제공하고 있다. 일부 대학에서는 지원자가 구속력은 없지만, 다른 대학에 얼리 디시전 또는 얼리 액션을 지원할 수 없는 싱글 초이스 얼리 액션(Single-Choice Early Action)이라는 얼리 전형을 갖고 있다.

1. 얼리 액션(Early Action, EA)

얼리 액션 지원자는 일반적으로 10월 말에서 11월 중순 사이에 지원 자료를 제출해야 한다. 얼리 액션 학교는 일반적으로 12월 중순부터, 1월 또는 2월에 합격 여부를 발표하며, 입학 허가를 받은 학생은 일반적으로 5월 초까지 그 제안에 대해 공식 답변(commit)을 해야 한다.

얼리 액션 프로그램은 구속력을 갖지 않는다. 즉, 얼리 액션을 통해 합격한 학생은 해당 학교에 진학해야 하는 의무가 없기 때문에 얼리 액션으로 합격하더라도 해당 학교로 진학을 바로 결정하지 않고 레귤러 디시전에 다른 학교를 지원하여 다양한 선택지를 놓고 비교할 수 있다. 이것은 구속력을 가지고 있어 학생들이 특정 학교에 입학할 것을 약속(binding)하는 얼리 디시전(Early Decision) 프로그램과 다른 점이다.

얼리 액션의 다른 장점은 구속력을 가지고 있지 않기 때문에 학생들이 해당 학교가 제안하는 재정 지원을 다른 얼리 액션과 레귤러 결과들과 함께 비교한 후 최종 진학할 대학을 결정할 수 있다는 점이다. 얼리 액션에서 학생들은 합격(acceptance), 불합격(denial), 연기(deferral) 중 한 가지 결과를 받게 된다.

2. 얼리 디시전(Early Decision, ED)

얼리 디시전은 얼리 액션과 마찬가지로 정규 입시 전형(Regular Decision)보다 일찍 진행되는 입시 전형이지만, 구속력(binding)을 갖는다는 점에서 큰 차이가 있다. 학생은 얼리 디시전으로 한 학교에만 지원할 수 있으며, 입학 허가를 받으면 해당 대학에 진학하기로 약속하는 것(commit)이다. 따라서 특정 대학에 대한 명확한 선호도가 있을 때 선택할 수 있는 옵션이다.

대부분의 얼리 디시전 마감일은 10월 중순에서 11월 중순으로 레귤러 지원 마감일보다 최소 6주 빠르다. 학생들은 12월 중순에서 말까지 결과를 통보받게 된다.

얼리 디시전은 지원 원서에 학생, 학부모, 학교 카운슬러의 서명을 요구한다. 얼리 디시전은 구속력이 있기 때문에 이 전형으로 입학 허가를 받으면 학생은 즉시 합격을 수락하고 다른 모든 대학 지원을 철회해야 한다. 얼리 디시전(ED)에서 학생들은 합격(acceptance), 불합격(denial), 연기(deferral) 중 한 가지 결과를 받게 된다.

3. 리스트릭티드 얼리 액션(Restricted Early Action, REA)/싱글 초이스 얼리 액션(Single Choice Early Action, SCEA)

리스트릭티드 얼리 액션(REA)은 싱글 초이스 얼리 액션(SCEA)으로도 일컬어지는 하버드(Harvard), 예일(Yale), 프린스턴(Princeton), 스탠퍼드(Stanford)와 같은 미국의 최상위권 대학들이 제공하는 미국의 얼리 입학 시스템이다. 학생은 REA/SCEA 지원 동의서에 서명함으로써 자신이 그 사립대학에만 지원한다는 것을 해당 대학에 알려야

Alexander Hall, Princeton University

한다. 학생은 주립대학의 얼리 액션(non-binding early action) 또는 롤링 지원(non-binding rolling admission)을 제외하고 다른 사립대학의 얼리 프로그램에 동시 지원할 수 없다.

그러나 구속력이 없으므로 얼리의 결과에 상관없이 정시 지원(regular admission) 또는 외국 대학에 지원할 수 있다. 리스트릭티드 얼리 액션(REA)은 합격(acceptance), 불합격(denial), 연기(deferral)라는 세 가지 결과가 있다. 입학 허가를 받은 학생들은 일반적으로 5월 초까지 수락할 수 있다. 따라서 레귤러 디시전 전형의 입학 결과를 기다린 후 함께 결정할 수 있다.

4. 조기 전형의 장단점

2019~2020년 이후 지원자 수(applicants), 지원 원서 수(applications),

지원자당 지원 원서의 수(applications per applicant)가 각각 상당히 증가했다. 특히 상위권 대학의 얼리 지원이 눈에 띄게 증가하였다. 또한 얼리 전형으로 지원하는 학생들이 계속해서 여러 계층과 인종으로 다양해지고 있다.

최근 몇 년 동안 대학들이 발표하는 기록적인 지원자들의 수와 낮은 입학률은 학생들에게 불안을 가중시키고 있다. 더욱이 얼리 지원의 인기 있는 추세는 학생들의 대학 지원 시기에 대한 결정에 영향을 미칠 수 있다. 학생들은 얼리 지원 여부를 결정하기 전에 그에 대한 장단점을 신중하게 고려해야 한다.

얼리 전형 프로그램의 장점과 단점은 다음과 같다.

장점

- 얼리 지원은 그 대학에 대한 관심의 강력한 표시이다. 그 대학을 가고 싶은 대학으로 결정했음을 알려주는 것이다.
- 얼리 액션과 얼리 디시전 프로그램 모두 레귤러 디시전 입학률에 비해 합격률이 더 높은 경우가 많다.
- 대학에 합격하면 남은 12학년을 여유롭고 즐겁게 지낼 수 있다.
- 대학 입학 결과를 받기 위해 3월이나 4월까지 기다릴 필요가 없다.
- 얼리 디시전의 경우, 하나의 원서를 작성, 제출하고, 하나의 수수료만 지불하기 때문에 비용과 시간이 절약된다.
- 합격 후 소셜 미디어 등을 통해 대학 및 다른 합격생들과 연결되어 네트워킹을 가지며 다음 4년간을 보낼 학교에 대해 알 수 있다.

단점

- 얼리 디시전으로 한 대학에만 지원하는 것은 학생들이 모든 옵션을 탐색하기 전에 심각한 결정을 내리도록 압박하게 한다.
- 얼리 지원 시 학생이 선택한 대학이 시니어의 봄 이후에 학생이 원하는 대학이 아닌 경우도 생길 수 있다.
- 얼리 디시전은 지원한 대학에 합격 허가를 받은 후 해당 학교에 진학해야만 하는 구속력을 가진다. 따라서 다른 학교들과 재정 지원을 비교할 수 없는 단점을 갖고 있다. 즉, 얼리 디시전에 따라 지원하는 학생은 입학 제안과 재정 지원을 동시에 받기 때문에 다른 대학의 재정 지원 제안을 비교할 수 없다. 재정 지원이 절대적으로 필요한 학생에게 얼리 디시전은 재정 지원의 기회를 감소시킬 위험한 선택일 수 있다.
- 얼리 지원 시, 레귤러 지원을 위한 시간이 촉박할 수 있다는 점을 인지하여야 한다. 대부분의 대학은 얼리 디시전 및 얼리 액션 지원자에게 합격 여부를 12월 중순 이전에 알리지 않는다. 따라서 학생이 얼리 디시전 대학에서 리젝트를 받은 경우 약 2주 정도의 시간만이 남게 된다. 레귤러 지원 마감일까지 일정이 촉박하기 때문에 얼리로 지원하는 학생들은 그 결과를 기다리는 동안 레귤러 지원 준비를 함께 해야 한다.
- 대학에 합격했다는 사실을 일찍 알게 된 지원자는 목표가 달성되면 시니어의 남은 봄학기 동안 열심히 할 이유가 없다고 느낄 수 있다. 고3병이라고 불리는 시니어라이티스(Senioritis)로 긴장이 풀리게 되는 것이다. 얼리에서 합격한 학생이라도 12학년 2학기

성적이 많이 떨어지면 대학은 입학 제안을 취소할 수 있음을 유의해야 한다.

얼리 전형이 학생에게 적합한지의 여부는 학생의 개별 상황에 따라 달라질 수 있다. 학생이 성적, 테스트, 액티비티, 에세이 등을 포함하여 얼리 지원을 할 준비가 되어 있는지 스스로에게 물어보고, 재정 보조 부분도 먼저 확인을 해본 뒤 해당 학교에 가고 싶다는 확신이 있는 경우에만 이 옵션을 택해야 한다.

5. 조기 지원하면 합격 가능성이 높아지는가

많은 학생들은 조기 지원이 더 적은 수의 지원자와 경쟁하여 합격 가능성을 높일 것이라 믿는다. 그러나 이것은 항상 사실은 아니다. 합격률 수치가 유리해 보일 수 있지만 얼리에 지원하는 학생들이 정시 전형(regular admission)으로 지원하는 학생들보다 더 경쟁력 있는 지원자 프로파일을 가질 수 있다는 점을 유의해야 한다.

그 이유 중 하나는 얼리 지원은 운동선수이거나, 부모가 그 학교를 졸업한 학생인 레가시(legacies)를 포함한 특정 유형의 지원자에게 혜택을 주는 지원 방식이기 때문이다. 얼리에 지원하는 특정 유형의 학생은 다음을 포함한다.

얼리에 지원하는 특정 유형의 학생
- 리쿠르트된 운동선수(recruited athletes)
- 뚜렷한 재능을 가진 지원자

- 잠재력이 높은 소외계층 학생
- 대학 기부자의 자녀
- 레가시(legacies, 최소 한 동문 부모의 자녀)
- 교직원 자녀(경우에 따라 한정된다)

대학은 각 분야에 특출한 재능을 보여주는 전문가적인 학생들로 대학을 구성하려 하기 때문에(well-rounded classes made up of specialists) 이렇게 뚜렷한 재능을 가진 학생을 선호한다. 특별히 얼리는 그러한 학생들이 지원하는 전형이 되고 있다. 따라서 학생들이 얼리를 지원하려는 경우 자신의 강점을 뚜렷하게 나타낼 수 있는 최고의 지원서를 제출하여야 한다.

학생들은 얼리에 지원하기 전에 이 두 가지의 질문을 스스로에게 던져보아야 한다. 내가 위의 특정 유형의 학생인가? 다른 학생들의 지원서보다 내 원서를 돋보이게 할 수 있는가? 다시 말해 자신이 얼리 지원에 적합한가를 객관적으로 보아야 한다.

6. 어떤 학생이 얼리에 지원하는 것이 적합할까?

얼리에 지원하는 것은 다음과 같은 학생에게 가장 적합하다.
- 대학을 광범위하게 조사한 경우
- 지원하려는 대학이 자신에게 최우선의 선택이라고 확신할 경우
- 학문적, 사회적, 지리적으로 자신이 원하는 것과 일치를 보이는 대학을 찾았을 경우
- 얼리 지원 시기까지 SAT/ACT 점수, GPA, 성적 랭킹/과목에 대

한 대학의 입학 프로파일을 충족하거나 그 이상을 갖추고 있는 경우
- 일관되게 견실한 학업 기록을 가지고 있는 경우

얼리에 지원하는 것은 다음과 같은 학생에게는 적합하지 않다.
- 아직까지 전체적이면서 자세한 대학 리서치가 되어 있지 않았을 경우
- 스트레스 때문에, 그리고 많은 원서 작업을 피하기 위해 일찍 지원하려고 할 경우
- 대학 진학에 완전히 전념하지 못했을 경우
- 친구가 지원하니까, 친구랑 함께 일찍 지원하려는 경우
- 전체 GPA를 올리기 위해 시니어 가을 학기의 성적이 필요한 경우

정시 전형(Regular Decision, RD)

대학들은 정시 전형(Regular Decision)을 갖고 있으며 가장 많은 하이 스쿨 학생들이 이 전형을 통해 대학을 지원한다. 학생들은 대학에서 정한 마감일(deadline) 전까지 지원서를 내고 지정된 날짜에 입학 결정 통지를 받게 된다.

일반적으로 레귤러 디시전 마감일은 1월 초에서 1월 중순 사이이고, 발표는 보통 3월 중순에서 4월 중순 사이에 합격(acceptance), 불합격(denial), 혹은 웨이트리스트(waitlist)로 알려준다. 입학 허가를 받

은 학생은 일반적으로 5월 초까지 공식 답변(commit)을 해야 한다.

지원서 제출일이 얼리보다 늦은 정시 전형을 통해서 지원을 할 경우 학생들은 학교를 조사하고 지원서를 작성하는 데 더 많은 시간을 할애할 수 있고, ACT 또는 SAT 점수를 올려 지원서에 포함시킬 수 있다. 학생은 정시에서 여러 대학들에 수의 제한 없이 지원할 수 있는 기회를 가질 수 있다. 정시 전형은 발표 후, 어떤 특정한 학교에 반드시 진학해야 한다는 의무가 없다. 학생이 합격한 학교들을 비교하여 원하는 학교에 진학할 수 있다. 반면, 레귤러 디시전 지원의 가장 큰 단점은 입학 결정을 받기까지 2~3개월이 소요된다는 것이다.

롤링 전형(Rolling Admission, RA)

롤링 전형은 지원자들이 특정한 마감일을 지켜야 하는 것이 아니라, 대학이 제시하는 입학전형 기간 내내 언제든지 지원할 수 있는 지원 형식이다. 롤링 어드미션을 채택하는 학교는 일반적으로 12학년이 시작되는 9월 1일경부터 지원 주기가 시작되며 다음해 봄 학기까지 계속된다. 대학은 지원서를 검토한 후 보통 4주에서 8주 이내에 학생들에게 입학 결정을 보내고 새로운 신입생의 모든 자리가 채워질 때까지 학생을 선발하게 된다.

롤링 전형의 가장 큰 장점은 학생들이 대학 지원 과정에서 더 많은 유연성을 가질 수 있다는 것이다. 특정 마감일을 맞추는 대신 학생들은 입학 주기 동안 언제든지 지원할 수 있다. 이는 아직 지원할 대학을 결정 중이거나 원서를 완성하는 데 더 많은 시간이 필요한 학생에게 특히 유용할 수 있다. 또한 롤링 어드미션의 빠른 원서 심사 과정은 학생들로 하여금 더 빠른 입학 결정을 받게 할 가능성이 높다. 따라서 롤링 어드미션으로 가을에 대학에 지원하면 합격 여부를 훨씬 빨리 알 수 있어 스트레스에서 일찍 벗어날 수 있다.

학생들은 일반적으로 신입생의 자리가 많이 남아 있는 롤링 전형에서 주기의 초반에 지원하면 합격 가능성을 높일 수 있다. 이때 학생이 가장 잘 준비한 원서를 제출해야 한다는 사실에는 변화가 없다. 롤링 어드미션이 있는 일부 대학은 프라이어리티 데드라인(priority deadline)을 함께 갖고 있어서 특정 날짜 이전에 원서를 제출하는 학생을 더 배려한다. 롤링 어드미션을 채택한 대학들은 학교마다 진행 방식과 과정이 다를 수 있다. 그렇기 때문에 롤링 어드미션 절차가 어떻게 진행되는지 해당 학교에 직접 정확하게 확인하는 것이 매우 중요하다.

다음은 롤링 어드미션(RA) 정책을 실행하는 대표적인 대학들이다.

- Arizona State University(Tempe, AZ)
- Indiana University(Bloomington, IN)
- Iowa State University(Ames, IA)
- Loyola University Chicago(Chicago, IL)
- Michigan State University(East Lansing, MI)
- Pennsylvania State University(University Park, PA)
- Rutgers University(New Brunswick, NJ)

- St. John's University(Queens, NY)

- University of Alabama(Tuscaloosa, AL)

- University of Cincinnati(Cincinnati, OH)

- University of Maine(Orono, ME)

- University of Minnesota(Twin Cities, MN)

- University of Pittsburgh(Pittsburgh, PA)

- University of Tulsa(Tulsa, OK)

- Washington State University(Pullman, WA)

Chapter 20

대학 원서의 종류

학생들이 대학에 지원할 수 있는 방법에는 몇 가지 옵션이 있다. 현재 미국 대학 입시에서 사용되어지고 있는 대학 지원서 양식은 커먼 앱(Common Application), 코얼리션 앱(Coalition Application), 대학 자체 원서, 그리고 유니버설 앱(Universal Application)으로 구분된다. 학생의 지원 시기와 관계없이, 학생의 지원 양식의 선택은 학생이 지원하는 대학과 학생의 필요에 따라 달라진다.

대학 지원 원서를 작성하는 것은 대학 입시 과정에서 중요하고 복잡하며 스트레스가 많은 부분이다. 특히 그 과정을 처음 접하거나 유학생인 경우 느끼는 부담감이 더 클 수 있다. 대학 지원서는 합격 가능성에 차이를 만들 수 있으므로 충분한 준비와 시간을 가지고 자신의 고유한 강점과 능력을 반영하여 신중하게 지원서를 작성해야 한다.

커먼 앱(Common Application)

공통 원서로도 불리는 커먼 앱은 미국 전역과 전 세계의 1,000개 이상의 국립, 주립, 사립대학에서 가장 보편적으로 많이 사용되는 대학 지원 양식이다. 커먼 앱을 통해 학생들은 동시에 여러 대학에 지원함으로써 간소화된 지원 절차로 시간을 절약할 수 있다는 장점이 있다.

커먼 앱을 사용하면 원하는 학교에 같은 정보를 반복해서 입력할 필요가 없기 때문에 여러 대학에 같은 정보를 보내는 것이 훨씬 편리하다. 학생들이 가장 많이 기본적으로 작성하게 되는 양식이다. 커먼 앱에는 모든 회원 대학에 공통되는 기본 질문들과 각 학교별로 특정된 질문들이 포함된다.

매년 더 많은 대학들이 커먼 앱의 회원으로 가입하고 있어 학생들이 커먼 앱을 통해 지원할 수 있게 된다. 2022-2023년 지원 시기에는 텍사스 대학교(University of Texas), 텍사스 A&M 대학교(Texas A&M)를 비롯한 50개 대학들이 새롭게 커먼 앱에 가입했고, 럿거스 대학교(Rutgers University)도 이미 2023년부터 가입 결정을 발표했다.

코얼리션 앱(Coalition Application)

코얼리션 앱은 소외 계층의 학생들이 쉽게 대학에 지원할 수 있도록 돕는다는 취지하에 2015년 만들어졌다. 특히, 이 플랫폼은 관대한 재정 지원이나 저렴한 등록금을 제공하는 학교와 파트너 관계를 맺었다. 2022년도에는 코얼리션 앱은 스코어(Scoir)와 파트너십을 맺고 새로운 플랫폼의 변화를 시도했다.

　코얼리션 앱은 35개 주와 150개 이상의 미국 대학에서 사용되고 있다. 여기에 포함되는 대학으로는 5개의 아이비리그 대학(Columbia, Harvard, Princeton, UPenn, Yale), 리버럴 아츠 칼리지(Williams, Amherst, Swarthmore), 사립학교(Stanford, University of Chicago, Caltech, Northwestern, Vanderbilt, Johns Hopkins) 등이 있다.

　새로운 코얼리션 앱의 플랫폼은 학생들이 카운슬러와 입학 담당자가 검토할 수 있도록, 에세이, 프로젝트 및 기타 자료를 저장할 수 있

출처: 코얼리션 앱[24]

는 기능을 갖고 있다. 학생들은 9학년부터 자신의 논문, 에세이, 추천서, 오디오 파일, 삽화, 비디오 녹음, 사진 등을 저장하여 12학년에 원서와 함께 제출할 수 있다. 이런 기능은 멀티 미디어, PDF 등을 포함하여, 다양한 파일 형식을 함께 제출하게 되는 미술 전공자의 경우처럼 원서에 더 많은 유연성이 필요한 학생들에게 훌륭한 옵션이 된다. 또한 대학 준비 자료 및 지침이 부족한 학생들을 위해 다양한 정보를 갖추고 있다.

다음은 커먼 앱과 코얼리션 앱의 특징을 간략하게 정리한 내용이다.

	커먼 앱	코얼리션 앱
액티비티	• 학생들에게 가장 의미있는 활동 10가지를 포함시킬 기회를 제공한다.	• 학생들에게 가장 의미있는 활동 8가지를 포함시킬 기회를 제공한다.
수업 리포팅	• 12학년에 수강한 과목을 리포트할 수 있다. 대학에 따라 하이 스쿨에 수강한 과목을 모두 기재하는 것을 요구하는 경우도 있다.	• 학생들은 고등학교(9학년부터)의 모든 과목 및 성적을 기재할 수 있다.
저장 기능	• 파일을 저장할 수 있는 기능은 현재 갖고 있지 않다.	• 학생들은 9학년부터 논문, 에세이, 추천서와 같은 정보를 저장할 수 있다. • 오디오 파일, 삽화, 비디오 녹음, 사진 등을 저장할 수 있다.
에세이	• 650단어로 제한된다.	• 글자 수는 정해지지 않았지만, 코얼리션 앱은 대략 500~650단어를 추천한다.

대학별 자체 원서(College-Specific Application)

일부 주립대학들과 사립대학들은 해당 대학에서만 적용되는 별도의 지원서를 갖고 있다. 대표적인 주립대학으로 UC 버클리(University of California, Berkeley)와 UCLA(University of California, LA)를 포함한 캘리포니아 대학교(University of California)와 캘리포니아 주립대학교(California State University System)가 있다.

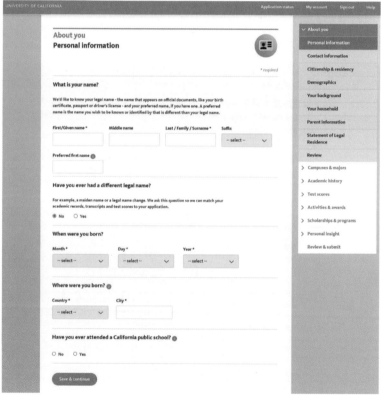

출처: 캘리포니아 대학교 시스템 지원서(UC Application)[25]

사립학교의 경우 MIT와 조지타운 대학교(Georgetown University)는 자체 지원을 통해서만 지원을 받고 있다. 각 대학의 자체 지원 양식은 해당 학교의 웹사이트에서 찾을 수 있다. 또한 자체 지원서를 갖고 있는 대학들 중에는 커먼 앱도 함께 받는 경우도 많으니 확인해보아야 한다.

유니버설 앱(Universal Application)

유니버설 앱은 2007년에 만들어졌으며 커먼 앱과 유사한 점을 많이 갖고 있다. 현재 18개 대학이 참여하고 있다. 커먼 앱과 동일하게 이 지원서를 한 번 작성하면 학생 목록에 있는 모든 참여 대학에 동일한 지원서를 제출할 수 있다.

Chapter 21

커먼 앱 작성

커먼 앱은 학생들의 입학 지원 절차를 간소화하는 유용한 도구로 널리 사용되면서 미국 대학에 지원하는 학생과 카운슬러에게 필수적인 아이템이 되었다. 커먼 앱을 통해 학생들은 이름, 주소, 과외 활동과 같은 대부분의 학교에서 요구하는 공통적인 세부 정보를 한 번 작성하여 여러 학교에 제출할 수 있다. 신입생뿐만 아니라 편입생도 보다 쉽고 편리하게 지원할 수 있게 되었다.

커먼 앱 계정과 준비 서류

커먼 앱의 새 버전은 매년 8월 1일에 열린다. 커먼 앱 계정은 학생들이 정기적으로 사용하는 이메일 주소로 등록해야 한다. 이 계정은 커먼 앱과 대학이 소통하는 방법이므로 이 계정에서 보내는 이메일을 놓쳐서는 안 된다. 또한 학생의 공식 학교 문서 및 표준화된 시험에 나타나는 이름을 정확히 입력해야 한다. 그렇지 않으면 대학에서 학생과 지원서를 동일인으로 일치시킬 수 없기 때문에 반드시 유의해야 한다.

각 대학별로 별도의 요건이 있을 수 있으나, 대학 지원서 작성과 지원 시 보편적으로 요구되는 다음과 같은 사항들을 미리 준비하도록 한다.

- 고등학교 성적 증명서(High school/secondary school transcript)
- 과외 활동 목록(List of extracurricular activities)
- 표준화된 시험 점수 및 날짜(SAT/ACT, AP 시험 등)
- 가족 관계/법적 보호자 정보(Family information/Legal guardian details)

대학 리스트 추가

학생들은 커먼 앱을 통해 많은 대학들에 지원할 수 있게 되었지만, 모든 학교가 가능한 것은 아니다. 일부 대학에서는 여전히 자체 대학 지원 양식을 작성하도록 요구한다. 커먼 앱을 통해 지원할 대학을 결정한 후, 커먼 앱 계정의 "My Colleges" 섹션에 관심 있는 학교를 추가한다. 한 번에 최대 20개 대학까지 추가할 수 있으며, 원서 접수 전까지는 원할 때마다 대학을 변경할 수 있다.

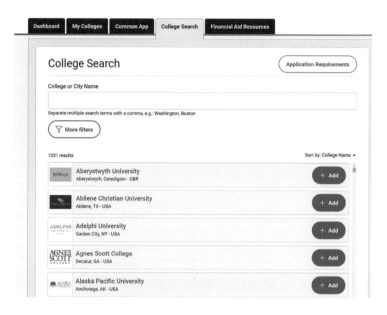

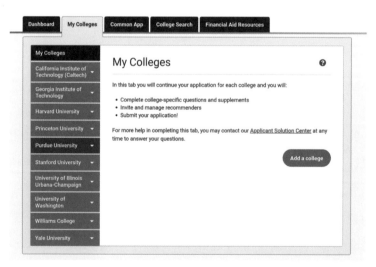

출처: 커먼 앱(Common Application) - "My College" [26]

커먼 앱 구성 및 작성

대학 지원 시 필수적인 공통 부분이 되는 "커먼 앱" 섹션을 작성한다. 이 섹션은 다음과 같은 세부 사항을 묻는다.

프로파일(Profile) : 프로필 섹션에서 이름, 연락처 정보, 주소와 같은 기본 정보를 기입한다.

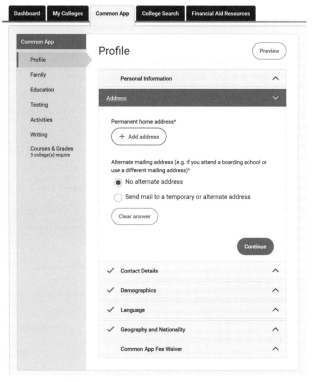

출처: 커먼 앱(Common Application) - "Profile" [27]

가족 관계(Family) : 가구(household), 부모 또는 후견인(guardian), 형제자매 등의 가족 관계에 관한 질문이다.

교육(Education) : 고등학교, 학점(GPA) 및 수업 등 학업에 대한 정보를 입력하는 영역이다.

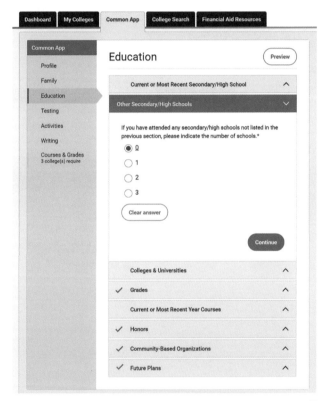

출처: 커먼 앱(Common Application) - "Education" [28]

시험(Testing): SAT 및 ACT, AP 시험 등의 표준화된 시험 점수를 입력한다. 테스트 옵셔널(test optional) 정책으로 일부 학교는 시험 점수를 요구하지 않는 경우도 있다. 지원하는 각 대학의 정책을 해당 학교의 홈페이지에서 확인해야 한다.

액티비티(Activities): 참여한 과외 활동을 10개까지 입력할 수 있다. 학생에게 가장 중요하고 의미 있는 활동으로 선택해야 한다. 각 활동에 참여한 시간과 년도도 포함해야 한다.

출처: 커먼 앱(Common Application) - "Activities"[29]

✓ **Activity 1**

Activity type*

- Choose an option - ▼

Position/Leadership description
(Max characters: 50)*

Organization Name
(Max characters: 100)

Please describe this activity, including what you accomplished and any recognition you received, etc.
(Max characters: 150)*

Participation grade levels*
☐ 9
☐ 10
☐ 11
☐ 12
☐ Post-graduate

Timing of participation*
☐ During school year
☐ During school break
☐ All year

Hours spent per week*

Weeks spent per year*

I intend to participate in a similar activity in college.*
◉ Yes
○ No
Clear answer

라이팅(Writing): 250~650 글자 사이의 퍼스널 에세이(personal essay)를 작성하게 된다. 징계 사유(학교 징계, 범죄 기록)가 있는지 묻는 항목이 있으며, 추가 정보(Additional Information)란에 원하는 정보를 선택적으로 입력할 수 있다. 여기에는 2020-2021년에 시작된 Covid-19 질문이 포함된다.(2022-2023년 기준)

수업 과정과 점수(Course & Grades): 학생이 고등학교에서 수강한 수업과 해당 코스의 성적을 지원한 대학이 요구하는 경우 이를 기재한다. 학생은 이 정보를 올바르게 입력했는지 확인해야 한다.

대학별 추가 지원서 작성

학생은 커먼 앱의 공통 부분인 "커먼 앱(Common App)" 섹션 작성을 마친 뒤 자신이 지원하기로 선택한 각 대학별 추가 지원서(College-Specific Supplementary Application)와 에세이(Writing Supplement)를 작성해야 한다. 이 모든 것을 함께 작성하고 제출해야만 미국 대학 지원 절차가 완성된다. 에세이 요구 사항은 대학에 따라 다를 수 있으므로 각각 확인한다.

각 대학별로 마감일, 에세이, 표준화된 테스트(SAT/ACT, TOEFL, 등), 추천서의 요구 사항이 다양할 수 있다. 학생들이 이 정보를 찾을 수 있는 곳이 많이 있지만, 가장 신뢰할 수 있는 것은 해당 대학의 입학처이다. 또한 학생들은 커먼 앱에서도 요구 사항을 검토할 수 있다.

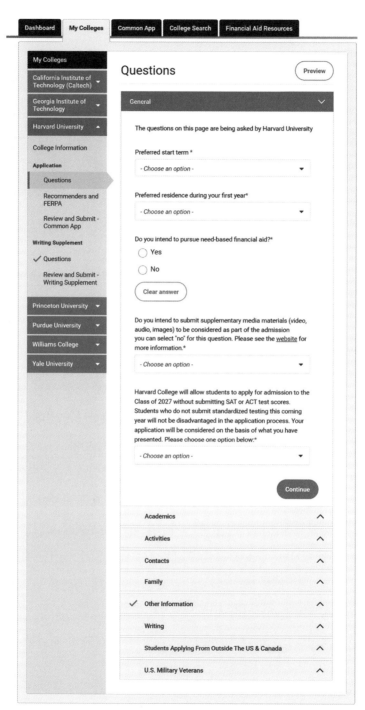

출처: 커먼 앱 - "Harvard University Supplementary Application"[30]

대학 원서를 작성할 때 주의해야 할 점

학생이 대학 원서를 작성하게 될 때 많이 저지르게 되는 실수들이 있다. 원서를 작성할 때 입학 사정관들이 선발 과정에서 각 지원서를 검토하는 데 얼마나 많은 시간을 할애하는가를 먼저 고려해야 한다. 대학마다 다소 차이가 있지만, 입학 사정관은 짧은 시간 안에 학생이 제출하는 모든 것을 파악하기 때문에 각 학생에게 주어지는 시간이 매우 제한된다는 사실에 유의해야 한다.

원서 작성 시 학생들이 자주 하게 되는 일반적인 실수에 유의함으로써 경쟁에서 눈에 띄는 대학 지원서를 작성할 가능성을 높일 수 있다.

- 고등학교 이전에 끝낸 액티비티를 포함하지 않는다.
- 세부 사항을 자세히 적는 면이 필요하지만, 적은 수의 액티비티나 낮은 GPA의 핑계를 위해 상황을 나열한다는 인상을 줘서는 안 된다. 상황 설명이 너무 많은지 판단해야 한다.
- 대학에서 제공하는 모든 지침을 주의 깊게 읽고 따른다. 여기에는 마감일, 단어 수 제한, 신청서에 대한 특정 요구 사항이 포함된다.
- 화려하거나 어려운 단어는 자신을 똑똑해 보이게 한다고 판단될 수 있지만, 평소에 글이나 대화에서 쓰지 않는 단어는 오히려 역효과를 낼 수 있다. 에세이에 쓰인 단어들이 자신을 잘 나타내고 있는지 살펴보아야 한다.
- 학생들이 가장 흔히 저지르는 대학 지원 실수 중 하나는 너무 많

은 것들을 강조하려는 것이다. 이것은 본질적으로 아무것도 강조하지 않는다. 과장 역시 좋지 않고 자신의 상황에 대해 솔직하게 작성한다.

- 대학 지원서에는 입학 사정관들에게 추가 자료를 제출할 수 있는 영역이 있다. 그러나 너무 많은 것을 포함시키지는 않는다. 지원서에 가치와 깊이를 더해야 할 충분한 이유가 있을 때 사용한다.

- 여가 활동으로 한 정도의 액티비티는 포함하지 않는다. 단순한 참여 이상을 한 활동을 포함하여 자신의 최고의 자질을 보여줄 수 있는 활동을 선택해야 한다.

Chapter 22

칼리지 에세이

대학은 비슷한 성적과 비슷한 시험 점수를 가진 학생들로부터 많은 지원서를 받는다. 따라서 학생들의 에세이, 추천서, 과외 활동과 같은 부분의 지원서에서 차별점이 드러날 수 있다. 그중 에세이는 학생들이 대학 입학처에 자신이 그 대학에 얼마나 적합한 사람인지 직접 말할 수 있는 소중한 기회이다.

그러나 그런 이유로, 대학이 원하는 것에만 집중하여 오히려 좋지 않은 결과를 초래하는 사례를 종종 보게 된다. 에세이는 글쓰기를 통해 타인과 다른 나의 독특함을 드러내어 나를 돋보이게 할 수 있는 좋은 기회이다. 이를 잘 활용하여 대학에 알리고 싶은 나의 캐릭터와 가치관을 밝히면 수많은 원서들 사이에서 두각을 나타낼 수 있겠지만, 반대로 대학이 선호하는 스펙들의 나열로 끝나는 평범한 에세이는 합격의 가능성을 오히려 낮추게 된다.

대학 에세이의 종류

대학 지원을 위해 학생들이 제출해야 하는 에세이는 크게 지원서의 퍼스널 스테이트먼트(personal statement)와 많은 대학들이 별도로 요구하는 추가 에세이(supplemental essays)로 나누어볼 수 있다.

1. 퍼스널 스테이트먼트(Personal Statement)

커먼 앱과 대부분의 다른 대학 지원서에서 요구하는 기본 에세이이다. 대부분의 학생들이 커먼 앱으로 미국 대학에 지원하게 됨에 따라 퍼스널 스테이트먼트는 간단히 커먼 앱 에세이라고도 한다. 학생이 커먼 앱을 통해 지원할 경우 커먼 앱의 에세이는 지원하는 모든 학교에 기본적으로 제출된다.

이 에세이는 학생의 성격, 가치관, 목표를 보여줄 수 있는 방법이다. 최근 몇 년 동안, 특히 많은 대학이 테스트 옵셔널(test optional) 정책을 채택하여 시험 점수에 의존도가 적어지는 경향을 보임에 따라 커먼 앱 에세이는 대학의 의사 결정 과정에서 더 중요해지고 있다. 그러나 에세이를 통해 전달할 수 있는 것은 650단어 이내에 불과하므로 에세이를 쓸 때 학생들이 느끼는 부담이 더 크게 다가올 수 있다.

퍼스널 스테이트먼트는 학생의 개성을 나타내야 하므로 토픽 선정과 브레인스토밍 과정부터 많은 노력이 요구된다. 그러나 독특하고 독창적인 토픽이 아닌 다소 일반적인 토픽의 에세이도 어떻게 작성하는가에 따라 매력적일 수 있으니 토픽에 대한 지나친 걱정은 금물이다. 무엇에 관해 글을 쓰느냐보다 어떻게 써서 자신을 표현하느냐가 더욱 중요하다. 즉, 이야기를 전달하는 방식이 중요하다.

학생이 어떤 주제를 선택하든 궁극적으로 자신에 대해 글을 쓰는 것이라는 사실을 잊지 않아야 한다. 쓰기로 선택한 주제는 입학 사정관이 읽고 싶어 한다고 추측되는 내용이 아니라, 자신에게 중요하고 자신의 이야기와 관련이 있는, 학생 스스로 쓰고 싶은 내용에 대해 작성해야 한다.

다음은 최근 2023-2024 커먼 앱 에세이의 프롬프트(Common App essay prompts)이다. 학생은 아래의 7개 중 하나의 프롬프트를 선택하여 250에서 650단어 사이에서 에세이를 작성해야 한다.[31]

1) Some students have a background, identity, interest, or talent that is so meaningful they believe their application would be incomplete without it. If this sounds like you, then please share your story.
2) The lessons we take from obstacles we encounter can be fundamental to later success. Recount a time when you faced a challenge, setback, or failure. How did it affect you, and what did you learn from the experience?
3) Reflect on a time when you questioned or challenged a belief or idea. What prompted your thinking? What was the outcome?
4) Reflect on something that someone has done for you that has made you happy or thankful in a surprising way. How has this gratitude affected or motivated you?
5) Discuss an accomplishment, event, or realization that sparked a period of personal growth and a new understanding of yourself or others.
6) Describe a topic, idea, or concept you find so engaging that it makes you lose all track of time. Why does it captivate you? What or

who do you turn to when you want to learn more?

7) Share an essay on any topic of your choice. It can be one you've already written, one that responds to a different prompt, or one of your own design.

2. 추가 에세이(Supplemental Essays)

커먼 앱에 포함된 퍼스널 스테이트먼트 외에 많은 상위권 대학들은 추가 에세이를 요구한다. 커먼 앱의 퍼스널 스테이트먼트는 학생들이 모든 대학에 공통적으로 제출하는 에세이인 반면, 각 대학별로 질문하는 추가 에세이는 개별 대학에서 선택한 질문에 대해 학생들이 작성하므로 대학 측이 지원 학생이 해당 캠퍼스에 잘 맞는지 진정으로 알고 판단할 수 있는 좋은 기회가 된다.

커먼 앱 에세이는 주로 학생의 성격과 특성을 나타내고, 상세한 개인 이야기를 통해 개인의 성장을 강조할 수 있다. 반면, 추가 에세이는 학생의 응답에 초점을 맞추기 위해 매우 구체적인 질문을 함으로써 대학이 학생에 대해 더 많은 것을 알게 한다. 다양한 추가 질문이 있지만 모든 에세이는 학생이 대학에 적합하다는 것을 보여주어야 한다. 이를 위해서 학생들은 전략적으로 에세이 토픽을 선택하고 각 특정 질문에 답하는 적절한 방식을 찾아야 한다.

대학별로 요구하는 추가 에세이 질문들은 다양하지만, 대체로 10가지 유형으로 볼 수 있다.(2022-2023년도 기준)

① Why "This School"

특정 대학에 지원하려는 이유를 묻는다.

"How will you explore community at Penn? Consider how Penn will help shape your perspective, and how your experiences and perspective will help shape Penn."

예: University of Pennsylvania

② Why Major?

학생이 특정 전공을 선택한 이유를 묻는다.

"Why are you interested in the major you indicated as your first-choice major?"

예: University of Texas, Austin

③ Community

지역 커뮤니티에 어떤 영향을 미쳤으며 그것이 학생에게 어떤 영향을 미쳤는지 설명하게 한다.

"Reflect on your membership in a community to which you feel connected. Why is this community meaningful to you? You may define community however you like."

예: Yale University

④ Diversity

학생들에게 다양성에 대해 묻고 다양한 커뮤니티에 적응하거나 기여할 수 있는 방법을 묻는다.

"We recognize that "fitting in" in all the contexts we live in can sometimes be difficult. Duke values all kinds of differences and believes they make our community better. Feel free to tell us any ways in which you're different, and how that has affected you or what it means to you."

예: Duke University

⑤ Extracurricular

학생에게 특별히 의미 있었던 과외 활동에 관한 이야기를 묻는다.

"We know you lead a busy life, full of activities, many of which are required of you. Tell us about something you do simply for the pleasure of it."

예: MIT

⑥ "Quotation"

인용문을 읽고 거기에 대한 학생의 생각과 관련된 경험을 쓰도록 한다.

"Labor leader and civil rights activist Dolores Huerta recommended a life of purpose. "We must use our lives to make the world a better place to live, not just to acquire things," she said. "That is what we are put on the earth for." In what ways do you hope to make — or are you already making — an impact? Why? How?"

⑦ **Short answer**

짧고 간단한 여러 질문들을 묻는다. 이러한 질문에 답할 때는 사용 가능한 단어 수를 먼저 확인하고 답하는 방법을 결정한다.

Describe yourself in three words.

What is your favorite snack?

Best movie of all time

Dream job

⑧ **Program Specific Essays**

비즈니스, 영화, 공연 예술, 음악, 공학과 같은 특정 학과나 대학 내 프로그램에 지원할 계획이라면 특정 질문을 묻는 에세이를 요구하는 경우가 있다.

"A one-page statement that answers the following questions:

Have you taken any cinema/media-related classes?

What areas of cinema studies most interest you (film genres, directors, theory, etc.)?

What are your career aspirations (film journalism/criticism, film curating, filmmaking, etc.)?"

예: NYU, Tisch School of the Arts, Cinema Studies

⑨ Unique Question

시카고 대학교와 조지타운 대학교와 같은 일부 대학은 학생들의 생각을 이해하기 위해 고안된 독창적이고 종종 엉뚱한 질문이 있다.

"Exponents and square roots, pencils and erasers, beta decay and electron capture. Name two things that undo each other and explain why both are necessary."

예: University of Chicago

⑩ Interpersonal Question

학생이 미래의 캠퍼스 생활에 어떻게 적응할 수 있는지 묻는 질문도 있다.

"Virtually all of Stanford's undergraduates live on campus. Write a note to your future roommate that reveals something about you or that will help your roommate—and us—get to know you better."

예: Stanford University

3. 코얼리션 앱(Coalition Application on Scoir) 에세이

코얼리션 앱을 수락하는 많은 대학에서는 지원서의 일부로 퍼스널 에세이(personal statement)를 제출하도록 요구한다. 에세이에 완벽한 길이는 없지만 500~650단어를 목표로 하는 것을 추천한다.

다음은 최근 코얼리션 앱 에세이의 프롬프트이다. 학생들은 다음 6개의 질문 중 하나를 선택하여 답변한다.[32]

1) Tell a story from your life, describing an experience that either demonstrates your character or helped to shape it.

2) What interests or excites you? How does it shape who you are now or who you might become in the future?

3) Describe a time when you had a positive impact on others. What were the challenges? What were the rewards?

4) Has there been a time when an idea or belief of yours was questioned? How did you respond? What did you learn?

5) What success have you achieved or obstacle have you faced? What advice would you give a sibling or friend going through a similar experience?

6) Submit an essay on a topic of your choice.

4. University of California(UC) 지원 에세이

UC 버클리(University of California, Berkeley)와 UCLA(University of California, LA)를 포함한 캘리포니아 대학교 시스템(University of California)은 커먼 앱을 통해 지원하지 않고 캘리포니아 대학교 시스템의 자체 원서를 통해 지원해야 한다. 따라서 에세이도 캘리포니아 대학교 시스템의(UC) 원서에서 요구하는 바를 따라야 한다.

다음은 최근 캘리포니아 대학교 지원 에세이 프롬프트이다. 학생들은 다음 8개의 질문 중 4개를 선택하여 답변을 할 수 있다.[33]

1) Describe an example of your leadership experience in which you have positively influenced others, helped resolve disputes, or contributed to group efforts over time.

2) Every person has a creative side, and it can be expressed in many ways: problem-solving, original and innovative thinking, and artistically, to name a few. Describe how you express your creative side.

3) What would you say is your greatest talent or skill? How have you developed and demonstrated that talent over time?

4) Describe how you have taken advantage of a significant educational opportunity or worked to overcome an educational barrier you have faced.

5) Describe the most significant challenge you have faced and the steps you have taken to overcome this challenge. How has this challenge affected your academic achievement?

6) Think about an academic subject that inspires you. Describe how you have furthered this interest inside and/or outside of the classroom.

7) What have you done to make your school or your community a better place?

8) Beyond what has already been shared in your application, what do you believe makes you stand out as a strong candidate for admissions to the University of California?

칼리지 에세이를 위한 팁

추천서와 에세이는 다른 학생들로부터 학생 자신을 구별시키는 기준이 될 수 있기에 중요하다. 그러나 대학이 학생들의 에세이에서 퓰리처상의 수상작을 찾고 있지는 않다. 다시 말해, 대학은 학생들이 자신의 생각을 명확하고 체계적으로 발전시키고, 대학에서 요구하는 학업 기준에 따라 효과적으로 표현할 수 있는 지적 능력이 있는지 알고 싶어 한다.

에세이는 학생들이 자신이 누구이며 어떻게 여기에 오게 되었는지 나타낼 수 있는 기회이다. 학생은 자신의 신념, 가치 또는 열정에 대해 자신의 목소리로 말함으로써 자신을 표현할 수 있다. 이때 입학 사정관에게 보여주기 위한 것이 아니라 학생의 진솔한 이야기를 들려주어야 한다. 많은 에세이 전문가와 입학 사정관은 마치 옆에서 이야기하듯 자연스럽게 쓰라고 조언한다. 물론 에세이의 주제, 표현, 에피소드 등 모든 내용은 학생의 독창적인 것이어야 하며 여러 차례의 수정과 검토가 필요하다.

다음은 에세이를 쓰는 데에 꼭 중요시해야 할 사항들이다.

1. 자신의 이야기를 하자.

우선 대학 입학 에세이는 내러티브 퍼스널 스테이트먼트(narrative personal statement)로 개인적인 이야기를 담고 있는 에세이이다. 물론 다른 이가 읽게 되는 글이므로 일기와는 다르지만, 입학 사정관이 에세이를 읽으면서 학생을 머릿속으로 그릴 수 있게끔 학생의 캐릭터와 성향을 가늠할 수 있는 글이다. 따라서 학생은 자신의 이야기를 바탕으로 글을 써야 하며, 모든 에세이 주제에는 학생의 목소리가 담겨야 한다.

어떤 주제를 선택하든 입학 사정관에게 좋은 인상을 주기 위해 선택하는 것이 아니라 학생에게 진정으로 중요한 것이어야 한다. 자신의 강점을 보여주는 특정 경험, 취미 또는 개성에 대해 쓸 수 있지만 약점에 대해서도 쓸 수 있다. 학생이 학생의 삶에서 중요한 사람에 대해 이야기하고 싶다면, 학생이 그들에게 어떤 영향을 받았는지, 그리고 그것이 미래에 학생에게 어떤 영향을 미칠지 생각해보도록 한다.

2. 구체적이고 상세하게 쓴다.

대부분의 에세이 질문은 꽤 광범위하고 모호하지만, 대학은 정반대의 답변, 즉 구체적이고 충분한 내용을 원한다. 실제로 잘 쓰인 많은 대학 에세이는 특정한 작은 일화로 시작하여 삶의 작은 부분에 초점이 맞추어져 학생 자신만의 목소리가 잘 드러나게 써내려간다. 이런 에세이는 학생의 이야기가 더 진실하게 느껴지고 기억에 남게 한다.

3. 주어진 에세이 질문을 주의 깊게 읽는다.

학생들이 에세이를 쓸 때 무엇을 써야 하는지 고민하면서, 자신이 쓰려는 내용의 질문에 대한 명확한 답을 갖고 있어야 한다. 그러나 종종 학생들 중에는 깊이 있게 생각하지 않고 글을 시작하는 경우가 있다. 특히, 공통 원서(Common Application) 에세이에서 그런 예가 많이 나타난다. 에세이는 프롬프트에 대한 학생의 경험과 생각이 담겨 있어야 한다. 실제로 미국 교육 컨설턴트 협회에서 주관하는 웨비나와 대학의 입학 설명회에서 많은 대학 입학 사정관들이 입학 에세이에 관해 논한다. 이때 자주 나오는 이야기 중 하나가 에세이 프롬프트에서 묻는 질문과 무관한 내용으로 쓴 에세이의 문제점이다.

4. 원서에 쓴 액티비티를 나열하지 않는다.

대학 입학 에세이를 통해 자신에게 특별히 의미 있는 활동이나 경험에 대한 심도 있는 내용을 쓰는 것이 아닌, 지원서의 다른 부분에 있는 내용을 단순히 반복해서는 안 된다. 특히, 자기 자랑하듯 지원서에 이미 적힌 활동들을 나열하지 않는다. 에세이는 지원서의 다른 곳에서 나타낼 수 없는 학생의 새로운 모습을 보여주는 곳이다. 그것은 숫자와 리스트를 넘어서, 학생이 어떤 사람인지 더 깊이 파고드는 것을 의미한다.

5. 진부한 표현(cliches)을 피한다

에세이를 준비하는 동안 많은 학생들이 인터넷 등을 통해 몇몇 혹은 다수의 아주 잘 써진 에세이들을 읽게 된다. 그 과정 속에서 에세이에 대한 아이디어와 영감을 얻게 되는 장점도 있지만, 입학 사정관에게 인상적인 에세이로 남기 위해 거기에서 쓰인 표현들을 자신의 에세이 곳곳에 넣어버린다면 오히려 개성 없고 군더더기가 많은 듯한 느낌을 주는 에세이가 되고 만다. 원서의 에세이는 학생의 독특한 개성을 나타낼 수 있어야 한다.

6. 동의어 사전의 적절한 사용

특정 아이디어를 설명하기 위해 다른 단어나 구를 사용하고 같은 단어를 여러 번 반복하는 것을 피하는 것이 좋다. 동의어 사전은 효과적인 방안이 된다. 여기에 관해서는 제니에듀 유튜브에서도 몇 번 이야기한 적이 있다. 그러나 동의어를 사용할 때에는 실제로 그 단어가

문맥에서 어떻게 사용되고 있는지 정확하게 살펴보아야만 한다. 많은 경우, 영어의 한 단어는 여러 뜻을 갖고 있어서 동의어 사전에 나오는 단어들이라 하더라도 모두 같은 상황에서 동시에 사용될 수 있는 것은 아니기 때문에 유의하여 적절하게 글에 사용되어야 한다.

7. 고등학생답게

학생들의 주요 관심 중 하나는 에세이의 내용이다. 학생들이 드라마틱한 주제를 찾는 경우가 많이 있다. 그러한 주제들이 독특하여 눈에 띈다고 생각될 수 있지만, 사실 역효과가 나는 경우가 많이 있다. 학생들이 드라마틱하게 인생을 변화시키거나 고통스러운 경험처럼 들리게 만들려고 하지 않아도 된다. 거창하게 보이기 위해 반드시 커다란 아픔과 역경과 싸워야 할 필요는 없다. 꼭 "와우" 하는 순간도 필요하지 않다. 하이 스쿨 학생의 일상적인 삶에서 느끼고 배운 점들을 진솔하게 쓰는 것이, 다시 말해 학생 자신에 대해 뭔가를 드러내고 학생의 성격, 자질이 빛날 수 있도록 하면 된다.

8. 에세이 검토와 교정

에세이를 쓰고 난 뒤 주위 사람들에게 리뷰를 부탁하고 에세이에 관한 조언을 주의 깊게 듣는다. 그것을 기초로 해서 학생들은 검토와 첨삭을 계속해서 해야 한다. 이때 학교의 영어 선생님 또는 카운슬러의 교정을 받기도 하고 학생에 따라서는 입시 전문 컨설턴트의 가이드를 받기도 한다. 그러나 에세이를 처음부터 대신 써주는 대필은 이러한 검토와 첨삭과는 다른 윤리적 문제이며 에세이는 반드시 학생이 직접 작성해야 한다는 점을 명심해야 한다.

9. 긍정적인 톤으로 그려가자

자신의 이야기를 솔직하게 그려가며 긍정적이고 사려 깊은 방식으로 표현한다. 학생 생활의 문제에 대해 불평하거나, 부정적인 어조로 쓰지 않는다. 또한 거만하거나, 냉소적이며, 지나치게 감정적인 표현은 자제하도록 한다.

미국 입시는 퍼즐이다

대학 원서는 퍼즐과 유사하다. 그것은 학교 성적, 에세이, 액티비티, 추천서 등과 같은 작은 조각들로 구성되어 있다. 퍼즐의 각 조각은 학생의 삶을 대변하는 필수적인 역할을 하기에, 학생의 능력과 미래 목표에 대한 명확하고 설득력 있는 그림을 만들기 위해 신중하게 고려되어야 한다. 하이 스쿨 시기 동안 학생은 이러한 각 조각을 멋지게 만드는 데 열심히 노력하고 그 조각들을 함께 붙이고 완성된 퍼즐을 자신 있게 입학 사정관에게 보내야 한다.

그 퍼즐의 조각 중 대학 원서 에세이는 일반적으로 미국 대학을 고려하는 학생들과 학부모들에게 오랫동안 중요하게 인지되어온 듯하다. 필자에게 오는 미국 대학 원서 에세이에 관한 다양한 문의들이 이를 증명해준다. 에세이는 학생의 독특한 목소리와 개성을 대학에 보여줄 수 있는 기회로 이 퍼즐 조각에 많은 시간과 노력을 투자하는 것이 필요하다.

액티비티는 에세이와 함께 원서에서 주요 부분을 차지한다. 그러나 학생들이 의외로 과외 활동에 관련된 사항에 대해서는 크게 관심을 두지 않는 경향이 있다. "학교 성적과 테스트 스코어가 좋으니까 아이비리그 생각하고 있어요"라는 경우를 종종 접하게 된다. 혹은 11학년이 되어 "이제 SAT가 점수가 되어서 액티비티를 늘리고 여름 캠프에 가보려고요" 하는 경우도 있다. 물론 학업 성적이 일반적으로 가장 우선이다. 하지만, 그것으로 퍼즐의 모두를 채울 수는 없다.

그렇다면, 대학이 학생들의 액티비티를 중요시하는 이유는 무엇일까?

대학은 액티비티를 통해 학생이 앞으로 대학에 왔을 때 학업적으로 얼마나 잘 해갈 수 있는지 알아보려 한다. 액티비티는 학생의 관심사, 열정뿐만 아니라 창의력, 리더십, 특별한 자질에 대한 통찰력을 제공한다. 예로, 수학 경시대회나 과학 리서치는 학생의 현재뿐만 아니라 미래의 학업 능력을 말해줄 수 있다. 또한, 학생이 참여하고 있는 액티비티는 앞으로 대학의 커뮤니티, 더 나아가 대학이 속한 지역사회 환경에 어떻게 기여할 것인지에 대해 예측을 할 수 있게 한다. 꾸준한 장애인 봉사 활동이나 환경보호 활동 등의 강력한 지역사회 봉사는 학생이 지역사회에 책임감을 갖고 헌신할 수 있는 모습을 대학에 보여줄 수 있는 기회가 될 뿐만 아니라, 앞으로도 꾸준한 참여의 지표로 여겨질 것이다. 나아가 학생의 액티비티는 학생의 관심과 가치를 반영하므로 대학 입학 사정관이 학생에 대한 그림을 그리는 데 도움이 된다. 클럽, 스포츠, 일, 봉사에 대한 학생의 선택은 학생의 자질에 달려 있다.

액티비티는 가능한 한 일찍 시작하는 것이 이상적이다. 오랫동안 참여한 액티비티는 학생의 헌신을 보여주고 잠재적으로 리더십 역할을 수행할 수 있는 가능성을 높여준다. 하지만, 지금이라도 과외 활동에 참여하기에 너무 늦은 건 아니다. 지금 바로 열정과 관심 혹은 미래의 전공 및 진로와 관련된 무언가를 찾고 시작하기를 권한다.

Chapter 23

추천서

추천서는 입학 결정에 중요한 역할을 할 수 있다. 일부 주립대학은 추천서를 요구하지 않지만 추천서는 대부분의 명문 사립대학 입학 과정에서 비중 있는 자리를 차지한다.

그럼, 추천서는 대학 입시에서 구체적으로 어떤 필요성을 갖고 있을까?

대학은 지원자를 여러 관점에서 보기 위해 추천서를 검토한다. 추천서는 또한 지원서의 다른 부분과 맥락을 같이 할 수 있는 설명을 제공하여 지원자를 더 잘 알게 하고, 무엇이 지원자를 독특하게 만드는지 확인하게 한다.

따라서 고등학교 카운슬러와 교사가 추천서에 기술한 내용은 학생이 갖고 있는 캐릭터를 보여주며, 향후 대학 캠퍼스에 미칠 영향의 전반적인 그림을 그리는 데 도움이 될 수 있기 때문에 입학 사정관에게 특히 중요하다.

학생의 능력, 성취, 학업에 대한 긍정적인 태도가 강조되어지는 추천서는 학생의 원서를 더욱 돋보이게 할 수 있다.

많은 대학은 지원서와 함께 일반적으로 학교 카운슬러와 교사로부터 1~3개의 추천서를 요구한다. 추천서는 일반적으로 커먼 앱의 대학별 추가 지원서(college-specific supplements)를 통해 온라인으로 제출된다. 지원서에 제출할 수 있는 추천서 수에 제한이 있기 때문에 누구에게 추천서를 부탁할 것인가를 전략적으로 선택해야 한다.

1. 추천서의 종류와 수

대학 입학 지원 시 원서와 함께 제출하는 지원서의 종류는 다음과 같다.

- 카운슬러 추천서: 학생의 고등학교 카운슬러 또는 칼리지 어드바이저가 작성한다. 카운슬러는 학교 커뮤니티의 맥락에서 지원자를 보여줄 수 있고, 학생의 전반적인 학업 성과, 과외 활동, 미래의 목표에 대한 정보를 제공할 수 있다.
- 교사 추천서: 학생의 고등학교 교사가 작성한 추천서이다. 교사는 학교 수업 내에서 지원자의 지적 호기심, 창의적 사고, 학업 능력, 잠재력에 대한 교사의 관점을 제공한다.
- 그외 추천서: 학교 밖에서 지원자의 관심과 추구하는 바를 설명하는 데 도움이 된다. 운동 코치, 인턴 혹은 일했던 곳의 상사, 리서치 멘토 등으로부터 받는 추천서가 여기에 포함된다. 지원자가 팀워크, 커뮤니티에 기여하는 방식을 보여줄 수 있다.

일반적으로 학교의 특정 요구 사항과 학생의 목표 및 경험에 따라 대학 지원에 가장 적합한 추천서의 종류와 수가 달라질 수 있다. 대부분의 대학에서는 두 개의 추천서가 필요하다. 하나는 교사의 추천서이고 다른 하나는 대학 카운슬러의 추천서다. 종종 대학들은 학생들에게 코치, 멘토, 인턴십 감독, 대학 입학 여정의 일부가 된 다른 사람으로부터 추가 추천서를 요구하기도 한다.

커먼 앱을 쓰지 않는 캘리포니아 대학교(University of California)의 경우, 추천서를 요구하지 않고, 추천서를 제출해도 읽지 않는다고 공식적으로 웹사이트에 밝히고 있다. 그러나 학생이 학교에 지원한 후에 추가 보충 검토 자료의 일부로 대학이 추천서를 요청할 수 있으므로 이메일을 주의 깊게 확인해야만 한다.

2. 추천서 요청 시기

많은 대학들의 지원 마감일(deadline)이 다르기 때문에 추천서를 요청해야 하는 정해진 날짜는 없다. 그러나 추천서는 가능한 한 일찍 부탁을 드려서 추천인이 충분한 시간을 갖고 써야 사려 깊고 자세한 글을 받게 될 가능성이 높아진다.

학생이 교사나 카운슬러에게 추천서 작성을 부탁드리면 완성하는 데 일반적으로 최소 3주에서 한 달 정도가 소요된다. 추천인에게 주어진 시간이 촉박하다면 추천서는 누구에게나 갖다 써도 될 법한 지극히 일반적인 이야기로 채워지거나 더 짧아질 수 있다. 그것은 결국 학생에게는 도움이 되지 않는다.

3. 교사 추천서 요청

추천서를 생각하기에 너무 이른 때는 없다. 선생님들과 카운슬러와 좋은 관계를 구축해가는 것이 필요하다. 학생들이 11학년이 끝나기 전에 추천서를 요청하고 싶은 선생님들을 정하는 것이 좋다. 일반적으로 11학년 수업을 가르쳤던 선생님이 추천서 작성에 가장 적합하다. 10학년 때 선생님은 12학년 원서 작성 시점과 거리가 있고, 12학년 선생님은 학생이 얼리 전형에 지원할 경우 추천서에 그 학생에 대해 상세하게 이야기하지 못할 가능성이 많다.

4. 추천서 제출 방법

학생들은 일반적으로 자신의 추천서를 직접 제출하지 않고, 교사, 카운슬러, 기타 추천인이 직접 추천서를 보낸다. 각 하이 스쿨에서 사용하는 시스템에 따라 추천서를 업로드하는 방법이 달라질 수 있으므로 학생들은 자신이 재학하고 있는 학교에 확인하는 것이 필요하다.

학생들은 커먼 앱에서 추천인을 추가하면서 가족 교육 권리 및 개인 정보 보호법(Family Educational Rights and Privacy Act, FERPA) 공개 승인 절차를 완료해야 한다. 거기에는 학생이 추천서를 볼 수 있는 권리를 포기한다와 포기하지 않는다는 두 가지 선택 사항이 있다. 첫 번째 사항을 선택하면, 학생은 추천서를 읽을 의사가 없음을 대학에 알릴 수 있으며, 이는 추천서가 솔직하고 진실하다는 것을 대학에 확신시키는 데 도움이 된다. 두 번째 사항인 포기하지 않는다는 것을 선택할 경우, 일부 추천인은 학생이 추천서를 보는 것이 불편하여 추천서 작성을 거부할 수 있다.

출처: 커먼 앱—"FERPA"[34]

5. 추천서 제출 시 유의 사항

- 유명하거나 영향력 있다는 이유로 학생을 잘 알지 못하는 사람에게 추천서를 받는 것은 좋지 않다. 실제로 학생과 많은 시간을 함께 보내고 학생을 잘 알고 학업 및 과외 활동의 강점에 대해 자세히 이야기할 수 있는 사람들에게서 추천서를 받을 것을 권한다.

- 추천서를 제출하기 전에 미리 보여달라고 한다거나 제출한 후에 무엇을 썼는지 묻지 않는다. 이것은 추천인을 어색한 위치에 놓이게 하고 잠재적으로 사려 깊고 솔직하게 쓸 수 없게 만든다. 선생님이 어떻게 쓰실지에 대해 걱정이 된다면 그 선생님에게 추천

서를 요청하지 않고 다른 선생님에게 부탁하는 게 낫다.

• 추천서를 써주신 분들께 시간을 내어 감사를 표하는 것은 필수적
이다. 감사 카드를 쓰거나 감사를 표현하는 간단한 메모를 작성
하여 감사의 마음을 전달하도록 한다.

Chapter 24

레쥬메(Resume)

영문 이력서인 레쥬메는 일반적으로 직업 또는 인턴십을 찾기 위해 요구되는 것으로 알려져왔다. 그러나 레쥬메는 하이 스쿨 학생들에게 자신의 활동을 정리하며 미래의 계획을 생각해볼 수 있는 기회를 마련해준다. 나아가 레쥬메는 학생이 고등학교 생활을 통해 성취한 것을 명확하고 간결하게 제시하여 학생이 가진 장점, 능력과 자질에 대한 빠르고 강한 첫인상을 준다. 따라서 레쥬메를 작성하는 것은 장학금, 경쟁력 있는 여름 프로그램뿐만 아니라 훌륭한 대학 입시의 준비 작업이 된다.

다음은 레쥬메가 하이 스쿨 학생들에게 유용할 수 있는 몇 가지 주요 방식이다.

- 대학 지원: 학생이 커먼 앱을 통해 레쥬메를 제출할 수 있는 대

학에 지원하는 경우, 레쥬메는 대학 지원의 중요한 부분이 될 수 있다. 학생의 학업 성취도, 과외 활동 및 관련 성과를 강조하는 데 도움이 된다. 대표적인 커먼 앱을 통해 레쥬메를 제출할 수 있는 대학으로는 브라운 대학교(Brown University), 다트머스 대학교(Dartmouth College), 펜실베이니아 대학교(University of Pennsylvania), 존스 홉킨스 대학교(Johns Hopkins University) 등이 있다.

- 대학 원서 준비: 미리 준비된 레쥬메는 카운슬러 추천서, 교사 추천서를 위한 참고 자료로서 선생님들께 드릴 수 있다. 또한 대학 지원 원서의 액티비티와 수상 내역 작성의 기초가 되는 자료를 제공한다.

- 인턴십/장학금 지원: 많은 고등학생들이 인턴이나 직접 일을 해보며 업무 경험을 쌓는 데 관심을 갖는다. 레쥬메는 학생의 기술과 경험을 입증하여 다른 지원자들과 차별화하는 데 도움이 될 수 있다. 비슷한 방식으로 장학금을 신청할 때 함께 제출된 레쥬메는 학생이 장학금을 받을 자격이 있는지 더 깊이 생각하게 해 준다. 하이 스쿨 학생들의 장학금, 인턴십 신청 시 레쥬메가 필요한 경우를 대비해서 미리 준비하는 것이 필요하다.

전반적으로 이력서는 경험을 쌓고, 전문 기술을 습득하고, 인턴십이나 대학 입학 과정에서 두각을 나타내려는 고등학생에게 유용한 도구가 될 수 있다. 나아가 잘 만들어진 레쥬메는 학생이 관심을 가진 분야의 전문가와 연결되는 데 도움이 될 수 있으며, 이를 통해 귀중한 네트워킹 기회와 잠재적인 미래의 직업 세계로 연계될 수 있다.

레쥬메의 구성

레쥬메의 형식은 학생들이 중, 고교 시절 동안 열정과 관심을 가진 분야에 따라 약간의 차이가 있을 수 있다. 그러나 하이 스쿨 레쥬메는 일반적으로 이름과 연락처로 시작하는 "헤딩(heading)", 그리고 연결되는 "교육(education)" 부분에서 하이 스쿨 GPA, 테스트 점수(SAT 혹은 ACT)를 적게 된다. 여기에는 수강한 AP 혹은 IB 과목들과 AP 점수를 기입할 수 있다.

그 다음 부분은 개별 학생의 특성에 따라 자유롭게 구성할 수 있다. 일반적으로 다음과 같은 내용들이 포함될 수 있다.

- 비교과 활동(Extracurricular activities) 섹션은 참여했던 스포츠, 클럽 및 학업과 관련되지 않은 활동을 언급할 수 있다. 이 섹션은 대학에서 학생이 어디에 열정이 있는지에 대해 보다 완벽하게 파악하는 데 도움이 된다. 과외 활동 리더십 역할을 맡았거나 높은 수준의 성과에 도달한 경우 레쥬메에 이를 명확하게 표시한다.
- 봉사 경험(Volunteer experiences) 섹션은 학생이 지역사회에 기여하고자 하는 의지를 보여주기 때문에 하이 스쿨 레쥬메에서 중요하다. 학생이 참여한 단체, 수행하는 역할, 봉사를 통해 배운 기술 및 역량을 나타내도록 한다. 과외 활동과 마찬가지로 매우 단기

적인 자원봉사보다는 학생의 헌신을 반영하는 장기간의 봉사 활동에 집중하는 것이 좋다.

- 일(Work) 또는 인턴십(Internship) 섹션은 인턴십, 아르바이트, 업무 경험이 포함될 수 있다. 아르바이트나 인턴십의 경우 직위, 책임, 이러한 역할을 수행하면서 배운 내용을 레쥬메에 기입한다. 자신의 독립적인 프로젝트를 완성한 학생은 자신이 수행한 프로젝트와 지역사회에 미친 영향을 레쥬메에 간략하게 설명할 수 있다.
- 수상 경력(Awards/Honors) 섹션은 학생의 학교에서 받은 상, 학교 밖의 외부 조직에서 받은 순위 및 모든 운동 성과를 포함한다.
- 기술과 관심(Skills & Interest) 섹션에서는 구사하는 언어, 컴퓨터 기술, 팀워크, 커뮤니케이션, 리더십과 같은 소프트 스킬에 대해 언급할 수 있다. 특히 대학에서 추구하려는 전공과 관련된 경우 열정을 가지고 있는 취미를 간략하게 언급할 수도 있다.

레쥬메 작성 시 주의점

레쥬메는 학생의 다양한 면을 압축적으로 보여주는 유용한 도구이다. 따라서 작성 시 몇 가지의 사항을 꼭 지켜주어야 그 기능을 완벽하게 살릴 수 있다.

- 간결하게 핵심 요점만을 기입한다. 입학 사정관의 시간이 제한되

어 있다는 점을 인지한다.

- 한 페이지로 만들도록 한다. 최대 두 페이지 이상을 넘지 않도록 한다.

- 깊이와 길이 모두에 초점을 둔다. 어떤 활동이 도움이 되는지 결정할 때, 오랜 기간 열정을 갖고 깊이 있게 한 활동이 조금 더 헌신했다는 것을 나타낸다는 것을 유의한다. 대학은 학생의 열정(passion)과 헌신(commitment)을 함께 보기를 원한다.

- 서식과 구성 형식의 중요성을 잊지 않는다. 명확한 제목, 글머리 기호 목록 및 일관된 글꼴을 사용하고 보기 좋은 서식으로 레쥬메를 쉽게 읽을 수 있게 만들어야 한다.

- 정확하게 있는 사실만을 기입한다. 레쥬메는 학생의 에세이와 대학 지원서의 연장선이어야 하며 다른 것을 채우거나 과장해서는 안 된다. 대학은 레쥬메의 사실을 확인할 수 있다. 만약 대학이 레쥬메에서 뭔가 이상 신호를 느낀다면 이로 인해 지원서의 다른 측면에도 신뢰나 진실성에 의문을 제기하게 만든다.

Chapter 25

인터뷰(Interview)

대학 지원 과정에서 대학은 학생에 대해 여러 서류를 통해 많은 것을 알게 된다. 그러나 학생의 목소리를 직접적으로 들으며 대화할 수 있는 기회는 거의 없다. 물론 학생의 에세이와 이메일 커뮤니케이션이 있지만, 웨비나와 입학 설명회에 참석한 많은 입학 사정관들은 인터뷰가 학생을 알아가고 학생들의 질문에 답할 수 있는 좋은 방식이라고 말한다.

일반적으로 인터뷰는 입학 사정관이 학생이 지원한 대학에 대해 얼마나 이해하고 관심을 갖고 있는지, 그리고 학생이 지원한 학교와 잘 어울리는 이유가 무엇인지를 알아보기 위한 과정이다. 그외에도 대학은 인터뷰에서 학생의 과외 활동 경험, 대학에 기여할 수 있는 가능성, 장점과 약점, 삶의 도전에 대처하는 능력 등을 대화를 통해 나누며 학생의 학문적 호기심과 기량 그리고 그 학생만이 가진 독특함을 찾는다.

1. 인터뷰 진행

인터뷰의 진행 방식은 대학마다 차이를 보인다. 먼저 인터뷰는 지원한 대학의 캠퍼스 내에서 하는 인터뷰(on-campus interview)와 졸업생 동문 인터뷰로 나누어볼 수 있다.

캠퍼스 내 인터뷰는 일반적으로 소규모 사립학교에서 시행되며 이를 위해서 학생은 사전 등록을 해야 한다. 그러나 최근 들어 대학들 중에서는 더 이상 캠퍼스 내 입학 담당자와의 인터뷰를 진행하지 않는 경우가 있으므로 이를 준비하고 있는 학생들은 학교의 입학처 홈페이지를 미리 확인하고 계획을 세워야 한다.

졸업생 동문 인터뷰(alumni interview)는 이와는 다른 형태를 띠고 있다. 일부 대학들은 학생이 지원서를 제출한 직후 동문 인터뷰를 위해 학생에게 연락을 한다. 또 어떤 대학에서는 학생이 지원 전후에 학교 웹사이트를 통해 별도로 인터뷰를 신청하도록 하고 있다. 그러나 일부 대학들은 지원자가 많고 인터뷰를 진행할 수 있는 대학 동문들의 수가 한정적이기 때문에 실제로 학생들에게 제공되는 인터뷰를 제한하고 있기도 하다.

2. 인터뷰 준비는 구체적인 내용으로 한다

인터뷰의 형식에 관계 없이 학생들은 긴장하고 미리 준비를 하게 된다. 다음은 인터뷰를 준비할 때 학생들이 주의 깊게 생각해보아야 할 점들이다.

- 지원한 대학에 보여주는 관심

먼저, 지원한 학교에 대한 관심을 보여주어야 한다. 구체적으로 준비하고 탐색하고 조사해야 한다. 입학 담당자는 학생이 지원하는 학교에 대해 잘 알고 있을 것으로 예상하고 이것에 관해 물을 것이다.

• 예상 문제 준비

학생이 지원한 대학과 관련하여 면접관에게 물어볼 3~4개의 질문을 준비한다. 가장 좋은 질문은 대학 웹사이트에서 쉽게 답변하거나 찾을 수 있는 내용이 아닌, 학생이 특정 캠퍼스를 오랫동안 조사한 뒤 나올 수 있는 깊은 관심을 나타내는 질문이어야 한다.

• 인터뷰 예절

미팅에 10분에서 15분 정도 일찍 도착하도록 하고, 단정한 옷차림에 신경 쓴다. 눈을 마주치고, 너무 강하지도 약하지도 않은 악수를 한다. 적절한 인터뷰 예절을 갖추는 것은 큰 도움이 된다. 또한, 미팅 전에 휴대폰을 끄고 면접관의 이야기에 주의를 집중하고 거기에 관심을 보이는 것이 필요하다.

• 자신감이 핵심

긴장을 풀고 스스로 자신감을 찾도록 한다. 이런 긴장되는 상황에서는 항상 자신감이 핵심이다. 대화가 아닌 대본을 외운다는 인상을 주지 않아야 한다. 면접관이 듣고 싶어 한다고 생각하는 것에 근거하여 질문에 대답하는 것을 피하고, 진정성을 가지고 긍정적으로 다가가야 한다.

• 감사 편지

인터뷰를 눈에 띄게 하는 한 가지 확실한 방법은 인터뷰가 끝난 후에 감사 편지 혹은 이메일을 면접관에게 보내는 것이다. 시간을 내준 것에 대해 감사하고, 학생을 기억하는 데 도움이 되도록 인터뷰 중에 나눈 내용을 이야기한다.

컨설턴트의 필요성

컨설팅이 꼭 필요할까? 이것은 두 아이를 키우면서 나 자신에게 던졌던 질문이었고, 이후에 학생들을 지도하면서 같은 질문을 받는 입장이 되었다. 컨설팅이 대학의 문을 열어주는 절대적 열쇠가 될 수는 없다. 두 자리에 모두 서보았던 입장에서 나의 대답은 상황에 따라 다르다는 것이다.

나는 미국에서 언어, 교육학 쪽 공부, 리서치를 해왔던 덕분으로 관련된 분야에 접할 기회가 많았고, 수업을 함께 듣거나 일을 하는 등으로 고교 선생님들, 카운슬러들과 쉽게 가까워질 수 있어 다양한 정보를 얻을 수 있었다. 물론, 읽었던 다양한 책들도 미국 교육과 입시를 이해하는 데 큰 도움이 되었다.

또한, 대학 입시 역시 사회의 한 부분이기 때문에, 그 안에서의 빠른 변화를 파악하고 적절하게 반영하는 것이 중요하다고 생각했다. 이런 모든 것을 바탕으로 해서 아이들이 필요로 하는 바를 제일 잘 알고 있는 내가 아이들과 함께 교육과 입시를 도왔다.

이처럼 수백만 명의 학생들이 컨설턴트의 도움 없이 매년 성공적으로 대학에 지원한다. 고등학교 가이던스 카운슬러의 대부분은 이러한 많은 사례를 가지고 있다. 또한, 인터넷에 나오는 정보들과 대학 자체에서 제공하는 정보들도 학생들과 학부모님들의 전문 지식에 대한 접근성을 높이고 있다.

그러나 이와는 별개로 최근 들어 미국뿐만 아니라 국제적으로 컨설팅이 많아졌다는 뉴스가 눈에 띈다. 코로나 이후 미국 교육 컨설턴트 협회(IECA)의 회원 수는 오히려 증가하고 있고, 많은 공립학교들의 카운슬러의 부족도 컨설팅을 증가시키는 요인이다. 이는 학생과 학부모에 따라 컨설팅이 필요한 부분이 있다는 것을 의미한다.

어떤 학부모는 학생에게 가장 많은 재정 보조나 장학금을 제공할 대학을 찾는 데 도움이 되기를 희망한다. 또 다른 학부모는 대학 지원 과정에서 학생이 부모의 조언보다 컨설턴트의 이야기를 더 잘 들을 수 있다는 것을 알고 있다. 무엇보다도 대학 컨설턴트는 혼란스러운 대학 지원 절차를 단순화하고, 이러한 필요에 따라 학생과 학부모에게 꾸준하고 경험이 풍부한 목소리를 제공할 수 있다.

그럼, 학생이 도움이 필요하다면, 어떤 기준으로 컨설턴트를 찾아야 할까? 2019년 미국에서 있었던 입시 스캔들, 그리고 간간이 한국 뉴스에 오르는 컨설팅에 관련된 미국 입시 비리에 관련된 기사는 교육/대학 컨설턴트의 자격과 능력에 관한 검증의 중요성을 보여준다.

컨설턴트는 일대일로 학생들과 가깝게 시간을 보내게 되는 사람이므로 대학 입시뿐만 아니라 민감한 나이의 학생들에게 미칠 정신적 영향도 함께 고려해야 한다고 생각한다. 미국 교육 컨설턴트 협회(IECA)의 최고 경영자인 마크 스클라로우(Mark Sklarow)가 이와 관

련해 제시한 구체적이고 명확한 지침을 소개한다.[35]

- 학생과 학부모의 대학 입학에 대한 불안감을 높이기보다는 줄이고, 입학보다는 졸업에 초점을 두고 있는가
- 컨설팅 및 아카데믹 어드바이징에 대한 자격증, 학위, 혹은 충분한 지식과 경험을 가지고 있는가
- 다양한 대학 캠퍼스를 방문하고 실제 입학 사정관을 만나본 경험이 많은가
- 심사(background check)를 통해 멤버십을 갖는, 다음과 같은 내셔널 카운슬링 협회(National Counseling Organization)에 속해 있는가:
  - 미국 대학 입학 상담 협회(National Association for College Admissions Counseling, NACAC)
  - 미국 교육 컨설턴트 협회(Independent Educational Consultants Association, IECA)
  - 고등교육 컨설턴트 협회(Higher Educational Consultants Association, HECA)
- 학교 입학을 보장할 수 있다고 말하거나 컨설턴트나 입학 담당관과의 관계가 있다고 말하지 않는가
- 법적 및 도덕적 기준을 준수하는가(학생의 대학 에세이를 대신 작성하는 등의 일을 해서는 안 된다)
- 전문 컨퍼런스나 교육에 참석하는가
- 다른 컨설턴트들과의 소통, 트렌드를 어떻게 따라잡고 있는가

PART
6

마지막
결승점

★ ★ ★ ★ ★

"일반적으로 우리의 평가 과정에서 중요한 부분은 상황이다. 그리고 그것은 국제 학생들에게도 다르지 않다. 학생의 학교 교육의 상황, 그들의 배경, 그들의 나라 환경, 그 모든 것들이 중요하다. 국제 학생들은 겉으로는 우리가 인정하는 국내 학생들과 상당히 다르게 보일 수 있다. 하지만 우리는 그들이 어떻게 학교를 다녔는지, 그리고 예일대에 지원하기까지 어떤 장애물을 넘어야 했는지를 알아내는 데 많은 시간을 할애한다." [36]

— 레베카 웨스트팔 Rebekah Westphal
예일 대학교 전 인터내셔널 입학 공동 디렉터
Former Co-director of International Admissions, Yale

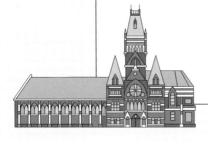

Chapter 26

대학 결정

대학 합격 발표는 학생이 지원한 대학과 지원 시기에 따라 차이가 있다. 예전보다 얼리 전형으로 지원하는 학생들의 수가 증가했고 그 결과는 학교에 따라 차이를 보이지만 대부분의 얼리 디시전의 경우 12월 중순에서 말까지 알 수 있다. 또한, 얼리 액션과 얼리 디시전 2의 경우는 1월과 2월 사이에 발표를 하는 학교들이 많이 있다. 그러나 여전히 가장 큰 비율의 학생들이 레귤러 디시전으로 대학에 지원을 하고 있기 때문에 대부분의 레귤러 디시전 발표가 있는 3월은 시니어들에게는 중요한 이정표가 되는 때이다.

구속력(binding)을 가지고 있는 얼리 디시전으로 합격한 경우를 제외하고, 대부분의 학생들은 입학 제안을 받은 학교들 중에서 어느 곳으로 진학할 것인가를 결정해야 한다. 대학 입학 결정은 불안, 실망, 흥분, 혼란을 포함한 다양한 감정을 유발한다. 그러나 학생들이 자신에게 가장 적합한 대학이 어디인지 고민하는 과정은 스스로를 살펴볼 수 있는 기회가 된다. 또한 학생 자신에게 완벽한 하나의 대학은 있을 수 없으므로 그것을 선택하는 것에 대해 걱정하지 않아도 된다.

대학을 선택할 때 중요한 사항

1. 학생 스스로의 선택

최선의 선택을 하려면 도움이 되는 조언을 받아들이지만, 지극히 주관적이거나 편협한 경험에 근거한 의견은 걸러내야 한다. 또한 궁극적으로 대학을 결정할 때는 자신이 원하는 것이 무엇이며 그에 따라 어떤 대학이 자신에게 가장 적합한지 알아보기 위해 통찰력 있는 질문을 자신에게 던진다. 학교에서의 학업, 과외 활동 기회, 캠퍼스 문화에 대한 객관적인 정보를 결정의 근거로 삼는다. 대학의 네임 밸류와 일반적인 명성보다는 객관적인 자질에 초점을 맞추는 것이 학생에게 보다 적합한 학교를 결정하는 데 도움이 될 것이다.

2. 추가 정보 수집

입학 지원 과정에서 각 대학 선택에 대한 많은 정보를 이미 수집했을 수도 있지만, 입학 허가서를 받은 후 더 많은 정보를 찾는 것은 최선의 선택을 하는 데 중요하다. 현재 대학에 재학 중인 학생의 개인 의견을 듣는 것이 도움이 되지만, 대학의 공식 웹사이트와 입학 사정관은 종종 해당 대학에 대한 객관적 정보를 얻을 수 있는 최고의 출처이다.

3. 캠퍼스 방문 또는 재방문

가능하면 대학 캠퍼스를 방문하여 자세한 정보를 얻고 학교 분위기를 느껴보도록 한다. 캠퍼스를 방문할 수 없다면 대학 웹사이트의 가상 투어(virtual tour)나 학생 비디오를 탐색하는 것은 학교가 자신에게 맞는지 알아볼 수 있는 기회를 준다.

4. 대학 비교

새로운 정보를 사용하여 각 대학의 장단점 목록을 작성하고 비교한다. 특히 재정적 지원이 학생 결정에 영향을 미친다면, 재정 패키지들의 상위 대학들부터 비교해보고 어느 대학이 재정적으로 가장 적합한지 가족과 이야기한다. 대학을 선택하는 것은 비용, 위치, 장래 직업, 학생의 대학 경험 등 수많은 요소가 포함된다. 그외에도 대학 선택은 캠퍼스 안팎의 커뮤니티, 과외 활동, 학교생활에 영향을 미친다.

구속력이 있는 얼리 디시전 지원을 제외하고, 대학들은 일반적으로 학생들에게 내셔널 디시전 데이(National Decision Day)로 알려진 5월 1일까지 해당 학교로 진학할 것인지 여부에 대한 공식적 답변을 통보하도록 요구하고 있다.

대학 결정 이후에 취해야 할 10단계

1. 학생의 의사 결정 통보

입학 결정을 선택한 대학에 알리는 것은 쉬운 부분이다. 그러나 학생에게 입학 허가서를 보낸 다른 학교에도 진학하지 않을 것임을 알려야 한다는 것을 잊어서는 안 된다. 이렇게 하는 것은 합격을 허가해준 대학에 대한 예의이며, 대기자 명단(waitlist)에 올랐을 수 있는 다른 학생들에게 자리를 열어주게 된다. 지원을 철회하거나 대학의 입학 제안을 수락하는 방법은 입학 허가서와 함께 받은 서류를 참조한다.

2. 예치금(Deposit) 송금

일반적으로 대학의 입학 제안을 수락할 때 예치금이 필요하다. 일반적으로 $100에서 $300 사이이며, 일부 대학은 그 이상인 $1000까지 청구하기도 한다. 이때 학생이 어느 대학으로 진학할지 결정하기 힘들다고 해서 이중으로 예치금 입금을 해서는 안 된다.

3. 오리엔테이션 등록 및 참석

대부분의 대학은 학교가 시작하기 전에 1학년 오리엔테이션을 개최한다. 따라서 캠퍼스 행사 일정을 확인하고 날짜를 저장한다. 오리엔테이션은 다른 신입생을 만나고 캠퍼스 생활에 대해 배울 수 있는 좋은 시간이다. 대학 오리엔테이션 날짜가 열리면 바로 등록한다. 좋은 오리엔테이션 날짜는 빨리 채워지므로 일찍 등록하여 학생에게 가장 적합한 날짜와 시간을 선택할 수 있도록 한다.

4. 기숙사 상황 파악

대학 진학을 알았으니 어디에서 생활하게 될지 상황을 고려해볼 좋은 시기이다.

5. 대학 이메일 계정 설정

가을 학기가 시작되기 전에 진학하기로 결정한 대학으로부터 많은 연락을 받게 되므로 대학 이메일 계정을 설정해야 한다. 또한 대학 이메일 주소가 정해지면 정기적으로 확인하는 습관을 가져야 한다.

6. 대학 네트워크와 연결

소셜 미디어 그룹과 모임을 하여 다른 신입생 학생들을 만나본다. 기숙사에 살 계획이라면 소셜 미디어를 통해 룸메이트와 연결할 수 있다. 이렇게 하면 캠퍼스에 갔을 때 이미 연결 네트워크가 만들어진다.

7. 등록금 지불 계획 조사

대학에 따라 일부 대학 비용을 학생이 자비로 등록금을 지불할 계획이라면 지불 계획(payment plan)을 제공하기도 한다. 이를 알아보고 등록금 지불 방법의 계획을 미리 세워보는 것도 도움이 된다.

8. 의료 기록 준비

학생은 가을에 대학 캠퍼스에 가기 전에 대학에 특정 의료 기록을 제출해야 한다. 많은 학교에서 특정 예방 접종 증명서를 요구하고 있고, 일부는 신체검사를 요구하기도 한다.

9. 수업 일정 파악

대부분의 대학에서 가을 학기 과정 일정을 게시하게 되므로 학생은 수업 옵션을 탐색할 수 있다.

10. 마지막까지 성적 관리

고등학교에서 최종 성적표를 대학에 보낸다. 시니어의 마지막 학기에 성적이 떨어진다면 실제로 대학에서 입학 제안을 철회한다는 의미일 수 있다. 끝까지, 학생이 이제까지 해왔던 것을 보여주어야 한다.

학생들의 미래 전공과 액티비티

미국에 온 지 거의 30년이 다 되었다. 프랑스어를 전공한다는 구실로 영어와는 거리를 두고 있었는데, 미국에 오게 되어 영어가 급해졌다. 랭귀지 코스에서 영어를 배우는 것보다 영어 교육을 전공한다면 학위와 함께 영어를 더 잘 배울 수 있지 않을까 하는 생각에 주립대학교 대학원 진학이 나름 최고의 방법이라 여겼다. 그것이 나의 미국 유학의 시작이 되었다. 어찌 보면 나의 전공은 나의 적성/관심사와는 그다지 연관은 없었다. 필요가 선택을 하게 한 것이었고, 그것은 박사 과정까지 계속되었다.

얼마 전 컨설팅을 할 때 학생으로부터 질문 하나를 받았다. 자신의 미래 전공과 그 전공에 맞는 하이 스쿨 수업 선택에 관한 것이었다. 이 질문은 자주 받는 질문이다. 학생들 중에는 수학을 잘하는 학생들이 있다. 그리고 컴퓨터를 잘하고, 코딩을 쉽게 이해하고 로직(logic)으로 풀어가는 학생들이 있다. 반면 언어에 두각을 나타나는 학생들이 보인다. 이야기를 하다 보면 스토리를 위트 있게 표현하여 듣는 이를 실제 그곳으로 이끌어가는 능력이 있음을 느끼게 한다. 때로는 학생이 만들어오는 아이디어가 흥미로워 웃기도 하고 놀라기도 한다. 또 다른 학생들을 아우르며 생각하는 마음이 크게 느껴지는 학생이 있고, 반면 학생이 알고 느끼고 있는 것을 잘 나타내지 못해 안타깝게 하는 학생도 있다.

다양한 학생들이 있다. 모든 학생들은 각기 자신들의 특성과 장점을, 그리고 단점을 가지고 있다. 학생들과 학부모님들은 학생들이 잘하는 것을 전공하는 것이 맞느냐고 묻는다. 또 좋아하는 것을 전공하는 것이 맞느냐고도 묻는다. 많은 이들은 당연하다고 할지 모른다. 하지만, 나에게는 몇 가지 이유에서 쉽지 않은 답변이다.

첫째, 전공을 정하고 나면 문과와 이과의 영역을 별도로 나누어 액티비티도 그것으로만 정형화시키려는 경향이 요즘 들어 더욱 강해지고 있다. 예를 들어, 미들 스쿨 이후로 STEM(과학, 테크놀로지, 공학, 수학) 분야를 전공하려는 학생들이 하이 스쿨에 들어가서 라이팅에 신경을 별도로 쓰는 경우는 그리 많지 않다. 하지만, 수학, 과학에 강점을 나타내는 학생의 경우라도 거기에 연관된 액티비티와 함께 라이팅 능력을 계속해서 키워가는 것이 도움이 된다.

반면, 인문학, 정치, 경제학에 관심이 있는 학생들은 리서치나 컴퓨터, 통계에 거리를 두고 STEM 분야만의 액티비티라고 여기는 경우를 자주 본다. 그러나 위의 분야 역시 리서치가 활발히 진행되고 있고 컴퓨터와 통계도 중요시되고 있다. 필자가 미국에서 대학 옆에서 계속 살아오고 거기에서 일하는 사람들을 보면서 느낀 점들은 학문의 분야가 세분화되어가고 있지만, 그 안에서는 서로 밀접하게 연결되어 간다는 것이다. 대학에서도 실제로 이를 반영하는 프로그램을 만들고 있다. 대학들의 학제간 프로그램(interdisciplinary program)들이 그 예들이다.

둘째, 학생과 학부모님들이 일찍부터 학생의 성향에 제한(limit)을 두는 경우가 생길 수 있다. 오히려 자신의 단점을 보충하고 발전을 해야 한다는 점을 간과해서는 안 된다. 다소 소심한 성격을 가진 학생이라 하더라도 학교 안팎에서 클럽을 만들어 작은 캠페인을 시도하는 것, 또 인터내셔널 학생이 영어 에세이를 계속 쓰면서 뉴스 페이퍼나 문학 잡지(literary magazine)에서 다양한 글쓰기를 시작해보는 것 등은 학생들에게 자신을 발견하거나 또 한계를 극복할 수 있는 계기를 만들어줄 수 있다.

현재의 직업을 택하게 된 이유는 다양할 것이다. 필자의 경우처럼 필요로 시작해 전공을 배워가면서 즐기고 그것이 직업으로 연결된 경우도 있다. 하이 스쿨 학생들이 예전부터 잘하던 것을 발전시켜가는 것은 필요하다. 또한 하이 스쿨 학생들은 아직 가능성이 무궁무진하기 때문에 새로운 것을 계속 접하면서 배우는 것도 필요하다. 그러나 새로운 것은 처음 해보는 것이라 늘 어렵다. 그 어려움은 당연하다. 어렵기 때문에 배우는 것이다.

새롭게 어려운 것을 배우는 것, 자기가 머무르는 안전한 곳에서 벗어나는 것, 그것이 챌린지이다. 학생들이 새로운 도전을 하고, 거기서 다시 자신이 열정을 쏟을 만한 것을 찾는 것, 대학은 그것을 원한다.

Chapter 27

웨이트리스트

모든 대학 입학의 결과가 합격(accept) 또는 불합격(reject)으로 결론 지어지는 것은 아니다. 일부 학생들은 대기자 명단, 즉 웨이트리스트 (waitlists)에 있다는 결과에 직면한다. 이것은 일반적으로 대학이 학생의 지원서를 아직 고려 중이고 입학을 보류하기로 결정했음을 의미한다.

대기자 명단, 웨이트리스트(Waitlist)란?

웨이트리스트는 대학에서 추후에 입학 허가를 할 수도 혹은 하지 않을 수도 있는 지원자 명단이다. 여기에는 그 대학에 자리가 생기면 입학할 수 있는 자격을 갖춘 학생이 포함되어 있다. 웨이트리스트에 있는 학생 수는 대학과 연도에 따라 각각 다르다.

학생이 웨이트리스트에 올랐다면 다음의 선택 사항이 있다.

• 웨이트리스트를 수락하지 않는다:

학생이 웨이트리스트에 오른 A대학보다 더 원하던 B대학에서 합격 허가를 받고, 그 대학으로 진학할 계획이라면 A대학의 웨이트리스트에 오르는 것을 거절해야 한다. 그 학생이 A대학에 갈 계획이 없는데도 A대학의 웨이트리스트에 남아 있는 것은 웨이트리스트에 있으면서 A대학에 진심으로 가고 싶어 하는 학생들에게 무례한 일이 될 수 있다.

• 웨이트리스트를 수락한다:

학생이 아직 A대학을 고려하고 있다면 웨이트리스트에 이름을 올려야 한다. 또한 웨이트리스트에서 벗어나 합격으로 갈 가능성을 높이기 위한 방안을 찾고 노력한다.

웨이트리스트의 중요성

모든 대학은 매해 일정한 규모의 학생 수를 유지하는 걸 원한다. 입학 사정관이 합격통지서를 보낼 때, 실제로 합격 후 등록할 학생들의 비율(yield rate)을 추정한다. 하지만, 학생들이 대학에 지원할 때 자신의 합격 여부를 알 수 없듯이 대학 입학처도 합격 허가를 내준 학생들 중 몇 명이 그 입학 제의를 받아들일지 정확히 알 수 없다. 대학들은 입학 전형의 이러한 예측 불가능성에 대비해서 웨이트리스트를 사용한다.

입시의 과정은 해를 거듭할수록 험난해지고 예측하기 어려워지고 있다. 이는 지속적으로 학생들이 더 많은 학교에 지원한다는 것을 의미하고, 결과적으로 대학은 진학할 가능성이 낮은 학생들로부터 더 많은 지원서를 받게 되었기 때문에 등록률(yield rate)을 예측하기 더욱 어렵게 되었다. 이것은 점점 더 많은 학생들이 웨이트리스트에 오르고 있다는 것을 말해준다. 실제로 미국 교육 컨설턴트 협회에서 주관하는 웨비나와 대학 입시 설명회에서 대학 입학 사정관들은 상위권 대학에서 더 긴 웨이트리스트가 작성되고 있다고 이야기한다.

일반적으로 학생들이 진학할 대학을 결정하게 되는 5월 1일이 지난 뒤 대학들은 웨이트리스트에서 지원자들을 받아들이기 시작한다. 웨이트리스트 접수는 5월, 6월, 7월, 그리고 때로는 학기가 시작되기 직전인 8월까지 이루어지기도 한다. 물론, 웨이트리스트에 있는 모든 학생들이 합격으로 이어지는 것은 절대 아니다. 일부 상위 대학들은 단지 몇 명의 학생들을 입학시키거나 심지어 아예 한 명도 입학시키지 않을 수도 있다.

웨이트리스트에서의 전략

학생이 대학 웨이트리스트에 추가되었을 때 합격으로 가기 위해 도움이 되는 몇 가지 전략이 있다.

- 웨이트리스트에 있는 학교에 진심으로 가고 싶다면 그 메시지를 신속하고 명확하게 전달한다.
- 이메일 또는 편지를 통해 학생의 대학에 대한 지속적인 관심을 나타낸다. 그 대학이 가장 적합하다고 믿는 구체적이고 타당한 이유를 언급하는 것이 중요하다. 합격한다면, 학생이 꼭 그 대학으로 진학할 것임을 확실하게 알려야 한다.
- 학생의 지원서를 더 강하게 만들 수 있는 새로운 업데이트가 있다면 함께 보낸다. 더 높은 SAT 점수, 의미 있는 상, 또는 액티비티를 제시할 수 있다.
- 학교 수업 GPA를 최상으로 유지한다. 웨이트리스트에 오르면 2학기의 3분기(3rd quarter) 및 4분기(4th quarter) 성적에 따라 재평가될 수 있다.
- 대학에서 허락한 경우 새로운 추천서를 준비한다. 추천서를 아직 쓰지 않았고 학생의 성격이나 다른 추천자들이 언급하지 않은, 학업 성취에 새로운 통찰력을 더할 수 있는 누군가에게 의뢰한다.

제니의 한마디

전공 선택과
화이트 코트 세리머니의 의미

　미국 대학 입시가 한창인 가을, 11월 초의 얼리 입시 마감을 마치고, 치대(Dental School)에 다니고 있는 큰아이의 화이트 코트 세리머니를 축하하기 위해서 네 식구가 오래간만에 모였다.

　화이트 코트 세리머니(White Coat Ceremony, WCC)는 의학 관련 분야(의예, 치, 약학, 간호)에서 학생들이 임상 전에서 임상으로 전환하는 것을 기념하는 행사로 일반적으로 1학년 시작 직전, 혹은 1학년 초에 열린다. 학교에 따라 행사가 조금씩 다르지만, 모든 의식에는 선서와 연사들의 스피치 및 행사를 기념하는 여러 가지가 포함된다. 이 전통 의식 동안, 학생들의 어깨에는 의학계에 입문하는 것을 나타내는 흰색 가운이 놓이고 교수진, 가족, 친지들은 각 대학의 의료계에 입학하게 된 학생들을 축하하게 된다.

　큰아이는 대학교 4학년이 되어서야 치과의사(dentist)가 되기로 결심했다. 대학에 입학할 때 정했던 전공과는 다소 거리가 있는 선택지였고, 많은 도전과 혼란의 시간들이 있었다. 돌이켜보면 하이 스쿨에서도 관심 있는 분야를 찾으려고 나름 애썼다. 아이는 글과 음악을 좋아했다. 그리고 여러 사람들과 함께 무언가를 만들고자 노력했다. 이런 다양한 관심사로 인해 전공 분야를 정하기가 쉽지 않았다. 우선, 교과목에서 좋고 싫음이 확실하게 나타났기 때문에 그것을 따르기로 했다. 그렇게 선택되어 입학하게 된 전공이 물리학이었다. 그러나 아이는 입학과 함께 진로를 다시 고민하기 시작했다. 아이는 호기심을 갖고 윌리엄스의 다양한 수업들을 접하며 여러 경험을 했다. 특히 방학 때마다 했던 인턴십은 아이가 진정으로 원하는 것이 무엇인지 발견할 수 있는 뜻깊은 기회였다. 3학년을 마친 여름방학 동안 인턴을 하던 아이는 자신의 손으로 누군가의 삶에 직접 영향을 미칠 수 있는 일을 하고 싶다고 결심했다.

사실 늦은 결정이었다. 대학에서 프리덴탈(predental) 과정을 완전히 이수할 시간이 없었다. 그러나 아이는 갭이어(gap year)를 하며 묵묵히 치대 준비를 시작했다. 치대 진학에 필요한 과목에서 부족한 부분을 채우고 DAT(Dental Admission Test: 치대 입학시험), 닥터 섀도잉, 리서치 등으로 바쁜 시간을 보냈다. 치대 원서를 넣고 기다리고, 또 인터뷰 연락이 와서 기쁘고, 또다시 발표까지 마음을 졸이는 오랜 시간의 기다림이 의료 분야 입시의 기본이라는 것을 알려주는 기간이었다. 그리고 드디어 입학을 하게 되었다.

2020년, 팬데믹과 함께 일상의 거의 모든 면들이 변화되었다. 가장 영향을 많이 받은 분야 중의 하나인 의학계에서 새로운 시작을 꿈꿔왔던 학생들에게 코비드는 더 많은 도전을 요구했다. 백신이 나오기 전, 모든 수업이 온라인으로 대체된 상황에서도 대면 수업과 실습을 하는 아이를 보며 엄청난 걱정을 떠안은 부모 마음을 아이는 알고 있는지. 나의 아이는 하루종일 겹겹이 쓴 마스크, 실드, 그리고 커버로 된 옷을 입고도 힘들지만 재미있다고 했다. 그리고 팬데믹으로 미루었던 화이트 코트 세리머니를 한참이 지나고서야 하게 되었다.

미래의 대학 전공을 선택하는 것은 흥미롭지만 학생들과 가족들에게는 중요한 만큼 어려운 결정이다. 그 선택은 단순히 대학 4년이 아니라 학생의 삶에 영향을 미치며, 학생의 직업, 전문 기술 및 능력, 수입 등을 결정할 가능성이 있기 때문이다. 학생이 대학을 지원하기 전에 전공에 대해 진지하게 생각하고 전공을 정하여 대학에 지원하는 것을 추천한다. 그것은 대학에 학생이 조금 더 열정을 가지고 집중해서 어떤 분야를 해왔다는 것을 보여줄 수 있기 때문이다.

학생이 대학 전공을 선택하기 위해 하이 스쿨에서 할 수 있는 여러 방법들이 있다. 학생이 관심과 열정을 가진 분야를 찾는 것부터 시작하여 자신의 장단점을 찾고 분석하는 것이 전공을 결정하는 데 필요하다. 또한, 하이 스쿨에서 과외 활동, 클럽, 봉사 등에 참여하는 것은 학생들이 무엇에 관심이 있는지 파악하는 데 도움이 될 수 있다. 일부 학생들은 전문가를 통한 적성 진로 상담(career assessment)을 받는다.

그러나 대학 입학 후에도 많은 학생들이 전공에 대한 고민을 계속한다. 실제 발표에 따르면 학부생들의 약 3분의 1이 전공을 바꾸고, 약 10명 중 1명은 한 번 이상 전공을 바꾼다.[37]

일반적으로는 대학에 입학한 후 전공 변경이 가능하다고 하지만, 학교와 프로그램에 따라 다소 차이를 보인다. 등록이 엄격하게 제한되는 프로그램이나 다른 전공에 비해 경쟁력이 높은 프로그램은 전과가 어렵다. 또한 일부 대학은 전공 변경에 좀 더 많은 까다로운 요건을 두거나 승인하지 않는 경우도 있으니 대학과 학과별로 검토하는 것이 필요하다. 전공마다 요구 사항이 다르므로 이미 수강한 과정 중 일부가 새로운 전공과 겹치지 않는 경우 학생은 다시 시작해야 할 수 있고 이로 인해 대학 졸업이 늦어질 수도 있다는 점도 유의해야 한다.

화이트 코트 세리머니 중 학장은 세계적으로 가장 챌린지한 시기에 인생의 이정표가 되는 도전을 시작한 학생들의 특별함을 이야기했다. 이제 아이는 화이트 가운이 주는 의미를 기억할 것이다. 공감, 존중, 행동으로 지역사회에 봉사하겠다는 자신과의 약속이다. 어쩌면 조금 뒤돌아서 자기의 길을 뒤늦게 찾은 아이지만, 그 과정 속에서 나 혼자가 아닌 함께 하는 것의 가치를 보고 배웠을 아이에게서 성장하고 있음을 느낄 수 있었다.

어떤 대학과 전공이 자신에게 적합한지 결정하는 것은 궁극적으로 학생의 몫이다. 부모는 자신의 경험과 통찰력을 바탕으로 아이의 이야기를 듣고 격려하며 자녀의 길을 응원해주는 것이 부모가 해줄 수 있는 도움이라 믿는다.

감사의 말

이 책을 완성하는 데 도움을 주신 모든 분들께 감사드린다.

먼저 나와 함께 이 책을 쓴 젬마에게 무한한 감사의 말을 전하고 싶다. 하나부터 열까지 젬마의 기획력과 추진력이 없었다면, 이 책은 완성되지 못했을 것이다.

복잡한 편집 과정을 함께 해주신 출판사의 편집자님과 대표님께도 감사의 인사를 전한다. 제니에듀를 위해 함께 애써왔던 미셸 임(Michelle)과 함께 이 책의 출간을 기뻐하고 싶다. 또한 IECA의 나의 멘토인 앨리스 리사라그(Alice Lissarrague)는 나에게 컨설턴트로서 가야 할 길과 가져야 할 도리를 알려주는 역할을 해주었다. 바쁜 와중에도 폴리젠스(Polygence)의 진 차우(Jin Chow)와 공인 임상전문 심리상담사(licensed clinical professional counselor) 릴리 사딘스키(Li-Li Sadinsky)는 기꺼이 추천사를 써주었다. 격려와 조언을 해준 조슈아 사콘(Josh Sakon), 조안 트라파스(Joan Traffas)에게도 감사를 전한다.

멀리 있지만 늘 서로를 응원하는 남주영, 홍은영과의 대화가 내게 많은 힘을 주었다. 그리고 권인렬, 홍선오, 김만규, 그리고 전순임 님께 감사드린다. 책을 처음 쓰면서 겪게 되는 어려움을 들어주고 불평과 함께 가끔은 막히는 원고도 함께 읽고 고민해주었던 남편에게도 감사의 마음을 전한다.

내가 영어를 가르치고 대학 진학을 돕는 과정에서 만난 모든 학생들에게도 감사하다. 나 역시 그 학생들을 통해 많은 경험을 얻었고 지금 이 자리에 서 있다. 가끔 올리는 페이스북에 메세지로 답하고, 명절이면 안부 인사하는 학생들이 있어서 이 일은 더 기쁘고 행복하게 느껴지고 더 앞으로 가게 된다.

마지막으로, 너무나 사랑하는 나의 아이들에게 감사하다. 나에게 여전히 미래를 꿈을 꿀 수 있는 용기와 영감을 불러일으켜주는 아이들과 함께 나는 지금도 배우고 성장하고 있다.

- 제니

1. Springer, Sally, et al. *Admission Matters*. 2nd ed., *Jossey-Bass Wiley*, 2009.

2. *IECA*, iecaonline.com/wp-content/uploads/2020/02/IECA-What-Colleges-Look-For-2020.pdf

3. *Common Applications*, s3.us-west-2.amazonaws.com/ca.research.publish/Deadline+Updates/DeadlineUpdate_030223.pdf

4. Wake Forest University, *News Wise*, newswise.com/articles/counseling-expert-offers-10-tips-for-successful-parent-teacher-conferences

5. *NACAC*, nacacnet.org/wp-content/uploads/2022/10/soca2019_all.pdf?_ga=2.85202129.951779815.1669073274-319318762.1666540869

6. *Harvard College*, college.harvard.edu/admissions/apply/application-requirements

7. *College Board*, satsuite.collegeboard.org/media/pdf/digital-sat-test-spec-overview.pdf

8. *College Board*, apcentral.collegeboard.org/about-ap/start-expand-ap-program/build/most-popular-ap-courses

9. Mamlet, Robin, and Vandevelde, Christine. *College Admission from Application to Acceptance, Step by Step. Three Rivers Press*, 2011.

10. *Mathematical Association of America*, maa.org/math-competitions/invitational-competitions

11. *NCAA*, ncaa.org/sports/2014/6/9/division-ii-facts-and-figures.aspx

12. *Forbes*, forbes.com/sites/dereknewton/2018/04/05/new-survey-shows-value-of-community-service-in-college-admissions/?sh=4fbeab103d3a

13. Mamlet, Robin, and Vandevelde, Christine. *College Admission from Application to Acceptance, Step by Step. Three Rivers Press*, 2011.

14. *NCES*, https://nces.ed.gov/fastfacts/display.asp?id=1122#:~:text=Among%20

Title%20IV%20degree%2Dgranting,and%202%2C637%204%2Dyear%20 colleges.

15. *NCES*, nces.ed.gov/fastfacts/display.asp?id=73

16. *The Carnegie Classification of Institutions of Higher Education*, carnegieclassifications.acenet.edu/

17. *Forbes*, forbes.com/sites/christiankreznar/2021/09/08/how-we-rank-americas-top-colleges/?sh=1ca147d143e0

18. *U.S. News & World Report*, usnews.com/best-colleges/rankings/national-universities

19. *U.S. News & World Report*, usnews.com/best-colleges/rankings/national-liberal-arts-colleges

20. *U.S. News & World Report*, usnews.com/best-colleges/rankings/national-universities/top-public

21. *Association of American Medical Colleges(AAMC) Annual Data*, https://www.aamc.org/media/6061/download?attachment

22. *College Board*, research.collegeboard.org/media/pdf/trends-in-college-pricing-student-aid-2022.pdf

23. Mamlet, Robin, and Vandevelde, Christine. *College Admission from Application to Acceptance, Step by Step*. Three Rivers Press, 2011.

24. *Coalition Application*, app.scoir.com/student/app-profile?stage=Education. ActivityInfo.AddActivity

25. *University of California*, apply.universityofcalifornia.edu/my-application/accountPersonal

26. *Common Application*, apply.commonapp.org/search

27. *Common Application*, apply.commonapp.org/common/3/12

28. *Common Application*, apply.commonapp.org/common/4/18

29. *Common Application*, apply.commonapp.org/common/7/232

30. *Common Application*, apply.commonapp.org/mycolleges/116/3151/9538

31. *Common Application*, commonapp.org/apply/essay-prompts

32. *Coalition Application*, coalitionforcollegeaccess.org/essays

33. *UC Admission*, admission.universityofcalifornia.edu/how-to-apply/applying-as-a-freshman/personal-insight-questions.html

34. *Common Application*, apply.commonapp.org/mycolleges/116/recassign

35. *U.S. News and World Report*, usnews.com/education/best-colleges/articles/2019-04-04/what-to-look-for-when-hiring-a-college-consultant

36. Mamlet, Robin, and Vandevelde, Christine. *College Admission from Application to Acceptance, Step by Step. Three Rivers Press*, 2011.

37. *NCES, US Department of Education*, nces.ed.gov/pubs2018/2018434.pdf

자녀를 하버드와 윌리엄스에 보낸 교육 컨설턴트 제니의 완벽 로드맵

미국 대학 입시 가이드

© 제니 젬마 2023

1판 1쇄	2023년 7월 10일
1판 2쇄	2023년 9월 26일

지은이	제니(권희정) 젬마(권희균)
펴낸이	고진
편집	허영수
디자인	이강효
마케팅	이보민 양혜림

펴낸곳	(주)북루덴스
출판등록	2021년 3월 19일 제2021-000084
주소	04043 서울특별시 마포구 양화로 12길 16-9(서교동 북앤빌딩)
전자우편	bookludens@naver.com
전화	02-3144-2706
팩스	02-3144-3121

ISBN 979-11-981256-3-7   13370